Precedentes Vinculantes em Matéria Tributária

Precedentes Vinculantes em Matéria Tributária

2020

Victor Augusto de Faria Morato

PRECEDENTES VINCULANTES EM MATÉRIA TRIBUTÁRIA
© Almedina, 2020
AUTOR: Victor Augusto de Faria Morato

DIRETOR ALMEDINA BRASIL: Rodrigo Mentz
EDITORA JURÍDICA: Manuella Santos de Castro
EDITOR DE DESENVOLVIMENTO: Aurélio Cesar Nogueira
ASSISTENTES EDITORIAIS: Isabela Leite e Marília Bellio

DIAGRAMAÇÃO: Almedina
DESIGN DE CAPA: Roberta Bassanetto

ISBN: 9786556271200
Novembro, 2020

Dados Internacionais de Catalogação na Publicação (CIP)
(Câmara Brasileira do Livro, SP, Brasil)

Morato, Victor Augusto de Faria
Precedentes vinculantes em matéria tributária /
Victor Augusto de Faria Morato. -- 1. ed. --
São Paulo : Almedina, 2020.

Bibliografia.
ISBN 978-65-5627-120-0

1. Direito tributário 2. Direito tributário -
Brasil 3. Matéria - Constituição I. Título..

20-44552	CDU-34:336.2(81)

Índices para catálogo sistemático:

1. Brasil : Direito tributário 34:336.2(81)
Maria Alice Ferreira - Bibliotecária - CRB-8/7964

Universidade Católica de Brasília – UCB
Reitor: *Prof. Dr. Ricardo Pereira Calegari*
Pró-Reitora Acadêmica: *Prof.ª Dr.ª Regina Helena Giannotti*
Pró-Reitor de Administração: *Prof. Me. Edson Cortez Souza*
Diretor de Pós-Graduação, Identidade e Missão: *Prof. Dr. Ir. Lúcio Gomes Dantas*
Coordenador do Programa de Pós Graduação em Direito: *Prof. Dr. Maurício Dalri Timm do Valle*
Editor-Chefe do Convênio de Publicações: *Prof. Dr. Marcos Aurélio Pereira Valadão*

Este livro segue as regras do novo Acordo Ortográfico da Língua Portuguesa (1990).

Todos os direitos reservados. Nenhuma parte deste livro, protegido por copyright, pode ser reproduzida, armazenada ou transmitida de alguma forma ou por algum meio, seja eletrônico ou mecânico, inclusive fotocópia, gravação ou qualquer sistema de armazenagem de informações, sem a permissão expressa e por escrito da editora.

EDITORA: Almedina Brasil
Rua José Maria Lisboa, 860, Conj. 131 e 132, Jardim Paulista | 01423-001 São Paulo | Brasil
editora@almedina.com.br
www.almedina.com.br

A Deus, o Autor da vida.

A Núbia, Daniel e Ana,
minhas porções de vida nessa Terra.

À doce memória de minha mãe, Júlia.

Ao meu pai, Guilherme,
presença sempre constante em minha vida.

AGRADECIMENTO

Aos meus Professores da Universidade Católica de Brasília, por compartilharem seus conhecimentos, ajudando-nos a percorrer o desafiador caminho da pesquisa acadêmica. Em especial, ao Professor Jeferson Teodorovicz, pelos ensinamentos durante as aulas e pelas preciosas orientações e críticas, sem as quais o presente trabalho não seria adequadamente concluído; ao Professor Maurício Dalri Timm do Valle, por nos abrir os olhos à filosofia do Direito e pela paixão contagiante pela docência.

Aos amigos – colegas e professores – que fiz no Mestrado, uma riqueza imensurável.

SUMÁRIO

INTRODUÇÃO   13

1. DA LEGALIDADE À JURIDICIDADE EM MATÉRIA TRIBUTÁRIA   21

1.1. Breve histórico e evolução   21

    1.1.1.   Tributo, legalidade, representação e consenso   25

    1.1.2.   O trânsito de uma "relação de poder" para uma "relação jurídica"   29

    1.1.3.   Legalidade tributária e tipicidade cerrada   31

1.2. "Inflação legislativa": legalidade em crise?   35

1.3. Um contraponto ao argumento de "crise" legislativa: a necessidade de reequilíbrio entre as funções do legislativo e do judiciário   44

1.4. A legalidade tributária sob o contexto da sociedade de riscos: a necessidade de reequilíbrio entre as funções do legislativo e do executivo   51

1.5. Juridicidade: uma expressão semanticamente mais apropriada   59

1.6. Ordem jurídica e sistema jurídico   61

2. PRECEDENTES COMO ELEMENTO DE COERÊNCIA E PADRONIZAÇÃO NOS JULGAMENTOS ADMINISTRATIVOS   69

2.1. Introdução   69

2.2. Origens e desenvolvimento da *common law* – o direito inglês   74

    2.2.1.   A *Legal Rule* no direito inglês   79

PRECEDENTES VINCULANTES EM MATÉRIA TRIBUTÁRIA

2.2.2.	A *ratio decidendi*	80
2.2.3.	*Distinguish*	82

2.3. Precedentes judiciais na administração pública — 84

2.3.1.	A unidade da vontade da administração	85
2.3.2.	Precedentes Constitucionais vinculantes	89
2.3.3.	Outras normas que vinculam a administração aos precedentes	89
2.3.3.1.	Santa Catarina, Distrito Federal e Paraná	91
2.3.3.2.	São Paulo, Ceará e Alagoas	93
2.3.3.3.	Goiás	95
2.3.3.4.	Pernambuco	96
2.3.3.5.	Minas Gerais e Rio Grande do Sul	97
2.3.3.6.	Conselho Administrativo de Recursos Fiscais – CARF	97

2.4. Limites e desvantagens quanto à aplicação dos precedentes — 99

2.4.1.	Restrições à atuação do Servidor Público	99
2.4.2.	Violação ao princípio democrático	100
2.4.3.	O problema da interpretação da *ratio decidendi*	102
2.4.3.1.	O ICMS sobre transferências de mercadorias e a súmula nº 166 do STJ – precedente *contra legem*?	106
2.4.4.	O problema do monopólio da interpretação do direito	109

3. CONSELHOS E TRIBUNAIS ADMINISTRATIVOS TRIBUTÁRIOS: PROPOSTAS DE RACIONALIDADE INSTITUCIONAL E DE JULGAMENTO — 113

3.1. Introdução — 113

3.2. Estudo comparativo dos conselhos e tribunais administrativos tributários — 116

3.2.1.	São Paulo	116
3.2.2.	Rio de Janeiro	119
3.2.3.	Minas Gerais	122
3.2.4.	Rio Grande do Sul	124
3.2.5.	Paraná	125
3.2.6.	Bahia	127
3.2.7.	Santa Catarina	129
3.2.8.	Distrito Federal	131
3.2.9.	Goiás	133
3.2.10.	Pernambuco	135

SUMÁRIO

3.2.11.	Receita Federal – CARF	136
3.2.12.	Breve Análise	142
3.3.	Propostas para racionalização e eficiência das atividades de julgamento nos tribunais e conselhos administrativos tributários	144
3.3.1.	Uma lei geral do processo administrativo tributário	144
3.3.1.1.	Projeto de lei complementar nº 381/14 – uma tentativa cautelosa de padronização	145
3.3.2.	Composição paritária e imparcialidade	149
3.3.3.	O conflito de interesses advindo das reconduções	160
3.3.4.	Adoção de critérios objetivos de aferição da qualidade técnica dos julgadores	161
3.3.5.	Responsabilização administrativa dos conselheiros representantes dos contribuintes	168
3.3.6.	Criação de órgãos administrativos de prevenção e solução de litígios tributários, com acompanhamento da evolução da jurisprudência e retroalimentação das atividades de fiscalização	173
3.3.6.1.	Necessidade de diálogo entre o processo administrativo e o judicial	174
3.3.6.2.	O sistema paritário de julgamento administrativo em segundo grau enquanto modelo similar à arbitragem	176
3.3.7.	A valorização de súmulas administrativas vinculantes e de técnicas de julgamento de recursos repetitivos	178
3.3.8.	A importância funcional das representações fazendárias nos conselhos e tribunais administrativos	179

CONCLUSÕES	185
REFERÊNCIAS	191
SÍTIOS PESQUISADOS	197
NORMAS	199

Introdução

A atividade desempenhada pelos Conselhos e Tribunais Administrativos Tributários do país, enquanto órgãos do Poder Executivo, deve ter como primado a consecução estrita do princípio da legalidade. Tal afirmação que, à primeira vista, pode aparentar um truísmo, na verdade encerra questões mais profundas, porquanto não se pode dizer que o mesmo princípio que vigorara há três séculos ainda mantém, nos dias de hoje, estáticas as mesmas características delineadas nas suas reminiscências.

A proliferação de normas em matéria tributária – configuradora da tentativa da Potestade Pública de acompanhar o advento de uma sociedade de riscos, marcada pela crescente complexidade das relações sociais –, deve encontrar, no âmbito dos órgãos julgadores administrativos, uma dinâmica harmonizadora de aplicação do referido princípio, que perfilhe um caminho de hermenêutica que não prescinda da rica essência e complexidade que hoje marcam o princípio da legalidade.

Tal análise da extensão do princípio equivale a questionar, de um lado, quais são as reais fronteiras de interpretação da norma pelo julgador administrativo na atividade de revisão do lançamento tributário, e onde justamente se encontram os halos de interpretação, marcados por uma multiplicidade de caminhos jurídicos viáveis. Independentemente de qual seja o caminho institucional escolhido como resposta à questão tributária controversa, uma vez escolhido, deve ser aplicado de forma indistinta, a todos os contribuintes. No particular desse último aspecto, percebe-se que a formação heterogênea dos Tribunais e Conselhos administrativos do país – matéria que será tratada no capítulo 3 do presente trabalho – estimula um tratamento desigual entre os contribuintes, a depender da região geográfica onde ocorra o fenômeno tributário.

De outro lado, deve-se questionar se tais mesmas fronteiras de interpretação, vistas sob uma lição liberal clássica do princípio da legalidade, realmente resguardam o contribuinte frente a eventuais exageros perpetrados pela fiscalização tributária.

Com efeito, o que ficou conhecido como "Estado liberal" no século XVIII se traduzia em um Estado indiferente com a assistência e justiça sociais. Velava-se, basicamente, por garantir a segurança nacional e por atividades públicas de todo incompatíveis com o interesse privado. Tudo em nome dos ideais de liberdade capitaneados pela revolução francesa. Tratava-se de um Estado não-intervencionista, que ao final se mostrou ineficiente para sustentar os direitos mais básicos de cada cidadão, mesmo a própria liberdade, uma das bandeiras justificadoras do não--intervencionismo Estatal no domínio privado.

Àqueles tempos, arrecadava-se tributos apenas para as atividades mínimas do Estado. Não havia, de todo, interferência Estatal na atividade econômica por meio de impostos. Em nome das liberdades e da proteção ao patrimônio privado do cidadão, o Estado assumiu um papel passivo, indiferente.

Segundo ESTEVAN[1], O advento do Estado social de direito trouxe consigo uma ampliação das funções do Estado, sob três aspectos fundamentais: na assistência social, na intervenção e tutela da economia e na remodelação social. Por via direta de tais atribuições, também trouxe consigo a necessidade financeira para fazer frente a tais incumbências, cuja principal fonte é o tributo.

No Brasil, a crise fiscal que se estabeleceu frente ao agigantamento das atribuições sociais do Estado advindas da Constituição de 1988 também tornaram mais complexas e, não raro, mais aguerridas as relações entre Fisco e contribuinte, cujo equilíbrio dialético deve ser, necessariamente, buscado na própria Constituição. A cobrança do tributo, como instrumento primordial de consolidação do Estado social, deve mirar

---

[1] ESTEVAN, Juan Manuel Barquero. *La Función del Tributo en el Estado Social Y Democratico de Derecho*. Centro De Estudos Políticos Y Constitucionales. Madrid, 2002. P. 53.

INTRODUÇÃO

fixamente nos valores que garantem o Estado democrático, com vistas à formação do Estado Social-democrático de Direito.

Ao longo dos últimos quinhentos anos, na lição de BARROSO[2], pôde-se vislumbrar três modelos de Estados institucionais: o "Estado pré-moderno", o "Estado legislativo de Direito" e o "Estado Constitucional de Direito". O "Estado de Direito" busca, dentre outros valores, eliminar qualquer tipo de arbitrariedade entre Administração e administrado e, já sob a qualificação de Constitucional, o Direito passa a ser irradiado por todos os direitos e garantias previstos na Carta Maior. A Constituição passa, pois, a ter eficácia direta no domínio dos fatos jurídicos do cotidiano e a nortear a interpretação de todo o arcabouço legislativo.

Desse processo, também se deflui que a Constituição Federal Brasileira passa a ser progressivamente "notada" pelo contribuinte como dotada de força normativa, e não como um documento alegórico acerca das promessas constitucionais ali expostas. A linha que separa a "justiça" da "injustiça" tributária não cruzaria apenas as noções de quão alta é a carga tributária. Mais do que isso, os "trópicos" da justiça fiscal devem confluir para os "meridianos" da boa gestão dos recursos fiscais e da consciência cidadã de que pagar impostos é um ato de cidadania, sem se abandonar a noção de que os procedimentos administrativos que permeiam a cobrança do tributo também devem ser banhados pelos valores constitucionais.

Há, nesse contexto, clara tendência no direito brasileiro no sentido de que o Estado-juiz passe a se valer, progressivamente, das decisões exaradas em sede de precedentes judiciais consolidados, a exemplo do art. 927 do Código de Processo Civil. O dispositivo, entretanto, é dirigido aos "juízes e tribunais". Questiona-se, no presente trabalho, se tais precedentes judiciais – particularmente os emanados do STJ e STF – não se devam irradiar por entre as ações do Poder Executivo, através de seus Tribunais e Conselhos Administrativos Tributários, que poderiam funcionar como órgãos homogeneizadores dos atos de fiscalização e de controle emanados do Fisco, evitando, inclusive, lançamentos fiscais fadados à anulação pelo Poder Judiciário por força de tais precedentes

---

[2] BARROSO, Luis Roberto. *Curso de Direito Constitucional Contemporâneo: os conceitos fundamentais e a construção do novo modelo.* 5ª Edição. São Paulo: Saraiva, 2015. P. 277.

e, ao mesmo tempo, gerando uma necessária padronização do procedimento fiscal.

O juízo crítico exposto no precedente serviria, ainda no ventre Fazendário, para evitar ou corroborar as atividades de fiscalização tributária.

Não se quer, com isso, significar que ao Poder Executivo – no presente caso, representado pela Administração Tributária – permita-se flexibilizar a sua atividade vinculada, nos termos do art. 142 do CTN, baseado em conceitos de equidade e justiça. Na verdade, o que se pretende é que as decisões judiciais já estabilizadas no ordenamento pátrio sobre determinada matéria jurídica sejam a ela irradiadas, ainda sob o plano inicial da fiscalização e controle, com vistas à unicidade e padronização de entendimentos quanto à matéria tributária.

Com efeito, na lição de MEIRA,

> Em seguida, aparece o Poder Executivo, com uma esfera de atuação muito mais estrita (que a do legislativo), em consequência da vinculação da atividade administrativa, positivada no art. 142 do CTN. Necessário ter presente que essa limitação tem por escopo afastar corrupção, clientelismos e injustiças na cobrança e fiscalização de tributos, mas sói impedir também que o aplicador faça ponderações e aplique a norma com mais justiça ou equidade.[3]

É sob esse cenário que surge em nosso ordenamento pátrio o sistema de precedentes, que gradualmente se amalgama à nossa tradição romano-germânica da *civil law*.

O Brasil é, por sua natureza, um país miscigenado, repleto de peculiaridades, sob vários pontos de vista, inclusive o jurídico. Vide, por exemplo, o sistema duplo – Austríaco e Norte-Americano – adotado pela Constituição Federal para o controle de constitucionalidade das leis, sem precedentes em outro país; ou, ainda, os microssistemas de defesa de interesses difusos.

---

[3] MEIRA, Liziane Angelotti; CORREIA NETO, Celso de Barros. *Direitos Fundamentais e Tributação – saúde, salário, aposentadoria e tributação – tensão dialética? In*: BRANCO, Paulo Gonet. *Tributação e Direitos Fundamentais Conforme Jurisprudência do STF e do STJ*. Coord. BRANCO, Paulo Gonet. São Paulo: Saraiva, 2012, p. 236.

INTRODUÇÃO

É justamente o objeto desse trabalho promover reflexões sobre uma dessas heterodoxias brasileiras: o amálgama entre o sistema de direito legislado, oriundo da *civil law*, e do direito construído por precedentes, qualificado como *common law*,[4] em especial, suas repercussões nas atividades de fiscalização e julgamento do contencioso administrativo tributário.

Toda essa mutação na ordem jurídica brasileira, no sentido de se enxergar o direito como ferramenta para buscar os ideais imanentes à justiça e busca de igualdade na atividade do Judiciário, também leva à hipótese de que os julgamentos administrativos nos diversos Tribunais e Conselhos Administrativos Tributários no país, particularmente em matéria de tributos estaduais, deveriam perseguir um mínimo de padronização, *standards*, em atenção ao próprio princípio da isonomia, com vistas a não conferir soluções diversas a casos que se assemelham. O cidadão que necessita dos préstimos do Estado, pois, necessita de um norte, uma previsibilidade mínima acerca do êxito ou insucesso da sua pretensão, ou do acerto do cumprimento de suas obrigações tributárias no exercício de sua atividade empresarial. Em matéria de tributos, um referencial de conduta, por menor que seja, que se deve esperar dos Agentes Públicos quando se deparam com determinada situação jurídica, sem que se obrigue o contribuinte, em situações já pacificadas na jurisprudência dos Tribunais Superiores, a buscar os préstimos do Judiciário para fazer valer seus direitos ante uma autuação fiscal, abarrotando ainda mais as mesas de trabalho dos juízos e serventuários da Justiça.

A lavratura de um auto de infração, fundado em teses de direito superadas por precedentes, fadado à anulação pelo Poder Judiciário guarda, em si, um atentado a diversos princípios constitucionais, não

---

[4] Sobre o assunto, interessantes as observações feitas por ZANETI: "Por tudo isso, o Brasil tem uma enorme vantagem decorrente da sua formação híbrida, a vantagem dos mestiços, uma tônica maior na Justiça como valor e uma maior resistência, em razão dessa tônica, a imperativos *a priori*, ao direito posto em abstrato pelo legislador, em descompasso com a vida. Pode-se utilizar essa vantagem para a institucionalização de uma prática judiciária mais democrática e conforme os objetivos da Constituição Federal de 1988." ZANETI JÚNIOR, Hermes. *A Constitucionalização do Processo: A virada do Paradigma Racional e Político No Processo Civil Brasileiro do Estado Democrático Constitucional*. Tese de Doutorado, 2005, p. 92. No sítio: www.lume.ufrgs.br. Acesso em 10 dez.2019.

obstante, grosso modo, essa estatística nefasta de prejuízos – ao contribuinte, ao Estado e, por via indireta, à sociedade – passe estatisticamente desapercebida: o tempo despendido para as auditorias; o custo das obrigações acessórias exigidas do contribuinte durante o processo fiscalizatório; a mobilização da máquina Estatal para tramitação e julgamento do processo administrativo e judicial; a demora na duração do processo; a mobilização de advogados, peritos e contabilistas; a condenação do Erário em sucumbência. Enfim, os prejuízos advindos dessa acefalia operacional são, de certo modo, imponderáveis.

Com efeito, tais eventuais dissonâncias entre as manifestações da administração tributária e o sistema de precedentes emanados pelo Judiciário terminam por gerar uma gama de processos judiciais, com todos os consectários negativos de ordem social e institucional que deles advêm, tais como custas judiciais, acúmulo de demandas e demora na prestação jurisdicional.

Perdura, por exemplo, a cobrança, por alguns Estados, do Imposto Sobre a Circulação de Mercadorias e Serviços (ICMS) sobre as transferências de mercadorias entre estabelecimentos da mesma pessoa jurídica, não obstante o STJ haja editado, há tempos, o verbete nº 166, que dispõe em sentido diametralmente oposto ao que dispõe expressamente o art. 12, I da Lei Complementar nº 87/96. Em tais situações, apenas na via judicial o contribuinte poderá fazer valer seu pretenso direito, uma vez que nem todos os Tribunais e Conselhos Administrativos do país reconhecem efeitos ao mencionado precedente, reputado *contra legem*. Há que se reconhecer – como se exporá em verbete à parte – que o STJ, por meio da súmula mencionada, constituiu precedente que afronta a literalidade da norma complementar, não declarada inconstitucional pelo STF. Recentemente, o assunto volta à baila, agora no STF, por meio da ADC nº 49, na qual se almeja a declaração de constitucionalidade do referido dispositivo legal (art. 12, I da LC 87/96), tendo as unidades da Federação como *amicus curiae*, dada a relevância do assunto.

Passa a não ser de todo absurda, com o questionamento no STF, a posição da administração em recalcitrar contra o precedente do STJ, uma vez que a referida tese já não pode ser tida como consolidada nos Tribunais Superiores.

De igual forma, a responsabilidade do sócio administrador da pessoa jurídica, insculpida no art. 135, III do CTN, não raro traduz posiciona-

INTRODUÇÃO

mentos da Administração tributária que não correspondem à atual posição do STJ, em sede de precedentes, ora inserindo-os indevidamente no polo passivo, ora deixando-os de fora, eventualmente ao largo do precedente consolidado.

Discute-se se a anunciada previsibilidade trazida por um sistema de precedentes judiciais seria dotada de potencial para prestigiar valores constitucionais alinhados com Estado Social-Democrático de Direito, sob a nova roupagem do Direito Constitucional neopositivista, oriundo do período Pós-Segunda Guerra Mundial[5], donde se insere o princípio da dignidade da pessoa humana. Pondera-se, no caso, sobre o risco colateral de que o fortalecimento do Poder Judiciário, *pari passu* a um apequenamento do Legislativo (crise de legalidade), conduza a abusos, disputas institucionais, a um desprezo pelo direito legislado e a um rompimento do equilíbrio entre os Poderes.

Na linha de dicção de ÁVILA,[6] é um equívoco se afirmar que a Constituição Brasileira seja eminentemente principiológica. Ao contrário, ela seria, em sua grande parte, "banhada" por inúmeras "regras", que não podem ser simplesmente deixadas de lado ao argumento de um juízo de ponderação de valores, em nome de uma "justiça do caso concreto".

No Capítulo I, buscar-se-á tratar do princípio da legalidade e seu desenvolvimento até a contemporaneidade. À legalidade, irradiada pelos valores Constitucionais modernos, adota-se a mesma expressão cunhada por VALDÉS COSTA[7], ao asseverar que, semanticamente, "juridicidade" melhor a qualificaria, após ser expandida pelos princípios Constitucionais. Trata-se – repita-se – de mera questão semântica.

O Capítulo II se proporá a tratar acerca da origem, fundamentos e experiências do sistema da *Common Law*, suas bases principiológicas, sua

---

[5] BARROSO, Luis Roberto. *Curso de direito constitucional contemporâneo: os conceitos fundamentais e a construção do novo modelo.* 5ª Edição. São Paulo: Saraiva, 2015, p. 282.

[6] ÁVILA, Humberto. *"Neoconstitucionalismo": Entre a "Ciência do Direito" e o "Direito da Ciência"* – Revista Eletrônica de Direito do Estado. Nº 17. Salvador-BA, Jan-mar/09. No sítio: www.direitodoestado.com.br. Acesso em 10 dez.2019.

[7] VALDÉS COSTA, Ramón. *El Principio de Legalidad – El sistema uruguayo ante el Derecho Comparado. In:* Instituto Peruano de Derecho Tributário. Revista 16. Mayo 1989. No sítio: www.ipdt.org. Confira-se, também: TEODOROVICZ, Jeferson. *Revista Tributária e de Finanças Públicas – O Panorama Histórico da Legalidade Na Doutrina Tributária.* Ano 19. Vol. 100. ABDT. São Paulo: Editora RT, Set/out/2011, p. 138.

aproximação com o sistema normativo brasileiro e acerca da possibilidade de aplicação do precedente judicial nas atividades de julgamento, fiscalização e controle, realizados pela administração tributária.

Ao Capítulo III se reservam questões eminentemente reflexivas sobre as balizas jurídicas e estruturais nas formações dos diversos Conselhos e Tribunais administrativos tributários do país, marcadas pela heterogeneidade. Tal peculiaridade, reveladora de uma profunda dissociação técnica e normativa entre as legislações de tais órgãos de julgamento, sob todos os aspectos observados, fruto do vácuo normativo no Código Tributário Nacional e de normas complementares aptas a veicularem minimamente normas gerais sobre a matéria, tem o condão de comprometer o posicionamento da administração em questões muitas vezes já consolidadas nos Tribunais Superiores. Ou, no mínimo, de tornar assimétrico o tratamento dispensado ao contribuinte por parte dos diversos fiscos estaduais. Como requisito à aplicação adequada do princípio da legalidade e à isonomia que deve nortear as relações fisco-contribuinte, mister se repensar as bases jurídicas, estruturas de formação e a própria razão de ser dos Conselhos e Tribunais administrativos tributários, na forma como hoje se estruturam. O papel de tais órgãos de julgamento somente é legitimado e justificado com a realização efetiva do controle de legalidade do lançamento, fundado em bases de imparcialidade, transparência e justiça fiscal, valorizando em seus julgamentos, sobretudo, a legalidade, vista em sua dimensão moderna no Estado Constitucional de Direito.

1. Da legalidade à juridicidade em matéria tributária

1.1. Breve histórico e evolução

O direito, enquanto fenômeno histórico, político e cultural, fruto das forças sociais estabelecidas em determinado contexto, é criação humana que se desenvolve com o tempo, *pari passu* à civilização.

Como um amálgama, ele se entrelaça em todos os âmbitos da existência humana.

BARROSO adverte que tal processo histórico de formação do direito passou por fases rudimentares, de tribos, famílias e aglomerados primitivos que se guiavam por crenças, pela força física, pelos costumes tribais passados de geração a geração. Asseverou o Constitucionalista, já no início de sua obra:

> No princípio era a força. Cada um por si. Depois vieram a família, as tribos, a sociedade primitiva. Os mitos e os deuses – múltiplos, ameaçadores, vingativos. Os líderes religiosos tornam-se chefes absolutos. Antiguidade profunda, pré-bíblica, época de sacrifícios humanos, guerras, perseguições, escravidão. Na noite dos tempos, acendem-se as primeiras luzes: surgem as leis, inicialmente morais, depois jurídicas. Regras de conduta que reprimem os instintos, a barbárie, disciplinam as relações interpessoais e, claro, protegem a propriedade. Tem início o processo civilizatório. Uma aventura errante, longa, inacabada. Uma história sem fim.[8]

---

[8] BARROSO, Luís Roberto. *Curso de Direito Constitucional Contemporâneo*: os conceitos fundamentais e a Construção do novo modelo. 5ª edição. São Paulo: Saraiva, 2015, p. 65.

Tobias Barreto, em 1883, ao final de sua fase de pensamento considerada positivista, à medida que desfere críticas às considerações metafísicas na seara jurídica, já ponderava, com retórica brilhante e poética, sobre a dinâmica da ciência do direito, dissociada de quaisquer lucubrações que a almejassem tratar como "irmã da teologia"[9]:

> Não se crava o ferro no âmago do madeiro com uma só pancada de martelo.
>
> É mister bater, bater cem vezes, e cem vezes repetir: o direito não é um filho do céu – é simplesmente um fenômeno histórico, um produto cultural da humanidade. *Serpens nisi serpentem comederit, non fit draco* – (A serpe que não devora a serpe, não se faz dragão); a força que não vence a força, não se faz direito; o direito é a força, que matou a própria força [...][10]

O direito é, definitivamente, uma *ciência em movimento*, fruto da sobreposição ou superação de experiências jurídicas aplicadas ao fenômeno social, em um legítimo "jogo" de resolução de "quebra-cabeças" do viver em sociedade, dos conflitos que dela emanam, de forma que, à medida que as anomalias e novidades exsurgem na complexidade das relações humanas e no mundo fenomênico, tais tempos de crise dão lugar a períodos de pesquisas, não raro, com extraordinários avanços e mesmo rupturas com o sistema anterior.

Com efeito, na visão de Kuhn[11], não haveria progresso pelo simples acúmulo de conhecimento, mas sim por revoluções ou rompimentos quanto ao que ele denomina "ciência normal" – a que vigora em um dado espaço de tempo –, à medida que essa se torna ineficaz para solucionar problemas. O físico-filósofo estadunidense questiona, em sua obra, o conceito de desenvolvimento das ciências (dentre as quais, obviamente, se insere a jurídica) por mera acumulação, de forma que, na sequência de toda e qualquer revolução científica, estabelece uma cronologia cíclica e perene: 1) ciência normal; 2) resolução de quebra-cabe-

---

[9] Barreto, Tobias. *Estudos de Filosofia*. 2ª edição. Em Convênio com o Instituto Nacional do Livro/Ministério da Educação e Cultura. Editora Grijalbo, 1977, p. 376.

[10] Barreto, Tobias. Op. cit., p. 412.

[11] Kuhn, Thomas S. *A Estrutura das Revoluções Científicas*. Tradução: Beatriz Vianna Boeira e Nelson Boeira. 12ª edição. São Paulo: Perspectiva, 2013, p. 9.

ças; 3) paradigma; 4) anomalia; 5) crise; 6) revolução (na qual se estabelece um novo paradigma).

O ciclo estabelecido por KUHN poderia ser esquematizado da seguinte forma:

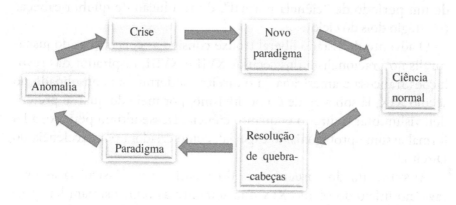

KUHN[12] descreve, exemplificativamente, a situação em que uma peça, projetada para funcionar segundo padrões previamente estabelecidos, passa a apresentar anomalias que não se ajustam às expectativas e previsibilidade da ciência normal, não obstante tenha havido esforços repetidos. Quando a anomalia se torna insustentável, inicia-se a pesquisa extraordinária que deflagrará um novo conjunto de paradigmas. A modernidade desafiadora da "ciência normal" é "resistida" por um tempo pelos cientistas, com vistas a permitir a tentativa de a encaixar nos paradigmas vigentes. Entretanto, é da própria natureza da pesquisa científica assegurar que tal "novidade" não seja negligenciada por muito tempo. Assim se explicariam as revoluções científicas associadas a nomes como Newton, Copérnico, Lavoisier e Einstein. Cada um deles forçou a comunidade científica da época a rejeitar a teoria anterior em favor de outra incompatível com aquela.

A evolução do princípio da legalidade, no decorrer da história, guarda características semelhantes ao do processo formulado por KUHN, com mutações relativamente visíveis em sua acepção original, fator que autorizaria afirmar que, diante de uma propagada crise de legalidade – dentre as tantas já ocorridas na história –, agora experimentada na con-

---

[12] KUHN, Thomas. Op. cit., p. 65.

temporaneidade, estar-se-ia vivenciando o prefácio de um novo paradigma da legalidade. Ou, na melhor das hipóteses, pode-se cogitar que o que hoje se qualifica como "crise" de legalidade (o estágio cinco, descrito alhures), na verdade, pela cronologia exposta por Kuhn, não passa de um período de "ciência normal", de resolução de quebra-cabeças (o estágio dois do ciclo).

O advento do Estado liberal trouxe consigo as concepções do jusnaturalismo[13] racionalista dos séculos XVII e XVIII, inspirador das revoluções francesa e americana. Já o direito moderno fora consolidado no século XIX, já sob a égide do positivismo, por meio do qual se pretendeu vislumbrar o direito enquanto ciência. Nesse último período, a lei formal assume protagonismo especial, como criadora por excelência do Direito.[14]

Austin, um dos precursores do positivismo clássico, já asseverava, no início do século XIX que somente as regras seriam leis propriamente ditas. Todo direito que não esteja "posto" não é direito, de forma que não faria parte do direito positivo o direito consuetudinário.[15] Passa-se a rejeitar, por essa época, quaisquer considerações metafísicas ou anticientíficas para a consecução do direito. Direito equivaleria a norma, emanada da Potestade pública, com força coativa. Contemporâneo de Austin, Bentham defendia o primado das normas, afirmando que o direito declarado pelos Tribunais reais ingleses era casuístico e

[13] Confira-se, por esclarecedoras, as lições de Barroso. Luís Roberto. Op. cit. P. 259: "A crença de que o homem possui direitos naturais, vale dizer, um espaço de integridade e de Liberdade a ser obrigatoriamente preservado e respeitado pelo próprio Estado, foi o combustível das revoluções liberais e fundamento das doutrinas políticas de cunho individualista que enfrentaram a monarquia absoluta. A Revolução Francesa e sua Declaração dos Direitos do Homem e do Cidadão (1789) e, anteriormente, a Declaração de Independência dos Estados Unidos (1776) estão impregnadas de ideias jusnaturalistas, sob a influência de John Locke, autor emblemático dessa corrente filosófica e do pensamento contratualista, no qual foi antecedido por Hobbes e sucedido por Rousseau. Sem embargo da precedência histórica dos ingleses, cuja Revolução Gloriosa foi concluída em 1689, o Estado liberal ficou associado a esses eventos e a essa fase da história da humanidade".

[14] Barroso, Luís Roberto. *Curso de Direito Constitucional Contemporâneo: os conceitos fundamentais e a construção do novo modelo.* 4ª edição: São Paulo, 2015, p. 251.

[15] Austin, John. *El Objeto de La Jurisprudencia.* Traducción e estudio preliminar de Juan Ramón de Páramo Argüelles. Centro de Estudios Políticos Y Constitucionales. Madrid, 2002, p. XXVII.

1. DA LEGALIDADE À JURIDICIDADE EM MATÉRIA TRIBUTÁRIA

incerto. A certo ponto, chega a alcunhá-lo de *dog-law*, pois o seu processo de construção normativa era semelhante ao processo de adestramento de cães, onde o animal somente conhece a regra depois que a infringe.[16-17]

1.1.1. Tributo, legalidade, representação e consenso

Na lição de CANOTILHO[18], o princípio da legalidade foi erigido, por muitas vezes, em "cerne essencial" do Estado de direito, sob duas premissas fundamentais: o princípio da supremacia da lei e o princípio da reserva da lei. Assevera o professor que

> [...]a lei parlamentar é, ainda, a expressão privilegiada do princípio democrático (daí sua supremacia) e o instrumento mais apropriado e seguro para definir os regimes de certas matérias, sobretudo dos direitos fundamentais e da vertebração democrática do Estado (daí a reserva de lei).

A expressão "lei" equivaleria, sob o contexto clássico apresentado pelo Mestre Português, ao ato jurídico em sentido estrito, produzido pelo Parlamento, em seu exercício típico da função legislativa.

Entretanto, noticia XAVIER[19], que o direito de concordar com a tributação possui reminiscências ainda mais remotas que o próprio Estado de Direito. Discorre o autor:

> No que toca ao Direito Tributário, força é reconhecer que nele teve a sua origem consuetudinária o referido princípio, tendo-se limitado a sofrer

---

[16] BENTHAM, Jeremy. *The Works of Jeremy Bentham, published under the Superintendence of his Executor, John Bowring* (Edinburgh: William Tait, 1838-1843). 11 vols. Vol. 1. Section IV – *Law reform*. Pg. 52. Disponível no sítio: oll.libertyfund.org. Acesso em 10 dez.2019.

[17] Interessantes os comentários de BENTHAM, ao tratar do Direito criado pelo Tribunal Real na Common Law. O faz nos seguintes termos: "Do you know how they make it? Just as a man makes laws for his dog. When your dog does anything you want to break him of, you wait till he does it, and then you beat him for it." Em tradução livre: "Você sabe como a Common law é feita? Assim como um homem faz normas para o seu cão. Se o seu cão faz algo desaprovado, você espera até que ele faça a mesma coisa novamente para então açoita-lo".

[18] CANOTILHO, José Joaquim Gomes. *Direito Constitucional*. 7ª edição. Coimbra-Portugal: Almedina, p. 256.

[19] XAVIER, Alberto. Os Princípios da Legalidade e da Tipicidade da Tributação. São Paulo: Editora RT, 1978, p. 6.

PRECEDENTES VINCULANTES EM MATÉRIA TRIBUTÁRIA

uma mera modificação no seu conteúdo, quando posto em contato com os quadros político-filosóficos do Estado de Direito.

O saudoso tributarista Português também pondera, em sua clássica obra, que o artigo XII da Carta Magna, ao estabelecer que *"no scutage or aid shall be imposed on our kingdom unless by the common counsel"*, nada mais fez do que consagrar formalmente uma regra que já era reconhecida consuetudinariamente desde o século XI.[20]

SCHOUERI cita, a título exemplificativo, no contexto de desenvolvimento da legalidade, um tributo relatado por Bellstedt, que já era auferido na Alemanha, nos anos 1280/1281.[21]

O Autor obtempera que a referida concordância se reduzia a um *aconselhamento*, feito pelo *Landstand*, acerca do valor reputado justo e necessário do encargo tributário.[22] Ainda segundo *Bellstedt*, até o ano de 1650, não seria exato afirmar que havia, propriamente, "representação" do contribuinte no momento da concordância com a tributação, uma vez que apenas um grupo social assentia com a cobrança, assumindo o seu pagamento, mas transferindo o ônus à burguesia.[23] Portanto, não havia, ainda, a figura de um parlamento representativo do povo.

---

[20] XAVIER, Alberto. Op. cit., p. 7.

[21] Christoph Bellstedt. Die Steuer Als Instrument der Politik. Berlin: Duncker e Humblot, 1966, p. 22 *apud* SCHOUERI, Luís Eduardo. *Princípios Constitucionais Fundamentais – Contribuição à Investigação das Origens do Princípio da Legalidade em Matéria Tributária*. Coord. Carlos Mário da Silva Velloso/Roberto Rosas/Antonio Carlos Rodrigues do Amaral. São Paulo: Lex Editora, 2005, p. 712.

[22] Na exposição de SCHOUERI, noticia-se que até o século XV inexistiam tributos cobrados pelos reis diretamente dos cidadãos. As contribuições eram feitas às cidades, que as repassavam à Coroa. Recomenda-se a leitura do seguinte trecho do livro, extraído das lições de Bellstedt: "Apesar de algumas tentativas isoladas, até o século XV inexistiam tributos cobrados pelos reis diretamente dos cidadãos; estes contribuíam para as cidades e as últimas é que entregavam recursos ao rei. Em 1495, o imperador Maximilian I apresentou à assembleia do reino (Reichstag) reunida em Worms sua intenção de instituir um tributo direto (o gemeinen Pfennig) de cada súdito do reino."

[23] Confira-se, na obra de SCHOUERI, op. cit., p. 713, o seguinte trecho: "Por volta de 1650, havia os tributos necessários (a respeito do qual os Ständen limitavam-se a aconselhar sobre a melhor forma de cobrança) e outros, os Bewilligungssteuern, que poderiam ser aceitos ou negados pelos Ständen. Estes se constituíam em um montante fixo, voltado para um determinado fim. Cabe notar que os Stände eram compostos de cavaleiros, prelados e outros cidadãos, os quais concordavam com a cobrança e se tornavam responsáveis por seu paga-

1. DA LEGALIDADE À JURIDICIDADE EM MATÉRIA TRIBUTÁRIA

Sobre o assunto, TEODOROVICZ pondera que

O aforismo *nullum tributo sine lege*, símbolo máximo da legalidade tributária, manteve-se secularmente ligado à ideia de consenso dos súditos – ou cidadãos – para os tributos que lhes eram impostos. Gradativamente, a legalidade foi galgando reconhecimento pelos filósofos, políticos, sociólogos, economistas e juristas.[24]

O Autor reconhece, entretanto, que a noção de "consenso popular" para a tributação passou por degraus evolutivos, de forma que há dificuldade em encontrar reminiscências de sua aplicação da Idade Antiga.[25]

Na obra de Bellsted, citada por SCHOUERI, assevera-se que o conceito de lei ainda se encontrava restrito às normas que veiculavam relações entre cidadãos ou entre o Estado e seus súditos. A tributação estava associada à concordância, caso a caso, sendo, de todo, distinta do direito de representação. Com efeito, esclarece que

O Estado era visto como relação jurídica de subordinação entre o Senhor da terra (ou dos Stände) e o povo, com o que a organização, administração e manutenção do Senhor e da burocracia era vista como assunto pessoal do Senhor da terra (ou dos Stände), não como assunto que fosse objeto de uma lei que fixasse direitos e obrigações. Os impostos eram vistos como contribuição contratual livre dos súditos, já que o Senhor da terra não tinha direito de se imiscuir na propriedade de seus súditos. Nesse sentido, cita estudo de Johann-Jakob Moser, de 1772, que ensinava serem diferentes as leis gerais e as autorizações para instituição impositiva: as leis gerais são editadas unilateralmente pelo Senhor da terra (Landesherr), regulando o comportamento dos indivíduos. Já os impostos alcançam o patrimônio do

mento; a carga tributária, entretanto, era repassada aos burgueses. Daí a razão de Bellstedt afirmar não ser exato falar em representação do contribuinte no momento da concordância com a tributação".

[24] TEODOROVICZ, Jeferson. Revista Tributária e de Finanças Públicas – O Panorama Histórico da Legalidade Na Doutrina Tributária. Ano 19. Vol. 100. ABDT. São Paulo: Editora RT, set/out/2011, p. 88.

[25] Confira-se o seguinte excerto do texto: "Entretanto, a ideia de consenso popular para a tributação passou por degraus evolutivos, que ora mantiveram-se presos a ideais político-religiosos, ora transmutaram-se através de diferentes percepções de filósofos políticos, economistas, juristas e demais cientistas sociais". TEODOROVICZ, Jeferson. Op. cit., p. 88.

cidadão e somente podem ser exigidos "bilateralmente", com a concordância dos atingidos e com sua aceitação livre e contratual.

A despeito disso, imputa-se à Magna Carta Inglesa o marco histórico da configuração da legalidade tributária, uma vez que nela se estabeleceu a natureza legal da experiência consensual, em contraponto a sua anterior natureza contratual. Também nela se vislumbraram os requisitos da generalidade e abstração.[26]

A história da legalidade na Inglaterra demonstrou, a partir daí, um gradativo alargamento dos integrantes da assembleia incumbidos da aprovação das contribuições à Coroa, a exemplo dos documentos *Petition of Rights* (1628) e *Bill of Rights* (1689), promovendo o robustecimento do princípio.[27]

Entretanto, a legalidade somente passa a tomar as conotações contemporâneas a partir do final do século XVIII, com a sua constitucionalização, e previsão na Declaração dos Direitos do Homem e do Cidadão, de 1789, fruto dos ideais Iluministas e da Revolução Francesa[28], a qual estabeleceu as ideias de contraprestação, igualdade e capacidade contributiva, por via da cobrança direta da exação fiscal, imposta aos cidadãos.[29]

BALTHAZAR imputa à Declaração dos Direitos do Homem e do Cidadão e à Constituição Americana de 1777 o marco inicial da construção principiológica do direito tributário, tal qual o conhecemos na atualidade.[30]

Entretanto, ainda que a Constituição Francesa de 3 de setembro de 1791 tenha servido de inspiração para vários sistemas jurídicos, estabelecido uma Assembleia Nacional Legislativa, diferenciando o poder legis-

---

[26] Conforme apontamentos de TEODOROVICZ, Jeferson. Op. cit., p. 95.

[27] TEODOROVICZ, Jeferson. Op. cit., p. 95.

[28] Article 13: *"Pour l'entretien de la force publique, et pour les dépenses d'administration, une contribution commune est indispensable: elle doit être également répartie entre tous les citoyens, en raison de leurs facultes"*. Em tradução livre: Para a manutenção da força pública e para as despesas administrativas, uma contribuição comum é indispensável: deve ser igualmente distribuída entre todos os cidadãos, de acordo com as suas possibilidades.

[29] SCHOUERI. Op. cit., p. 713.

[30] BALTHAZAR, Ubaldo Cesar. *História do Tributo no Brasil*. Florianópolis: Fundação Boiteux, 2005, p. 22.

1. DA LEGALIDADE À JURIDICIDADE EM MATÉRIA TRIBUTÁRIA

lativo do federativo, com inspirações em Montesquieu, o princípio da legalidade, no âmbito relação tributária entre o Estado e seus súditos, ainda era marcado pelo binômio "poder" e "subordinação".[31]

1.1.2. O trânsito de uma "relação de poder" para uma "relação jurídica"

"*O vínculo entre o Estado e o contribuinte é uma relação jurídica e não uma relação de poder*". Com essa asserção, VALDÉS COSTA inaugura o capítulo IX de sua obra, acerca da relação jurídica tributária. Afirma o autor Uruguaio, em linhas sequentes, que tal postulado é um dogma do Estado de Direito contemporâneo.[32]

O autor esclarece que, diferentemente do direito privado, no qual mandato e interesse radicam em pessoas distintas, no direito público tais qualidades se confundem na Potestade Estatal. Ao citar VANONI, assevera ser fundamental à consecução do Estado de Direito a distinção e independência entre as funções legislativa, administrativa e judiciária.[33] Conclui sua exposição com a seguinte síntese:

> [...] el poder etático de imponer tributos, y la correspondiente situación del contribuyente como súbdito, se agota con la emisión de la ley; el órgano administrativo es sol el acreedor de una suma de dinero, sometido, al igual que el contribuyente, a la ley y a la jurisdicción, sin perjuicio de los privilegios que aquella le conceda expresamente. Es la aplicación de los principios fundamentales de legalidad y tutela jurisdiccional, que derivan en el principio, también fundamental, de la igualdad jurídica de las partes.[34]

O mestre Uruguaio, na verdade, toma emprestadas as lições de SAINZ DE BUJANDA, que por seu turno discorre expositivamente sobre

---

[31] SCHOUERI. Op. cit., p. 714.

[32] VALDÉS COSTA, Ramón. *Curso de Derecho Tributário*. 2ª edición. Madrid: Marcial Pons, 1996, p. 295. "El vínculo entre el Estado y el contribuyente es una relación jurídica y no una relación de poder".

[33] VALDÉS COSTA, Ramón. Op. cit., p. 295.

[34] VALDÉS COSTA, Ramón. Op. cit., p. 296. Em tradução livre: "[...] o poder ético de impor tributos, e a correspondente situação do contribuinte como súdito, se esgota pela edição da lei; o órgão administrativo é o credor de uma soma de dinheiro, sujeito, como o contribuinte, à lei e à jurisdição, sem prejuízo dos privilégios que esta última outorga expressamente. É a aplicação dos princípios fundamentais de legalidade e proteção judicial, que derivam do princípio fundamental da igualdade jurídica das partes".

o relevante legado de BLUMENSTEIN sobre o ensino da relação jurídico-
-tributária. Asseverou ter sido o tributo classicamente concebido como
uma prestação pecuniária, na qual se tinha, no polo ativo, uma entidade
de Direito Público que, soberanamente, exercia tal mister frente ao particular. Afirmou o mestre, a partir das lições do professor suíço:

> el impuesto, en sentido jurídico, es una prestación dineraria que exige el
> Estado, o una Entidad de Derecho público por él autorizada, en virtud de su
> soberanía, a los individuos que le están sometidos económicamente, con el
> fin de cubrir sus necesidades financieras.[35]

O autor esclarece que a noção de soberania Estatal era o ponto de
partida para o conceito clássico do tributo, equivalente a *"el poder real y
jurídicamente fundado que posee una Entidad, provista de un territorio, de ejer-
cer derechos de dominio sobre las cosas y personas que en él se encuentran [...]"*,
e que possui como contraparte o dever dos súditos em contribuir para
o sustento da Potestade, em uma relação de submissão, justificadora
primeira da imposição tributária. O tributo representava ao particular
uma coação, mesmo a par de ser criado a partir de representantes eleitos democraticamente. Na concepção mais rudimentar do princípio da
legalidade, a implantação do tributo não se via acompanhada de norma-
tização que oferecesse garantias ou remédios jurídicos ao devedor, aptos
para permitir sua defesa quanto a qualquer abuso ou transgressão.

Em suma, a única justificativa à tributação do cidadão era a necessidade de satisfação financeira do Estado. Nada mais.

Apenas com o advento do Estado Constitucional de Direito é que se
pôde ter por superada essa fase inicial. A "reserva de lei" (*Vorbehalt des
Gesetzes*) passa a trazer em seu bojo a necessidade de que todo ato administrativo de incursão no patrimônio do sujeito passivo, estivesse amparado por um prévio consentimento, de forma que a legalidade imperasse
não somente no momento da instituição do tributo, mas se espraiasse
para os demais elementos da exação, deferindo-lhe regras fixas de procedimentos, estabelecendo direitos e deveres impostos à Administração,
com vistas a afastar procedimentos arbitrários.[36]

---

[35] SAINZ DE BUJANDA, Fernando. *Sistema de Derecho Financeiro*. V. 2. Facultad de Derecho
de La Universidad Complutense. Madrid, 1985, p. 27.

[36] SAINZ DE BUJANDA, Fernando. Op. cit., p. 28.

1. DA LEGALIDADE À JURIDICIDADE EM MATÉRIA TRIBUTÁRIA

Na lição de BLUMENSTEIN, houve uma trasladação na concepção do tributo, que de um *ato de império* puramente fático passou a constituir uma verdadeira *relação jurídica* (Rechtsverhältnis), de forma que *"o indivíduo deve o imposto porque está previsto em lei e o deve tal como nela está regulado"*.[37]

1.1.3. Legalidade tributária e tipicidade cerrada

O princípio da legalidade é um dos corolários do Estado de Direito. Entretanto, conforme já mencionado, em matéria tributária, suas origens são ainda mais remotas, havendo sido, inclusive, reconhecido em sociedades não inspiradas no Estado de Direito.

O princípio surge vinculado à premissa de que os Governantes não poderiam cobrar tributos sem que, previamente, uma assembleia representativa assentisse com a cobrança. Já sob a égide do Estado de Direito Iluminista, o núcleo duro da reserva de lei passa a ser a de que a esfera de liberdade e o patrimônio do cidadão careciam de um instrumento apto a os proteger dos desmandos da Potestade Pública.

XAVIER, em obra específica sobre os princípios da legalidade e tipicidade da tributação, descreve o Estado de Direito, sob duas concepções: 1) o aspecto material, no sentido de que a ele cabe prevenir o arbítrio, delimitando os limites da liberdade de cada cidadão, com vistas à consecução da justiça, a finalidade última do Estado; 2) o aspecto formal, que envolve a ideia de que, para a realização desse mister, deve-se valer das formas jurídicas, das quais a lei se sobressai.

Na lição do Mestre, o Estado de Direito

> [...] foi, ao menos inicialmente, concebido como aquele que tem por fim o Direito e atua segundo o Direito; isto é, aquele que tem a justiça por fim e a lei como meio da sua realização.[38]

Mais adiante, na mesma obra, arremata que, mais do que um critério para realização da justiça, a legalidade garante que ela seja feita "em termos seguros e certos", em alusão à segurança jurídica que o princípio visa assegurar.[39]

---

[37] SAINZ DE BUJANDA, Fernando. Op. cit., p. 28.
[38] XAVIER, Alberto. Op. cit., p. 8.
[39] XAVIER, Alberto. Op. cit., p. 43.

Com efeito, a noção de "justiça" a que se refere é ínsita ao princípio da igualdade tributária, na qual o Estado deve promover a equiparação das pessoas que se encontrem em situações semelhantes, repudiando as discriminações de todo incompatíveis com tal finalidade.

Nesse particular, os "elementos essenciais" do tributo somente poderiam ser estabelecidos por lei, ressalvadas as possibilidades constitucionais de alteração, pelo Executivo, das alíquotas ou bases de cálculos do IOF, IPI, II e IE, dadas as suas características de extrafiscalidade. Afora tais hipóteses, os Regulamentos não estariam autorizados a atuar.

Em posição mais extremada que a de XAVIER, o professor Roque CARRAZA nega até mesmo a possibilidade de os regulamentos disporem sobre os deveres instrumentais ou acessórios – obrigações acessórias-, ligados ao tributo, ao argumento de que tal "obrigação de fazer", dirigida ao contribuinte, violaria o mandamento constitucional de que ninguém estaria obrigado a fazer algo senão em virtude de lei.[40]

Ainda segundo a lição de XAVIER, as concepções advindas do Iluminismo quanto à noção de legalidade – no sentido de que os órgãos executores e julgadores da lei deveriam agir como meros autômatos, subsumindo estritamente a norma aos fatos – sofreram algumas relativizações no decorrer do tempo, notadamente no direito administrativo e direito penal. Entretanto, em matéria tributária, o princípio da reserva absoluta de lei permanece incólume, porquanto possuiria raízes mais profundas. Sobre o assunto, assevera o seguinte:

> Todavia, no Direito Tributário o princípio da reserva absoluta subsistiu para além da crise do iluminismo o princípio da reserva absoluta subsistiu para além da crise do iluminismo e, em geral, de todas as concepções que viam na aplicação na lei um mero mecanismo automático de subsunção lógico-dedutiva. É que, neste ramo do Direito, o princípio da reserva da lei não se limitava a espelhar uma dada orientação acerca do Direito em geral; antes tinha alicerces mais fundos, radicados na própria essência do sistema econômico a que respeitava e a cujos princípios ordenadores repugnava a sua violação.[41]

---

[40] CARRAZA, Roque Antônio. *Curso de Direito Constitucional Tributário*. 29ª edição. São Paulo: Malheiros, 2013, p. 372.

[41] XAVIER, op. cit., p. 41.

1. DA LEGALIDADE À JURIDICIDADE EM MATÉRIA TRIBUTÁRIA

Com efeito, discorre Ruy Barbosa Nogueira[42], o princípio da legalidade tributária em nosso país é postulado tão caro à doutrina que o próprio legislador entendeu por necessário tipificar sua infringência no Código Penal, o qual considera crime:

> Se o funcionário exige imposto, taxa ou emolumento que sabe indevido, ou, quando devido, emprega na cobrança meio vexatório ou gravoso, que a lei não autoriza (§1º do art. 316).

Traduzindo em miúdos, XAVIER reconhece que o postulado da legalidade fora "relativizado" no direito administrativo (em decorrência de sua incompatibilidade com a conveniência e oportunidade, deferidos à administração) e no direito penal (quanto às contravenções). Em matéria tributária, entretanto, perdura a ortodoxia da reserva absoluta, proveniente dos ideais Iluministas.

O Autor também acresce que os tributos, a par da legalidade tributária, devem ser objeto de uma "tipologia", vinculada aos elementos essenciais do tributo, descritos no art. 97 do CTN.[43] A tipicidade, cuja matriz advém da doutrina alemã, atuaria, portanto, tanto na *hipótese* da norma tributária quanto no seu *consequente*, com vistas a alcançar a definição do fato gerador e do sujeito passivo, alíquota, base de cálculo e penalidades.

Também se reporta, aqui, à clássica lição de Paulo de Barros Carvalho, quanto à regra-matriz de incidência tributária: tem-se, *na hipótese*, um comportamento de pessoas (reconhecido pelo critério material), subordinado a uma condição de lugar (reconhecida critério espacial) e uma condição de tempo (reconhecida pelo critério temporal); *na consequência*, sujeitos ativo e passivo (critério pessoal), base de cálculo e alíquota (critério quantitativo).[44] Segundo o mestre, a tipicidade tributária configuraria um *plus* ao postulado da legalidade tributária, qualificada como uma "legalidade estrita", a qual se alia à necessidade de descrição completa da regra-matriz de incidência, ou seja, de todos os

---

[42] NOGUEIRA, Ruy Barbosa. *Da Interpretação e Da Aplicação Das Leis Tributárias*. 2ª edição. São Paulo: Revista dos Tribunais, 1965, p. 90.

[43] XAVIER, op. cit., p. 72.

[44] CARVALHO, Paulo de Barros. *Curso de Direito Tributário*. 18ª edição. São Paulo: Saraiva, 2007, p. 355-360.

elementos "descritores do fato jurídico e os dados prescritores da relação obrigacional".[45]

Portanto, a doutrina brasileira rejeita, tradicionalmente, quaisquer "cláusulas gerais ou abertas", típicas de Estados totalitários, para a exação tributária, da mesma forma como ocorre na seara penal. Daí a expressão "tipicidade cerrada".[46] Também faz alusão ao princípio do "exclusivismo", no sentido de que "o tipo legal dos tributos contêm uma descrição completa dos elementos necessários à tributação"[47], que não seria apenas completa, mas também "suficiente", de forma que há impossibilidade que a administração venha a, no tipo legal do tributo, estabelecer ou identificar normativamente qualquer conteúdo acessório.[48] Conclui XAVIER:

> A tipicidade do direito tributário é, pois, segundo certa terminologia, uma *tipicidade fechada*: contém em si todos os elementos para a valoração dos fatos e produção dos efeitos, sem carecer de qualquer recurso a elementos a ela estranhos e sem tolerar qualquer valoração que se substitua ou acresça à contida no tipo legal. *Nullum tributum sine lege* é brocardo que igualmente exprime o imperativo de que todos os elementos necessários à tributação do caso concreto se contenham e apenas se contenham na lei.[49]

Na visão do Autor, não há espaço no direito tributário para normas "incompletas" ou "elásticas", demandando o fato típico tributário um alto grau de determinação conceitual.[50]

XAVIER também reserva, em sua obra, tópico específico para tratar sobre a noção de "conceito indeterminado" e sua relação com o princí-

---

[45] CARVALHO, op. cit., p. 167.
[46] XAVIER, op. cit., p. 85, transcreve célebre declaração do Governo soviético de Munique, em 1919, no sentido de que "Toda a ofensa dos princípios revolucionários será punia. A determinação da natureza da pena cabe à livre discrição do juiz". Em seguida, parafraseia o mandamento, transpondo-lhe para o equivalente ao que seria um artigo de tipicidade aberta em direito tributário: "Toda a manifestação de capacidade contributiva será tributada. A determinação da taxa cabe à livre discrição dos serviços".
[47] XAVIER, op. cit., p. 89.
[48] XAVIER, op. cit., p. 91.
[49] XAVIER, op. cit., p. 92.
[50] XAVIER, op. cit., p. 94.

1. DA LEGALIDADE À JURIDICIDADE EM MATÉRIA TRIBUTÁRIA

pio da tipicidade cerrada, informando que, por força da segurança jurídica, tais conceitos inexistem no tipo tributário.[51]

Tais assertivas, dispostas em linhas pretéritas, têm sido objeto de debates e ponderações, conforme se exporá a seguir.

1.2. "Inflação legislativa": legalidade em crise?

A "falácia do infindável", expressão cunhada pelo economista Thomas Sowell, equivale dizer que quaisquer consecuções de direitos, por mais desejáveis e nobres que sejam, deverão passar necessariamente pelo aspecto econômico, sob pena de se relegar a declaração de um direito a uma mera retórica ou falácia. Asseverou o autor:

> Muitas coisas desejáveis são defendidas sem levar em consideração o fato mais fundamental da economia, ou seja, que os recursos são inerentemente limitados e apresentam usos alternativos. Quem pode ser contra saúde, segurança ou espaço público? Mas cada uma dessas coisas é infinita, enquanto recursos não apenas são limitados, mas também apresentam outros usos também valiosos[52]

Com efeito, os recursos financeiros limitados em contraposição à demanda ilimitada, típica do *welfare State*, levarão inevitavelmente o gestor público ao desafio de fazer escolhas de alocação. Alguns direitos legítimos e, às vezes, tão importantes como algum outro, não serão atendidos. Na dicção de LEITE[53], a expressão "escolhas trágicas" *"significa a ausência de recursos suficientes para a satisfação de todas as necessidades públicas plenamente. Algumas necessidades 'tragicamente' não serão atendidas"*.

No escopo de se evitar que o gestor orçamentário incorra em preterição de bens de maior proteção constitucional, o legislador orçamentário preestabeleceu dispêndio mínimo de recursos em algumas áreas, fazendo escolhas prévias e retirando do gestor o risco de optar pela proteção de bens de menor monta. É o caso da obrigatoriedade de recursos mínimos aplicáveis na saúde e na educação.

---

[51] XAVIER, op. cit., p. 96.
[52] SOWELL, Thomas. *Fatos e Falácias da Economia*. Tradução: Rodrigo Sardenberg. Rio de Janeiro: Editora Record, 2017, p. 21.
[53] LEITE, Harrison Ferreira. *Autoridade da Lei orçamentária*. Porto Alegre: Livraria do Advogado, 2011, p. 107.

Nesse contexto, poderíamos afirmar que com todos os multifacetários papeis que a Constituição Federal conferiu ao Estado Social – saúde, educação, segurança, infraestruturas, fomentos à cultura, esportes, proteção ao patrimônio histórico, regulação econômica, e outras tantas atividades – não haveria outra forma mais adequada de financiamento dos direitos básicos do cidadão que não através de tributos, delineando o que se convencionou chamar "Estado Fiscal". Mas até que ponto seria lícito ao Estado avançar sobre o patrimônio privado sob a justificativa dessa necessidade infindável de financiamento de seu amplo rol de obrigações constitucionalmente previstas? Quais seriam os limites à tributação e os mecanismos de defesa, dispostos ao cidadão-contribuinte, aptos a fazer frente, questionar e resistir ao gigantismo orçamentário que impõe uma crescente pressão arrecadatória do Poder Público?

Na lição de NABAIS, dada a dimensão avassaladora assumida pelo Estado Social de Direito, o Estado fiscal deve ter ínsita a ideia de limites – mínimos e máximos. O Autor tece, sobre o assunto, interessante comparação, nos seguintes termos:

> À semelhança do que acontece com o mínimo de existência (fisiológico e cultural) dos indivíduos, há que ter em conta também, no respeitante às necessidades do estado (e demais entidades públicas em que o mesmo se desdobra), a existência de um nível de gastos abaixo do qual o estado seria incapaz de cumprir as suas funções mais elementares.
>
> [...] Todavia, quando hoje em dia se apela para a ideia de estado fiscal, questionando a sua dimensão ou constatando nele uma crise, são preocupações relativas ao seu limite máximo que estão presentes. Procura-se, ao fim e ao cabo, saber até onde pode ir o "despotismo mascarado", ou o "leviatão" fiscal, que o crescimento contínuo das despesas públicas e dos impostos, nos termos já há muito prognosticados por A. WAGNER, tem vindo a alimentar e com clara expressão na crescente percentagem do PIB que passa pelas mãos do estado pela via dos impostos [...]

Posto isso – continua o autor – as armas municiadas ao cidadão para que se defenda da "ferocidade" do Fisco devem consubstanciar algo mais eficiente do que o "claudicante princípio da legalidade fiscal", em transcrição *ipsis litteris* da lição do Nobre tributarista. Pondera que já não mais se está diante de um *Estado mínimo*, típico do Estado liberal-Ilumi-

1. DA LEGALIDADE À JURIDICIDADE EM MATÉRIA TRIBUTÁRIA

nista, contemporâneo do clássico e desatualizado princípio da legalidade, outrora bastante adequado àquela realidade. Não haveria, enfim, garantia alguma de que a lei – enquanto ato emanado do Parlamento – traduza sinceramente o bem comum.[54]

É nesse contexto que os Conselhos e Tribunais administrativos devem perfilhar um caminho que traduza uma leitura do princípio da legalidade que se aproxime, ao máximo, dos valores constitucionais expressos em precedentes do STJ e do STF, sem se incorrer no temor, por parte de muitos agentes administrativos, de se estar a praticar ato de improbidade administrativa por eventuais afastamentos de uma determinada interpretação da norma, tradicionalmente conferida pela administração por meio de atos infralegais como regulamentos e resoluções, e que contêm em si, não raro, o peso de terem sido expedidas pelo Chefe do Executivo.

MARINS, em percuciente exposição sobre a atual vulnerabilidade na qual se encontra o contribuinte, aduz que a quase totalidade dos projetos de leis fiscais são gestados "no ventre fazendário" e redigidas por Técnicos da Receita Federal, Estadual ou Municipal. Com efeito, discorre o professor:

> No território legislativo, de criação das normas jurídicas, vários elementos de vulnerabilidade são facilmente identificáveis. O primeiro reside na iniciativa de produção das leis. Quase a totalidade dos projetos de leis fiscais são gestados inteiramente no ventre fazendário e apresentados às câmaras legislativas por iniciativa dos governos, sejam da esfera federal, estadual, municipal ou distrital. Isso significa que invariavelmente o conteúdo das leis tributárias é obra dos técnicos da Receita, altamente treinados, preparados e especializados – focados no cumprimento de metas – e, por isso, dotados de visão estritamente arrecadatória.[55]

Há, eventualmente, em tais normas jurídicas, uma finalidade inicial de arrecadação que pode ou não ser corroborada pelos precedentes judiciais. Quanto a esses, a administração não pode passar ao largo em

---

[54] NABAIS, José Casalta. *O Dever Fundamental de Pagar Impostos*. Coimbra: Almedina – Coimbra, 1998, p. 218.

[55] MARINS, James. *Defesa e Vulnerabilidade do Contribuinte*. São Paulo: Dialética, 2009, p. 26-27.

seus julgamentos administrativos pelo simples pretexto de que a norma não fora declarada inconstitucional em controle concentrado no STF.

Sob outra vertente, também apresentada por MARINS, a *fratura* nas garantias advindas da legalidade fica ainda mais exposta na medida em que tais projetos de leis são votados por parlamentares compromissados com suas bases político-partidárias e que, na maioria dos casos, não detêm o conhecimento jurídico necessário para promover um juízo crítico e valorativo do texto de lei tributária apresentado pelo Governo e submetido à votação.[56]

Um segundo argumento, de cunho político, que motivaria a crise de legalidade, seria a influência – senão controle – que o Poder Executivo atualmente promove no processo legislativo – muitas vezes com mecanismos pouco nobres, como se sói observar no Brasil –, de forma a se reduzir o espectro de atuação independente do Parlamento. A isso se alia a interferência de grandes corporações, enquanto grupos de pressão, tais como federações, associações e sindicatos, cujos pleitos particulares e corporativistas nem sempre convergem ao interesse popular.

Tal fenômeno torna os Parlamentos, na lição de GONZÁLEZ, *"órganos de mera ratificación de lo ya acordado fuera de ellos"*[57], uma vez que os debates que se entabulam naquelas Casas, geralmente com soluções predeterminadas pelos grandes partidos políticos, não produzem qualquer chance de fazer prevalecer a opinião particular do Parlamentar, individualmente considerado, uma vez que este, por questões de hierarquia e dis-

---

[56] Confira-se o seguinte excerto de texto, extraído de sua obra: "Porém, não é apenas esse o problema da criação da lei exatorial. Com matriz genética exclusivamente de Direito Arrecadatório, os projetos de leis tributários são votados por parlamentares que ou têm obrigação partidária de apoiar iniciativas oficiais ou – por sua formação política generalista – estão absolutamente despreparados para compreender a matéria posta em votação, de modo que dificilmente se estabelece algum debate proveitoso sobre tributação nas casas legislativas do País. Assim sucede quase invariavelmente nas milhares de Câmaras Municipais (estas tornadas notórias pela baixa qualidade de sua composição), nas dezenas de Assembleias Legislativas ou mesmo nas duas câmaras do Congresso Nacional, casas públicas cuja duvidosa qualidade de sua representatividade é bem conhecida de todos os contribuintes brasileiros". MARINS, James. Op. cit., p. 26-27.

[57] GONZÁLEZ, Clemente Checa. *Crisis de La Ley Y Degeneracion Del Derecho Tributário*. In: Temas de Direito Público – Estudos em Homenagem ao Professor Flávio Bauer Novelli. Organizadores: BORJA, Célio/RIBEIRO, Ricardo Lodi. Vol. 1 – Constituição e Cidadania. 1ª edição. Rio de Janeiro: Multifoco, 2015, p. 85.

1. DA LEGALIDADE À JURIDICIDADE EM MATÉRIA TRIBUTÁRIA

ciplina partidária, deve se render à posição de sua bancada. González alude à expressão *"Cartel Party"*[58], referida por Asensi Sabater, que corresponde ao fenômeno que leva os grandes grupos de partidos políticos a buscar a sobrevivência a qualquer custo dentro do sistema político, submetendo-se, para tanto, a qualquer tipo de pacto colaborativo que os possibilite se manterem no poder.[59] Tal particularidade faz com que a legalidade perca a sua expressão de "consenso" popular para adquirir ares de "contratualidade" entre os grandes atores sociais.

Estar-se-ia diante, na expressão utilizada por Zagrebelsky[60], de um processo de "fagocitose" do direito, promovido, insolitamente, pela própria lei.

Mais adiante em sua obra, Nabais volve à mesma questão, nos seguintes termos:

> [...] rejeitamos a ideia, alicerçada numa longa e persistente tradição positivista do direito fiscal, segundo a qual os impostos não suportariam senão limites de carácter formal, polarizados sobretudo no princípio da legalidade fiscal na sua versão de reserva material de lei formal. Com efeito, colocando-se no que consideram uma certa linha de continuidade do estado liberal, alguns autores actuais, partindo de uma total desvinculação ou neutralidade ética do direito fiscal, concluem que o legislador pode decidir, mais ou menos arbitrariamente, os factos tributários, ou seja, os factos a que pretende associar a consequência jurídica da tributação. Por outras palavras, do direito fiscal estariam arredados quaisquer critérios materiais de justiça, tendo ele de bastar-se com uma justiça meramente formal, assegurada pela

---

[58] Asensi Sabater. *El Futuro de Las Funciones del Parlamento*. In: El Parlamento del Siglo XXI, VIII Jornadas de La Asociación Española de Letrados de Parlamentos, VV.AA., Tecnos, Madrid. *Apud* González, Clemente Checa. Op. cit., p. 90.

[59] Confira, por relevantes, as palavras de Clemente Checa González: "Además, como ya resaltó Nieto García (2002) hay que ser muy ciego, o muy consentidor, para aceptar la imputación de paternidades tan inverosímiles como la 'voluntad popular' – a la que en otra obra (2006) calificó de engaño político –, palabras que en verdad, por mucho que pese, no parece que quede más remedio que asumir ante la generalizada situación de letargo, o de práctica parlamentaria anestesiada, por emplear los términos utilizados por Oñate Rubalcaba (2008), en la que se hallan los Parlamentos". Op. cit., p. 92.

[60] Zagrebelsky, Gustavo. *La Ley, El Derecho Y La Constituición*. Traducción del italiano de Carlos Ortega Santiago. Revista Española de Derecho Constitucional. Año 24. Núm. 72. Septiembre-Diciembre 2004. P. 15.

exigência de um procedimento legislativo-parlamentar de descoberta e fixação dos critérios de exigibilidade concreta de cada imposto.[61]

Nesse contexto, deve-se fazer aqui uma pausa para a seguinte reflexão: se o princípio da legalidade não mais espelharia o consenso, reproduzido pelas leis emanadas do Parlamento, eleito democraticamente pelo povo, de que forma poderia extrair seu atual fundamento de validade e constituir, não um ludibrio político, mas uma proteção efetiva ao cidadão-contribuinte?

O que se tem por certo, na contemporaneidade, é que os constantes avanços da tecnologia, com a descoberta de novos mecanismos contra as enfermidades, o aumento da população e da sua sobrevida, as ameaças ao meio-ambiente e aos biomas, o surgimento de novas classes sociais e pluralidade de minorias, as questões cibernéticas, a biologia tecnológica, células-tronco e genoma, a difusão em nível exponencial da informação, comunicação e do conhecimento, arrastam após si uma nova e cada vez mais acelerada dinâmica do viver em sociedade, demandando uma profusão de normas no intuito de disciplinar essas novas relações sociais.

O direito positivo sempre buscará acompanhar a dimensão da existência humana e a complexidade advinda vida moderna, não importando a que ponto ela se agigante. É, não raro, um cipoal que atabalhoa, embaraça e desafia juízes, advogados, servidores públicos, promotores, docentes e qualquer um que se aventure a se embrenhar pelas suas veredas.

Ao metaforizar tal fenômeno como "máquina legislativa", "inflação legislativa" ou "tempestade legislativa", ZAGREBELSKY cita o exemplo da compilação de leis Italiana (*Le leggi d'Italia*), que em 1963 acumulava trinta e três volumes de todas as leis vigentes à época. Quarenta anos depois, o compêndio normativo já contava com setenta e oito poderosos volumes, com atualizações mensais: leis novas; alterações; leis *pro futuro* e retroativas; leis temporárias, transitórias, de validação, experimentais, de interpretação autêntica e de correção de erros; decisões constitu-

---

[61] NABAIS, José Casalta. Op. cit., p. 316.

1. DA LEGALIDADE À JURIDICIDADE EM MATÉRIA TRIBUTÁRIA

cionais de eficácia abstrata; atos normativos centrais, regionais, locais, supranacionais; todos com vista a que nada escape à regulação.[62-63]

Reforçando o pensamento crítico sobre a legalidade, o Constitucionalista de Turim tece o seguinte alerta (em tradução livre):

> Quando o sistema legislativo coxeia – o que significa que não acompanha as demandas sociais – conhecendo apenas as leis, não se pode fazer outra coisa a não ser seguir legislando. E, desta forma, termina-se por pretender enfrentar a debilidade da lei com outras leis. Não é apenas um círculo vicioso que, no final, deixa as coisas como estavam; é uma espiral que leva para baixo, para a erosão da lei, para a progressiva erosão do sentido da legalidade. Explica-se com uma proporção perversa: quanto mais leis, mais ilegalidade.[64]

Em curioso – e aterrador – estudo, o Instituto Brasileiro de Planejamento Tributário[65] dá notícia de que, desde 1988, foram editadas no

---

[62] ZAGREBELSKY, Gustavo. *La Ley, El Derecho Y La Constituición*. Traducción del italiano de Carlos Ortega Santiago. Revista Española de Derecho Constitucional. Año 24. Núm. 72. Septiembre-Diciembre 2004, p. 14-15.

[63] Confira-se, do texto do Autor, o seguinte excerto: *"Si fuera necesario en algún momento una confirmación concreta de lo que significa la metáfora de la «máquina legislativa», en relación con lo que ocurre en mi país, pero quizás no sólo en el mío, bastaría con lanzar una mirada a la más consultada entre las recopilaciones de legislación, Le leggi d'Italia. La primera edición de 1963 estaba constituida por treinta y tres poderosos volúmenes que recogían todas las leyes vigentes entonces; ahora, a cuarenta años de distancia, ha crecido a setenta y ocho volúmenes. Actualizaciones mensuales contenidas en hojas oportunamente definidas como «móviles», dan cuerpo a la imagen de una tempestad legislativa que jamás permanece: leyes nuevas; modificaciones de las viejas, pro futuro y retroactivas; leyes temporales, transitorias, de validación, experimentales, de «interpretación» auténtica y de corrección de errores; textos únicos de naturaleza de lo más variada; sentencias constitucionales con alcance normativo; todo ello, multiplicado por las muchas autoridades normativas, centrales, regionales, locales y supranacionales, que actúan con la intención de que nada escape a la regulación jurídica más minuciosa y penetrante."*

[64] *"Cuando el sistema legislativo renquea – lo que significa que no mantiene el paso con las demandas sociales – conociéndose únicamente leyes, no se puede hacer otra cosa que seguir legislando. Y, de esta forma, se acaba por querer hacer frente a la debilidad de la ley con otras leyes. No es solamente un círculo vicioso que, a la postre, deja las cosas como estaban; es una espiral que conduce hacia abajo, al desgaste de la ley, a la erosión progresiva del sentido de legalidad. Se explica con una proporción perversa: cuantas más leyes, más ilegalidad".* Op. cit., p. 15.

[65] Confira a matéria no sítio: www.ibpt.com.br. A pesquisa informa que "Do total de 5.876.143 normas gerais editadas, 13,02% ou 765.074 estavam em vigor quando a Consti-

Brasil, 5.876.143 normas, Federais, Estaduais e Municipais, sendo que dessas, cerca de 6,65% – ou seja, 390.726 – se referem à matéria tributária.

No escopo idealista de se buscar a completude do ordenamento jurídico, banalizou-se o instrumento formal da lei, em prejuízo da própria segurança jurídica, à qual aquela se prestou servir. Segundo Eros Grau,

> A inflação normativa, hipertrofia da regulação normativa, coloca sob comprometimento não apenas a segurança das relações jurídicas, mas a própria consistência do princípio segundo o qual *ignorantia neminen excusat[...]*[66]

Sob esse contexto – e a título de solucionar a apregoada crise de legalidade – a escola neopositivista defende uma "jurisprudência dos valores", em contraposição à "jurisprudência dos conceitos", vigente no positivismo clássico, anunciando uma reaproximação entre as noções de direito e moral, em busca dos ideais de justiça, por meio de juízos de ponderação ao invés de juízos de subsunção, onde princípios se sobreporiam às regras, sob a ótica neoconstitucionalista.

Em percuciente análise sobre o referido fenômeno, Ávila esclarece o seguinte:

> É certo que não há apenas um conceito de "neoconstitucionalismo". A diversidade de autores, concepções, elementos e perspectivas é tanta, que torna inviável esboçar uma teoria única do "neoconstitucionalismo". Não por outro motivo, costuma-se utilizar, no seu lugar, a expressão plural "neoconstitucionalismo(s)". Mesmo assim, podem ser apontadas algumas supostas mudanças fundamentais – ocorridas ou meramente desejadas, em

---

tuição Federal completou 30 anos. Das 390.726 normas tributárias editadas, 6,9% ou 27.184 estavam em vigor em 30 de setembro de 2018." Quanto à metodologia e base de dados do estudo, o artigo informa que "para o levantamento de dados das normas federais foi utilizada a legislação federal através dos sites (www.planalto.gov.br) e as normas editadas pela Receita Federal do Brasil (www.idg.receita.fazenda.gov.br). Para o levantamento dos dados dos estados e dos municípios foram utilizados os sites das secretarias de fazenda dos estados e dos municípios e a elaboração de estimativas, bem como o banco de dados do IBPT (www.ibpt.org.br)". Acesso em 10 dez.2019.

[66] GRAU, Eros Roberto. *O Direito Posto e o Direito Pressuposto*. 7ª edição. São Paulo: Malheiros, 2008, p. 185.

1. DA LEGALIDADE À JURIDICIDADE EM MATÉRIA TRIBUTÁRIA

maior ou em menor intensidade – desse movimento de teorização e aplicação do Direito Constitucional denominado de "neoconstitucionalismo": princípios em vez de regras (ou mais princípios do que regras); ponderação no lugar de subsunção (ou mais ponderação do que subsunção); justiça particular em vez de justiça geral (ou mais análise individual e concreta do que geral e abstrata);

Poder Judiciário em vez dos Poderes Legislativo ou Executivo (ou mais Poder Judiciário e menos Poderes Legislativo e Executivo); Constituição em substituição à lei (ou maior, ou direta, aplicação da Constituição em vez da lei).[67]

Com efeito, todas as justificativas transcritas em linhas pretéritas, no sentido de haver uma crise do formalismo jurídico capitaneada pela disrupção entre a dinâmica social e o positivismo clássico, anunciam, a título de "cura", uma volta aos ideais jusnaturalistas, imanentes à ética e à moral, mediante a prevalência da ponderação dos princípios sobre a subsunção das regras, conferindo uma dominância de poderes ao Judiciário, em relação ao Legislativo e ao Executivo.

Sobre o assunto, ÁVILA adverte que

> [...] a atividade de ponderação e o exame individual e concreto demandariam uma participação maior do Poder Judiciário em relação aos Poderes Legislativo e Executivo; o ativismo do Poder Judiciário e a importância dos princípios radicados na Constituição levariam a uma aplicação centrada na Constituição em vez de baseada na legislação.
>
> Nesse quadro, o ponto zero estaria na positivação e na aplicação, exclusiva ou preponderante, dos princípios no lugar das regras. Da preferência normativa ou teórica por determinado tipo de norma (os princípios) decorreria um método diferente de aplicação (a ponderação), do qual, por sua vez, adviria tanto a preponderância de uma perspectiva distinta de avaliação (individual e concreta), quanto o predomínio de uma dimensão específica da justiça (a particular), os quais, a seu turno, conduziriam à dominância de um dos Poderes (o Judiciário) e de uma das fontes (a Constituição).

---

[67] ÁVILA, Humberto. *"Neoconstitucionalismo": Entre a "Ciência do Direito" e o "Direito da Ciência"* – Revista Eletrônica de Direito do Estado. Nº 17. Jan-mar/09. Salvador-BA. No sítio: www.direitodoestado.com.br. Acesso em 10 dez.2019.

Ato sequente, o Autor tece severas críticas à afirmação apriorística, feita pelos neoconstitucionalistas, de que a Constituição Federal Brasileira seria uma "Constituição principiológica". Reputa-a, nesse particular, falsa. Assevera ÁVILA que a Carta Constitucional possui princípios e regras, não se podendo falar em preponderância de uma norma sobre outra, mas tão-somente em "funções e eficácias diferentes e complementares".[68]

Com efeito – discorre o Mestre – os enunciados deônticos "permitido, proibido, obrigatório" diminuem sobremaneira a arbitrariedade e a incerteza, não podendo ser ignorados pelo hermeneuta. Os princípios não poderiam, dessarte, afastar as regras imediatamente aplicáveis que estão situadas no mesmo plano, ao ponto de as tratar como mero "conselho". Conclui o Autor que o neoconstitucionalismo, visto sob tal prisma, nada mais é do que *retórica, vagueza e subserviência à doutrina estrangeira*.[69]

1.3. Um contraponto ao argumento de "crise" legislativa: a necessidade de reequilíbrio entre as funções do legislativo e do judiciário

Qualquer ciência do direito não deve se furtar à análise dos seus aspectos sociais. A sociologia do direito está imbricada na filosofia do direito. Em outras palavras, um Juiz termina por não ser movido tão-somente pelo que prediz a norma legal, mas também pelas suas convicções religiosas, morais e pressões sociais que o cercam. Nesse particular, a aplicação de princípios metafísicos que aderem ao sistema normativo positivo pode se tornar um grande problema de imponderabilidade nas soluções das relações jurídicas. Na lição de ROSS,

> Um ordenamento jurídico nacional, considerado como um sistema vigente de normas, pode ser definido como o conjunto de normas que efe-

---

[68] ÁVILA, Humberto. Op. cit. De seu artigo, calha a transcrição do trecho respectivo: "a Constituição Brasileira de 1988 tem princípios e regras, cada qual com funções diferentes, não se podendo falar, desse modo, da primazia de uma norma sobre outra, mas, tão--só, de funções e eficácias diferentes e complementares. No entanto, seguindo o modelo aqui criticado, caso se insista em escolher um rótulo que melhor represente a estrutura normativa típica da Constituição Brasileira de 1988, no aspecto quantitativo, ele deverá ser 'Constituição regulatória' e, não, como costumeiramente se tem afirmado, 'Constituição principiológica'. "

[69] ÁVILA, Humberto. Op. cit., p. 5-7.

1. DA LEGALIDADE À JURIDICIDADE EM MATÉRIA TRIBUTÁRIA

tivamente operam na mente do juiz, porque ele as sente como socialmente obrigatórias e por isso as acata. O teste da vigência é que nesta hipótese – ou seja, aceitando o sistema de normas como um esquema interpretativo – podemos compreender as ações do juiz (as decisões dos tribunais) como respostas plenas de sentido a dadas condições e, dentro de certos limites, podemos predizer essas decisões – do mesmo modo que as normas do xadrez nos capacitam a compreender os movimentos dos jogadores como respostas plenas de sentido e predizê-los.[70]

O trabalho de Ross se ampara justamente na afirmação categórica de que "somente os fenômenos jurídicos no sentido mais restrito – a aplicação do direito pelos tribunais – são decisivos para determinar a vigência das normas jurídicas."[71] Nessa condição, como entender como "pleno de sentido" (na acepção de Ross) um ordenamento jurídico onde as decisões judiciais, além de não seguirem um determinado padrão de justiça, descumprem e fragmentam a legislação em nome de princípios fundamentais que podem ser "lidos" sob vários pontos de vista? Como não seguir ao "caos" jurídico se não há um padrão de justiça, um *standard* normativo, que é o que se sói encontrar no direito positivo?

A uma análise individual, ou seja, para a "construção de um direito" para o caso concreto, ao juiz pode parecer correto, à luz de um direito fundamental, que se salve uma vida por meio do deferimento de um tratamento de saúde de vanguarda a custo altíssimo, não contemplado na rede pública de saúde. O outro lado da moeda é que, sob o aspecto coletivo, o recurso orçamentário trasladado a um indivíduo poderá deixar à mingua tratamentos de saúde oferecidos a centenas ou milhares de outros pacientes. Estar-se-ia eventualmente a preterir os direitos fundamentais de vários cidadãos em benefício de uns poucos. A quebra, pelo judiciário, da opção de alocação de recursos originariamente feita pelo Gestor orçamentário, pode resultar em acefalias orçamentárias que subvertem princípios fundamentais, ao argumento de se os estarem cumprindo.

---

[70] Ross, Alf. *Direito e Justiça*. Tradução: Edson Bini – revisão técnica Alysson Leandro Mascaro. Bauru-SP: Edipro, 1ª reimpressão, 2003, p. 59.
[71] Ross, Alf. Op. cit., p. 60.

Nem sempre a "lei construída para o caso particular", adotada em prejuízo da lei de conteúdo genérico, prévio e abstrato, poderá ser, efetivamente, considerada "justiça".[72]

Com muita propriedade, ÁVILA analisa o que denominou "fundamento axiológico" da solução neoconstitucionalista propagada, qual seja, a de em vez de se privilegiar a justiça geral, baseada em normas prévias, gerais e abstratas, dar primazia à justiça individual, fundada em normas posteriores, individuais e concretas, a serem colmatadas pelo Juiz, em ponderação de valores.[73]

O pressuposto sob o qual se funda o argumento de que a justiça particular deve prevalecer sobre a geral é no sentido de que a aplicação da norma provoca, em alguns casos, soluções injustas ou sub-ótimas. Em tais situações específicas, de anormalidade, caberá ao aplicador afastar a regra geral com fundamento no critério de razoabilidade e equidade, desde que o sistema de regras não seja comprometido.[74]

---

[72] Mostra-se inegável que um sistema público de saúde que seja totalmente centrado nos direitos fundamentais, sem atentar para os seus custos e para o prejuízo ao coletivo, está fadado, cedo ou tarde, a colapsar. Com efeito, discorre WANG: *"This interpretation of the right to health is inconsistent with the reality of any health care system in the world. No health care system – no matter how rich the country or how high the health expenditure per person – is able to offer unrestricted access to all treatments that may improve citizens' health* (Syrett, 2007; Daniels and Sabin, 2008; Daniels, 2009: 318; Singer, 2009)". (Tradução livre: "Essa interpretação do direito à saúde é inconsistente com a realidade de qualquer plano de saúde no mundo. Nenhum plano de saúde – não importa o quão rico seja o país ou o quão alto seja o gasto de saúde por pessoa – é capaz de fornecer acesso ilimitado a todos os tratamentos que podem melhorar a saúde de seus cidadãos").

Disso tudo, o fator que se presume como norteador da mente do juiz quando da análise de tais casos é o que ficou conhecido como "efeito da vítima identificável", no sentido de que há respostas emocionais distintas quando se compara a vida de uma pessoa, individualmente considerada, e as estatísticas. No primeiro caso, o juiz conhecerá as mazelas que circundam a vida do demandante por conta de sua enfermidade. Eventualmente, o verá face-a-face em uma audiência. Com efeito, nessa contundente lição, o que se observa ao final é que os Tribunais "sabem quem vence, mas não conseguem identificar quem perde". In: WANG, Daniel W. L. *Courts and health care rationing: the case of the Brazilian Federal Supreme Court.* Health Economics, Policy and Law. P. 4-13.

[73] ÁVILA, Humberto. Op. cit., p. 12.

[74] Nesse particular, o autor discorre sobre os fenômenos da "super-inclusão" e da "sub-inclusão" normativa. No primeiro caso, a descrição geral da regra não considera elementos ou particularidades do caso concreto, de forma que ela vai além do exigido para a sua

1. DA LEGALIDADE À JURIDICIDADE EM MATÉRIA TRIBUTÁRIA

O problema surge quando o aplicador da norma, fora desses casos excepcionais, despreza a "solução legislativa" para construir a "lei do caso", ao argumento de que a primeira não se mostra ótima, sob seu ponto de vista. Nesse particular, ÁVILA pondera, com percuciente clareza, que embora qualquer cidadão concorde, abstratamente, na proteção dos diversos valores fundamentais, a consecução de tais valores no plano individual é sempre fruto de conflitos concretos quando se discute a forma mais eficiente de se os proteger. A função das regras é justamente o de eliminar ou reduzir tais divergências. Arremata o mestre que a justiça "no mundo real" demanda, inarredavelmente, a existência de regras.[75]

finalidade; no último, ocorre o inverso: a descrição legal considera fatos que, a depender do ponto de vista e das particularidades do caso, desaguam em soluções injustas. Ávila cita, como exemplo de "super-inclusão", o seguinte caso: *"aplicação da regra que proíbe a condução de animais de estimação em veículos de transporte público também para o caso de um cego cuja liberdade de locomoção depende do auxílio de um adestrado e dócil cão-guia. Nessa situação anormal, poder-se-ia afirmar que a hipótese da regra foi além do exigido pela sua finalidade"*. Como exemplo de "sub-inclusão", traz a seguinte hipótese: *"o caso de não aplicação da regra que proíbe a condução de animais de estimação em veículos de transporte público para o caso de alguém que pretendesse viajar com um leão. Nessa situação extraordinária, poder-se-ia afirmar que a hipótese da regra foi aquém do exigido pela sua finalidade"*. P. 13

[75] Recomenda-se a leitura da brilhante exposição de Ávila, que transcrevemos: "Entre o caso normal e o caso anormal, no entanto, existe um extenso universo dentro do qual a solução dada pelas regras, embora não provoque manifesta injustiça, não se revela, ao olhar do aplicador, a melhor solução. Que cabe ao aplicador, com base no postulado da razoabilidade, afastar a aplicação da regra geral, quando a sua aplicação a um caso particular extraordinário provocar manifesta e comprovada injustiça, não há dúvida. Mas – e aqui se chega ao cerne da questão – se a solução dada pela regra não se apresenta, sob o seu ponto de vista, ainda que alicerçada numa alegada interpretação sistemática e principiológica, como sendo a melhor solução, pode o aplicador desprezar o curso de ação prescrito pela regra quando o caso se enquadra nos seus termos? Em outras palavras: está o aplicador autorizado a buscar a melhor solução por meio da consideração de todas as circunstâncias do caso concreto, eventualmente desprezando a 'solução da lei' em favor da construção da 'lei do caso'?
A resposta a essa indagação depende de considerações a respeito da justiça do caso concreto. Costuma-se afirmar que a consideração de todas as circunstâncias do caso concreto, apesar das circunstâncias selecionadas pela regra legal, é algo necessariamente positivo, e a consideração das circunstâncias selecionadas pela regra legal, apesar das circunstâncias do caso concreto, é algo necessariamente positivo. Essa concepção, no entanto, desconsi-

PRECEDENTES VINCULANTES EM MATÉRIA TRIBUTÁRIA

Ainda sob tais fundamentos – e nos antecipando à narrativa a ser desenvolvida no capítulo II da presente obra, acerca dos precedentes normativos – a narrativa jusnaturalista, no sentido de se afastar o direito legislado com fundamento em ponderações e lucubrações de justiça é recorrente na história. Ross dá notícia de que, ainda no século XIV não era incomum, na Inglaterra, os juízes se recusarem franca e prontamente a aplicar o direito legislado. No trecho específico de sua obra, declara que *"houve luta pela supremacia na criação do direito entre a common law e o Parlamento, conflito que era ideologicamente sustentado pela doutrina do direito natural"*.[76]

Austin também relata, em sua obra, crítica à sobreposição da "solução prévia da lei" por uma "construção posterior da lei" pelo Judiciário (a *dog-law*, na crítica de Bentham). Informa que, no direito inglês, uma promessa de dar ou fazer qualquer coisa em benefício de outro não era vinculante, sendo tido apenas como um ato de "deferência". Lord Mansfield[77] ignorou tal disposição expressa do direito inglês ao estabelecer que a obrigação moral, por si, já constituía uma "deferência" mais que suficiente. Contudo – assevera Austin –, uma obrigação moral é uma obrigação imposta pela opinião, ou por Deus, por meio da moralidade positiva e do princípio de utilidade. Essa decisão de Lord Mansfield, que

dera a imprescindibilidade dos mecanismos de justiça geral numa sociedade complexa e pluralista.

Numa tal sociedade, embora os cidadãos possam entrar em acordo abstrato a respeito dos valores fundamentais a serem protegidos, dificilmente concordam com a solução específica para um conflito concreto entre valores. A maioria concorda com a proteção da propriedade, da liberdade e da igualdade, por exemplo, mas discorda com relação aos modos mais justos e eficientes para proteger esses mesmos valores. Essa interminável divergência conduz à necessidade de regras, cuja função é, precisamente, eliminar ou substancialmente reduzir problemas de coordenação, conhecimento, custos e controle de poder. A justiça do mundo real, não do ideal, exige a existência de regras". ÁVILA, Humberto. *"Neoconstitucionalismo": Entre a "Ciência do Direito" e o "Direito da Ciência"* – Revista Eletrônica de Direito do Estado. Nº 17. Jan-mar/09. Salvador-BA. No sítio: http://www.direitodoestado.com.br/buscarevistas.asp?txt_busca=Humberto%20%C3%81vila, acesso em 4 dez.19.

[76] Ross, Alf. Op. cit., p. 105.

[77] 1º Conde de Mansfield, foi um advogado britânico, político e juiz conhecido por sua reforma da lei inglesa.

1. DA LEGALIDADE À JURIDICIDADE EM MATÉRIA TRIBUTÁRIA

pressupõe que o juiz pode impor coativamente a moral, lhe autoriza, na verdade, a impor coercitivamente "qualquer coisa que lhe aprouver".[78]

De fato, as expressões "justiça" e "injustiça" implicam um circular e amplificado juízo de valoração. A ideia de justiça parece ser uma noção clara e simples dotada de uma poderosa e nobre força motivadora passível, em qualquer lugar, de uma compreensão instintiva no homem. Ross pondera que lutar por uma causa "justa" é, certamente, objeto de excitação em quaisquer pessoas. Entretanto, paradoxalmente, todas as guerras têm por motivação a "consecução da justiça" e da mesma forma os conflitos políticos entre as classes sociais. Tal "onipresença" desse princípio de justiça, pondera Ross, *"desperta a suspeita de que algo não anda bem com uma ideia que pode ser invocada em apoio de qualquer causa."*[79]

Pondera o positivista escandinavo que a especulação metafísica é arbitrária e imprecisa. Suas argumentações não admitem refutação precisamente porque se movem numa esfera que ultrapassa o alcance da verificação. Mister aprender simplesmente a ignorá-las como algo que não tem função ou espaço legítimo no pensamento científico.[80] Segundo o autor, *"como uma prostituta, o direito natural está à disposição de todos. Não há ideologia que não possa ser defendida recorrendo-se à lei natural."*[81]

Dentre algumas perspectivas, destaca-se a opinião de Ross sobre a visão política do Direito natural. Segundo ele, "do ponto de vista político, o direito natural pode ser conservador, evolucionista ou revolucionário", uma vez que, historicamente, sempre serviu aos detentores do poder – ora estadistas, ora juristas, ora o clero.[82-83]

---

[78] AUSTIN, John. Op. cit., p. 194.

[79] Ross, Alf. Op. cit., p. 314.

[80] Ross, Alf. Op. cit., p. 302.

[81] Ross, Alf. Op. cit., p. 304.

[82] Ross, Alf. Op. cit. p. 307.

[83] Segundo Ross, um direito natural que em sua origem foi revolucionário, pode se metamorfosear para conservador uma vez que tenham prevalecido as classes sociais cujos interesses sustenta. O direito natural individualista e liberal que conduziu à revolução norte--americana é exemplo disso – trata Ross. Esclarece que na primeira parte do sec. XIX, os princípios referentes à propriedade, liberdade econômica e contratual tornaram possível a expansão da comunidade americana. Entretanto, na última metade daquele século, tal poder se tornou reacionário para preservar as vantagens das classes capitalizadas, obstruindo a evolução para o nivelamento e bem-estar sociais. Lembra Ross que a suprema corte fez prevalecer seu poder constitucional, forçando a interpretação da constituição,

PRECEDENTES VINCULANTES EM MATÉRIA TRIBUTÁRIA

Posto isso, mister que se encontre, dentre as teses que buscam dar conceito e exequibilidade ao princípio da legalidade, sob o contexto, ora da ponderação, ora da subsunção, algo de equilíbrio entre dois extremos, sem que, para tanto, se vergaste a segurança jurídica, tão cara ao Estado Democrático de Direito, ou que se instaure o que se convencionou chamar – na célebre frase de Rui Barbosa – uma "ditadura do Judiciário", contra a qual não há a quem recorrer.

Não se trata de apequenar as funções do Poder Judiciário, mas sim de se reafirmar as atribuições do Poder Legislativo, restabelecendo-se o necessário equilíbrio entre os Poderes.[84]

Nesse contexto, o sistema de precedentes vinculantes pode vir a constituir um abonador da legalidade, fortalecendo-a em seus objetivos de igualdade, dignidade e segurança jurídica, de forma que o contribuinte saiba, de antemão, qual a interpretação normativa que a administração conferirá a uma determinada questão tributária e, dessarte, conferindo mais estabilidade ao sistema jurídico. Um amálgama balanceado entre as funções do Poder Legislativo (normas) e do Judiciário (precedentes) possibilitariam uma abordagem mais aprimorada das questões tributárias nos Conselhos e Tribunais administrativos e, quiçá – pelo fortalecimento da previsibilidade das teses firmadas – uma redu-

---

para invalidar uma série de leis inspiradas pela necessidade dessa evolução, mas que supostamente se achavam em conflito com os princípios jusnaturalistas de liberdade. Op. cit., p. 308.

[84] Sobre o assunto, esclarecedoras as palavras de ÁVILA, op. cit., p. 17: "Não se quer, com isso, afirmar que a participação do Poder Judiciário deva ser menor em todas as áreas e em todas as matérias, ou que a edição de uma regra, constitucional ou legal, finda o processo de concretização normativa. Como o Poder Legislativo edita normas gerais, e como a linguagem é, em larga medida, indeterminada, caberá ao Poder Judiciário a imprescindível função de adequar a generalidade das regras à individualidade dos casos, bem como escolher, dentre os vários sentidos possíveis, aquele que melhor se conforme a Constituição, e cotejar a hipótese da regra com sua finalidade subjacente, ora ampliando, ora restringindo o seu âmbito normativo. Em suma, não se quer dizer que o Poder Judiciário é desimportante; quer-se, em vez disso, afirmar que o Poder Legislativo é importante. E que, como tal, não pode ser simplesmente apequenado, especialmente num ordenamento constitucional que, sobre estabelecer que nada poderá ser exigido senão em virtude de lei e de prever que todo poder emana do povo, que o exercerá por meio de representantes eleitos ou diretamente, ainda reserva ao Poder Legislativo a competência para regular, por lei, um sem número de matérias."

1. DA LEGALIDADE À JURIDICIDADE EM MATÉRIA TRIBUTÁRIA

ção da participação do Poder Público nas lides tributárias, que responde por grande parte das causas que atualmente tramitam no Judiciário.

1.4. A legalidade tributária sob o contexto da sociedade de riscos: a necessidade de reequilíbrio entre as funções do legislativo e do executivo

Segundo apregoa TORRES, *"há uma relação íntima e direta entre o princípio da legalidade tributária e a sociedade de riscos"*.[85]

A expressão, cunhada por BECK[86], designa uma sociedade que é fruto da complexidade das relações advindas da modernidade, da diversidade do avanço científico e tecnológico, da universalização do conhecimento, da abertura de novos mercados, das revoluções tecnológicas na indústria e agricultura, da globalização, das redes cibernéticas, sendo subproduto ou consequência delas. Os riscos que são assumidos como efeitos colaterais da modernidade compõem, sempre, um binômio: ao aumento da população e à demanda por alimentos, contrapõe-se o risco de colapso da seguridade social e dano ao meio-ambiente; ao avanço da indústria, tem-se a ameaça de níveis intoleráveis de poluição, diminuição da camada de ozônio e ao aquecimento global; à demanda por energia nuclear, assumir-se-á a ameaça de contaminação por radioatividade; do fortalecimento dos mercados e livre iniciativa, pode advir a exploração patronal, o incremento das desigualdades e (novamente) a destruição do meio-ambiente; da difusão das redes sociais e meios digitais, advém a pirataria cibernética, o terrorismo e as ameaças à privacidade e ao sigilo etc.

BECK pondera, entretanto, que os riscos, assim como as riquezas, são passíveis de distribuição.[87] Paradoxalmente, assim como as riquezas tendem a ser acumuladas em cima, nas camadas sociais mais altas, os riscos tendem a ser suportados nas camadas mais vulneráveis, da base social – afirma o sociólogo.[88] Entretanto, o autor também reconhece que, cedo

---

[85] TORRES, Ricardo Lobo. *Legalidade Tributária e Riscos Sociais*. In: Revista de Direito Proc. Geral. (nº 53). Rio de Janeiro. 2000, p. 178.

[86] BECK, Ulrich. *Sociedade de Risco – Rumo a uma outra modernidade*. Tradução: Sebastião Nascimento. São Paulo: Editora 34, 2010.

[87] BECK, Ulrich. Op. cit., p. 31, 41.

[88] Ao tratar sobre os riscos específicos de classe, Beck pondera o seguinte: "Tipo, padrão e meios da distribuição de riscos diferenciam-se sistematicamente daqueles da distribui-

ou tarde, em um futuro mais ou menos próximo, os riscos terminam por gerar um *efeito bumerangue* em toda a sociedade, sem distinção de classe ou poder: mesmos os que o produziram e lucraram com eles, sofrerão os seus efeitos universais produzidos contra a natureza, a saúde, a alimentação.[89]

Talvez, estejamos a vislumbrar tal fenômeno, de forma bastante contundente na contemporaneidade, nas discussões governamentais sobre o grave *déficit* das contas públicas, associado à crise do regime previdenciário, cujos efeitos são sentidos por todos os brasileiros, indistintamente, segurados ou não da previdência.

Ou, ainda, na dificuldade que as Instituições governamentais têm enfrentado para conferir uma resposta rápida às demandas tributárias, as quais naturalmente acompanharam a complexidade advinda da sociedade de riscos. O assoberbamento do Judiciário, onde boa parcela das causas têm a própria Fazenda como demandante ou demandada, traz, naturalmente, prejuízos para toda a sociedade.

Portanto, no contexto de uma sociedade de riscos, haverá sempre uma *"cadeia de subsidiariedades"*, onde *"a sociedade é sempre subsidiária do indivíduo e o Estado, subsidiário da sociedade"*, na lição de MOREIRA NETO[90], de forma que havendo hipossuficiência ou impossibilidade de cumprimento pelo cidadão, quanto ao custeio do risco, a coletividade o deverá assumir. Falhando essa última, o Estado deverá responder.

Com efeito, na lição de BECK,

> A prevenção e o manejo (do risco) podem acabar envolvendo uma reorganização do poder e da responsabilidade. A sociedade de risco é uma sociedade catastrófica. Nela, o estado de exceção ameaça converter-se em normalidade[91]

ção de riqueza. Isto não anula o fato de que muitos riscos sejam distribuídos de um modo especificado pela camada ou pela classe social. A história da distribuição de riscos mostra que estes se atêm, assim como as riquezas, ao esquema de classe – mas de modo inverso: as riquezas acumulam-se em cima, os riscos em baixo. Assim, os riscos parecem reforçar, e não revogar, a sociedade de classes." Op. cit., p. 41.

[89] BECK, Ulrich. Op. cit., p. 44.

[90] MOREIRA NETO, Diogo de Figueiredo. *Cidadania e Advocacia no Estado Democrático de Direito*. Revista de Direito da Procuradoria Geral do Estado do Rio de Janeiro. Volume 50, 1997. No site: www.pge.rj.gov.br. Acesso em 10 dez.2019.

[91] BECK, Ulrich. Op. cit., p. 28.

Nesse redesenho das responsabilidades, cabe ao Estado distribuir tanto os *benefícios* advindos da arrecadação, quanto os *malefícios* decorrentes de tais riscos. Esses últimos, por meio da tributação dirigida ao agente provocador ou catalisador do risco. Observa TORRES, citando K. Tipke, que

> O Estado não possui dinheiro originariamente (*Der Staat selbst hat kein Geld*) e que sua missão se reduz a tirar parcimoniosamente recursos da camada mais rica da população para repassá-la à mais pobre, observados os postulados de justiça.[92]

Esclarece TORRES que o próprio conceito de segurança jurídica – com o qual se relacionam a legalidade tributária e a tipicidade cerrada – toma novos contornos, na medida em que, se no Estado Liberal Clássico, buscava-se a proteção individual do cidadão, o atual Estado de solidariedade social justifica a tributação conforme o seja a necessidade de financiamento das garantias da segurança social, com fundamento no princípio da solidariedade, de forma que as instituições políticas e sociais – como o Ministério Público e o Judiciário – passam a desenvolver um novo relacionamento, mais afastado da neutralidade. Cumula-se, como efeito, um processo de desestatização das empresas do Governo, com a criação de Agências temáticas, com finalidade de regular as atividades privatizadas.[93]

A ideia de segurança jurídica passa a dar lugar à ideia de seguridade social.

Com essa nova configuração Estatal, esclarece TORRES que

> Os riscos da segurança nacional e da segurança pública devem necessariamente ser assumidos pelo Estado, que se financiará através de impostos extraídos da sociedade com base nos princípios da legalidade e da capacidade contributiva.

---

[92] TORRES, Ricardo Lobo. Op. cit. P. 185. Ver também: RIBEIRO, Ricardo Lodi. *Tributação, Segurança e Risco*. Revista do Programa de Pós-Graduação em Direito – UFC. Fortaleza-CE. Universidade Federal do Ceará. Vol. 35.1. Jan-jun/15, p. 296.

[93] TORRES, Ricardo Lobo. Op. cit., p. 186.

Mas os riscos da existência (doença, velhice, desemprego etc) e os riscos ambientais deverão ser suportados financeiramente pela própria parcela da sociedade que transferir ao Estado o ônus da proteção.[94]

Sob esse panorama de tributação a ser realizada sobre atividades extremamente complexas, fluidas e dinâmicas tecnologicamente, o autor critica o positivismo formalista[95], apegado à superioridade do discurso do legislador, concluindo que a ideia de legalidade "estrita" aplicada sobre todos os elementos do fato gerador entra em choque com o atual contexto, inviabilizando a consecução de um "Estado Democrático e Social Fiscal"[96] fundado em uma sociedade de riscos, uma vez que há "conceitos indeterminados" cuja multiplicidade e liquidez terminaria por "escorrer" por entre os vãos dos dedos do legislador. Este seria incapaz de acompanhar o seu movimento e dinamismo. De outra monta, também critica o exagero oposto, de uma legalidade flácida, fundada no hiperdimensionamento da figura do Judiciário, com uma defesa intransigente de uma "justiça fiscal" e o desprezo à norma posta.[97]

No contexto de uma sociedade de riscos, criados pela atividade humana e consciente, a "imprevisibilidade" é o que há de mais óbvio, ensina Lodi Ribeiro[98].

O mesmo autor pondera que esse positivismo formalista, defendido pela maioria da doutrina, a exemplo de Rubens Gomes de Sousa, Alfredo Augusto Becker, Alberto Xavier e Paulo de Barros Carvalho, no qual se insere a teoria da tipicidade cerrada, de subsunção estrita do fato à norma, tem mais raízes no positivismo tradicional do século XIX do que no normativismo de Kelsen e Hart, no século XX, uma vez estes não

---

[94] Torres, Ricardo Lobo. Op. cit., p. 187.

[95] Confira-se o seguinte trecho de sua obra: "Os positivismos formalistas e conceptualistas se apegam à possibilidade de uma legalidade estrita ou absoluta, com os seus corolários representados pela superioridade do discurso do Legislador, pela exacerbação da segurança jurídica e pela ingênua crença na possibilidade de fechamento dos conceitos jurídicos". Op. cit., p. 178.

[96] Expressão utilizada por Torres, op. cit., p. 198.

[97] Torres, Ricardo Lobo. Op. cit., p. 179.

[98] Ribeiro, Ricardo Lodi. *Tributação, Segurança e Risco*. Revista do Programa de Pós-Graduação em Direito – UFC. Fortaleza-CE. Universidade Federal do Ceará. Vol. 35.1. Jan-jun/15, p. 307.

1. DA LEGALIDADE À JURIDICIDADE EM MATÉRIA TRIBUTÁRIA

negaram ao aplicador do direito a possibilidade de opções de interpretação do texto legal. Conforme dito, na tipicidade cerrada não há qualquer espaço para valoração, por parte do hermeneuta.[99]

Com efeito, HART, ao tratar do direito legislado e impossibilidade de que os cânones de interpretação eliminem totalmente as indeterminações de um texto, ressalta que

> Em todos os campos da experiência, e não só no das regras, há um limite, inerente à natureza da linguagem, quanto à orientação que a linguagem geral pode oferecer. Haverá na verdade casos simples que estão sempre a ocorrer em contextos semelhantes, aos quais as expressões gerais são claramente aplicáveis (Se existir algo qualificável como um veículo, um automóvel, é-o certamente) mas haverá também casos em que não é claro se aplicam ou não (A expressão "veículo" usada aqui inclui bicicletas, aviões e patins?). Estes últimos são situações de facto, continuamente lançadas pela natureza ou pela invenção humana, que possuem apenas alguns dos aspectos dos casos mais simples, mas a que lhes faltam outros.[100]

Portanto, conclui TORRES que o positivismo clássico deve, sim, ser ponderado com outros princípios constitucionais, não antes de se privilegiar a atividade regulatória da Administração, no que tange aos conceitos indeterminados[101], sempre suscetível de controle jurisdicional, de forma que, por meio de uma atividade orquestrada entre os três Poderes, possa-se alcançar essa necessária reforma do Estado.

Como observa TORRES, citado por LODI RIBEIRO,

> A utilização das expressões tipicidade 'fechada', legalidade 'estrita' e reserva 'absoluta' de lei, não derivam da nossa Constituição, mas de cons-

---

[99] RIBEIRO, Ricardo Lodi. Op. cit., p. 296.

[100] HART, H.L.A. *O Conceito de Direito*. Tradução de A. Ribeiro Mendes. 5ª edição. Coimbra: Fundação Calouste Gulbenkian, 2007, P. 139.

[101] No decorrer de sua obra, TORRES exemplifica vários conceitos indeterminados, dispostos no ordenamento jurídico, tais como "circulação" (no caso do ICMS); "lucro" (no caso do Imposto de Renda); "atividades econômicas de risco" (quanto à Contribuição ao Seguro de Acidentes do Trabalho – SAT); "atividades potencialmente poluidoras" (quanto à Taxa de Fiscalização Ambiental); "atividades ligadas ao sistema de saúde" (quanto à Taxa de Saúde Suplementar). Ricardo Lodi Ribeiro também exemplifica com o conceito de "despesas necessárias", cuja dedução do lucro líquido é autorizada pela legislação do Imposto de Renda.

trução de nossa doutrina, embalada por razões mais ideológicas que científicas.[102]

Sob tais fundamentos, pode-se concluir que, ao se atribuir os custos dos riscos sociais a quem de direito, evita-se – ou pelo menos se atenua – a crescente exasperação tributária advinda do *welfare state*, por meio de impostos e contribuições, dirigida àquela parcela da população que em nada se relaciona com a atividade provocadora do risco, cidadãos em relação aos quais a legalidade estrita, sob o contexto aqui trabalhado, não tem logrado proteger. Dessarte, a atividade do Estado deveria passar a ser financiada preponderantemente pelos agentes fomentadores dos riscos incorridos à sociedade, em decorrência das atividades que desenvolvem.

LODI RIBEIRO conclui que seria um equívoco

> [...] restringir a segurança e o Estado de Direito à legalidade. No entanto, o Estado de Direito não se resume à ideia de legalidade formal, mas uma legalidade que se funde na soberania popular e se dirige à tutela dos direitos fundamentais.[103]

Deve-se observar, igualmente, que os aspectos técnicos inerentes à norma e aos seus conceitos indeterminados são, geralmente, atendidos com maior eficiência por meio dos regulamentos do que pelas leis, em virtude do grau de especificidade técnica de que são dotados os diversos órgãos do Executivo, muito mais próximos da realidade dos fatos. Não se trata, no caso, de discricionariedade, não admitida no direito tributário, mas de vinculação e valoração objetiva ao núcleo do conceito, estabelecido na lei, onde se confere ao intérprete o exame do que se convencionou denominar "halo do conceito", ou seja, uma zona intermediária, situada entre as regiões de certeza sobre a existência e inexistência do conceito.[104] A referida região tem suas fronteiras onde começam as dúvidas.

---

[102] Op. cit. P. 319.
[103] Op. cit. P. 313.
[104] RIBEIRO, Ricardo Lodi. *Os Conceitos Indeterminados no Direito Tributário*. Revista Dialética de Direito Tributário. Nº 149. Imprenta: São Paulo, fev/08.

1. DA LEGALIDADE À JURIDICIDADE EM MATÉRIA TRIBUTÁRIA

Com efeito, sempre que o Poder Executivo é tolhido da competência normativa que lhe é peculiar, o fenômeno da interferência na atuação independente do legislativo se acentua, com a aprovação de leis que são votadas e aprovadas conforme seja o interesse do Chefe do Executivo. Na lição de BINENBOJM,

> [...] é uma realidade dos Estados de raiz ocidental o fato de que, em larga medida, o Executivo controla o processo legislativo, seja por meios legítimos, seja por métodos menos nobres, tanto no sistema parlamentarista, como no presidencialista.[105]

Com propriedade, EROS GRAU pondera que "a legalidade será observada ainda quando a função normativa seja desenvolvida não apenas pelo Poder Legislativo."[106] Não se trata, de forma alguma, do caso de se apequenar as funções do Poder Legislativo, mas sim de se restabelecer um necessário equilíbrio e harmonia entre os Poderes, consentâneos com a complexa modernidade das relações, de forma que os conceitos que se expressem por meio de "indeterminações" sejam regulados pela Administração, sempre sob a supervisão e controle Jurisdicional.

No contexto das atividades de julgamento administrativo, a insegurança proveniente da sociedade de riscos também se faz notória. ROCHA compendia, para tanto, as seguintes situações que a evidenciam na área fiscal:

a) a complexidade da legislação;

b) a revisão de antigos dogmas, como a ilusão de segurança jurídica absoluta na lei; e

c) a inevitável presença de conceitos indeterminados nos textos das leis fiscais.[107]

As críticas à doutrina formalista da legalidade e da tipicidade cerrada, tecidas pelo autor, são pertinentes na medida em que tais doutri-

---

[105] BINENBOJM, Gustavo. *Uma Teoria do Direito Administrativo*: direitos fundamentais, democracia e constitucionalização. 3ª edição revista e ampliada. Rio de Janeiro: Renovar, 2014, p. 140.

[106] GRAU, Eros Roberto. Op. cit., p. 179.

[107] ROCHA, Sérgio André. *Processo Administrativo Fiscal*: controle administrativo do lançamento tributário. São Paulo: Almedina, 2018, p. 472.

nas não permitem uma interpretação com "um viés criativo", mais adequada e necessária à nova realidade hermenêutica da pós-modernidade. Cita, como exemplo, os riscos assumidos pelos contribuintes que, ante a assunção crescente do encargo de declaração de seus débitos, delegado pela Administração, devem interpretar e aplicar a legislação fiscal.[108]

Naturalmente, tal exercício de interpretação de conceitos indeterminados pode acirrar as disputas entre fisco e contribuinte, não se podendo dizer, necessariamente, que uma das interpretações adotadas esteja equivocada. Com efeito, na lição de ROCHA,

> De fato, partindo da premissa, antes apresentada, de que na interpretação de conceitos indeterminados pode-se chegar à compreensão de normas jurídicas distintas, é possível que a Fazenda, ao interpretar determinada lei, crie a norma "A", enquanto o contribuinte, após passar pelo mesmo processo, crie a norma "B", sendo ambas passíveis de justificação, cabendo ao órgão de aplicação do direito (em caso de conflito, o Poder Judiciário), determinar qual norma será aplicada ao caso concreto.[109]

Essa também a doutrina de KELSEN, para quem o direito aplicável a determinado caso é "como uma moldura dentro da qual há várias possibilidades de aplicação",[110] de forma que não se pode mais conceber que a ultrapassada doutrina pré-positivista da tipicidade cerrada possa ainda ter lugar em nosso ordenamento jurídico, sendo essa, inclusive, uma das causas da dificuldade em se discutir métodos alternativos de solução de conflitos, antes de sua judicialização.[111]

Posto isso, verifica-se que a crescente utilização dos conceitos indeterminados no contexto do fenômeno da complexidade fiscal está diretamente associada à litigiosidade em matéria tributária, o que faz tornar à discussão acerca do papel dos Tribunais e Conselhos Administrativos enquanto órgãos de passagem para o Judiciário. A padronização dos julgamentos ante a observância da interpretação que já restara consolidada nos Tribunais Superiores, técnicas de julgamento por demandas repe-

---

[108] ROCHA, Sérgio André. Op. cit., p. 473.
[109] ROCHA, Sérgio André. Op. cit., p. 482.
[110] KELSEN, Hans. *Teoria Pura do Direito*. 6ª edição. Tradução: João Baptista Machado. São Paulo: Martins Fontes, 1998. P. 390.
[111] ROCHA, Sérgio André. Op. cit., p. 490.

1. DA LEGALIDADE À JURIDICIDADE EM MATÉRIA TRIBUTÁRIA

titivas, dentre outros métodos alternativos de solução de pendências, poderiam concorrer para uma melhor e mais célere resposta institucional quanto às causas tributárias. Tais propostas serão tratadas no Capítulo 3 do presente trabalho.

1.5. Juridicidade: uma expressão semanticamente mais apropriada

VALDÉS COSTA inaugura seu discurso sobre legalidade com afirmações que, à primeira vista, podem inspirar ao leitor um truísmo jurídico.

Assevera o catedrático uruguaio que somente o Parlamento pode criar, modificar ou suprimir tributos. Agrega à declaração, o fato de que também está o Legislativo subordinado aos mandamentos Constitucionais.[112]

Significa dizer, na linguagem de VALDÉS COSTA, que existem "limitações constitucionais ao poder de tributar", na melhor e conhecida lição ditada por BALEEIRO, inspiradora da constitucionalização do direito tributário no Brasil e que configura, em si, o próprio título de uma de suas mais clássicas obras, evidenciando a relevância da matéria.

Tais considerações preliminares permitiram a VALDÉS COSTA concluir que

> Las garantías que se persiguen con el tradicional principio de la legalidad encuentran una mejor formulación haciendo referencia a la noción más amplia de principio de juridicidad, como lo propuso NEUMARK. Para éste el principio de la legalidad "se ha convertido en algo completamente natural en una democracia moderna", razón por la cual prescinde en la obra de analizar el postulado, subrayando, a guisa de complemento, que en un Estado de Derecho, realmente democrático tampoco está naturalmente excluido que ciertas prescripciones jurídicas infrinjan principios constitucionales, en cuyo caso "es evidente que se ha producido una lesión si no de la legalidad, sí de la juridicidad de los impuestos".
>
> Esta extensión del principio – que protege al individuo contra la arbitrariedad legislativa-se encuentra vinculada, en lo que respecta a su efectividad, al control jurisdiccional de constitucionalidad de las leyes, tempranamente recibido en los derechos americanos y en indudable expansión actualmente en Europa. En tal sentido debe señalarse la creación de Cortes

---

[112] VALDÉS COSTA, Ramón. Op. cit., p. 3.

Constitucionales, en Austria (1920), en Italia (1947), en Alemania (1949) y en España (1931 y 1978).

Narra o autor que o economista alemão Fritz NEUMARK fora quem, originariamente, concebera a noção de que o postulado da legalidade servira muito bem aos seus propósitos à época da Europa liberal-Iluminista do final do século XVIII e períodos subsequentes, mas teria se tornado obsoleto ou mesmo tautológico menciona-lo no contexto dos Estados Democráticos de Direito, visto que "legalidade" equivale a algo absolutamente natural na democracia moderna. Pondera, sob esse contexto, que até mesmo nas ditaduras fascistas ou comunistas se costumou observar "formalmente" a legalidade, podendo, ela mesma, ser fundamento para a barbárie. Em sua concepção, a expressão, hoje utilizada, restaria vazia de sentido. Compreende VALDÉS COSTA que os postulados da segurança jurídica e da transparência fiscal terminaram por absorver o clássico princípio da legalidade.[113] Daí a sua preferência pela expressão "juridicidade."

Sem embargo disso, CASÁS critica a posição de NEUMARK e VALDÉS COSTA, ao argumento de que já se mostra consolidado no consenso popular a recepção do enunciado "princípio da legalidade", de forma que, ao se predicar que uma norma legal necessita ser, ao mesmo tempo, jurídica, incorre-se em uma tautologia. Prescindível, portanto, pretender uma requalificação semântica do referido postulado.[114]

---

[113] NEUMARK, Fritz. *Principios de la Imposición*. Instituto de Estudios Fiscales. Madrid, 1974, p. 71-72 *apud* CASÁS, José Osvaldo. *Derechos y Garantías Constitucionales Del Contribuyente – A partir del principio de reserva de ley tributaria*. Ad Hoc. Buenos Aires. Pg. 244-245. Confira-se, para tanto, o seguinte trecho de sua obra: *"tal postulado no constituye ya una necesidad para los países que son objeto de estudio en este trabajo, cosa que no ocurría en los Estados tal como se nos presentaban en la misma Europa a finales del siglo XVIII o a principios del XIX y tal como hoy se pueden encontrar todavía en algunos de los países en desarrollo [...] lo materialmente importante de este postulado está contenido también en el viejo y venerable principio, por mí aceptado, de seguridad, al que desde luego concibo como parte del postulado de transparencia fiscal [...] por lo demás, este principio se ha convertido en algo completamente natural en una democracia moderna, incluso en las dictaduras de tipo fascista o comunista suele observarse 'formalmente' la juridicidad y legalidad de la imposición".*

[114] CASÁS, José Osvaldo. *Derechos y Garantías Constitucionales Del Contribuyente – A partir del principio de reserva de ley tributaria*. Buenos Aires: Ad Hoc, p. 245-246.

1. DA LEGALIDADE À JURIDICIDADE EM MATÉRIA TRIBUTÁRIA

Talvez o mais importante aspecto, independente da expressão que se queira utilizar, é a afirmação de que, cunhada a partir da interpretação dos princípios e regras constitucionais, a juridicidade passa a nortear, soberanamente, as relações jurídicas, englobando a legalidade (esta, na visão liberal clássica) como um de seus princípios internos, e não mais como um epicentro do sistema ou o postulado de primado incontestável e altaneiro da visão Iluminista.

No contexto desse trabalho, a atuação do agente público "conforme a lei e o direito"[115] deve conter em seu âmago tal visão de legalidade, banhada pelos princípios constitucionais, a partir da qual se espera uma resposta administrativa às questões tributárias que estejam em harmonia com a dicção da jurisprudência emanada do STJ e STF, em sede de precedentes.

1.6. Ordem jurídica e sistema jurídico
Ao tratar sobre sistemas jurídicos, ensina BULYGIN que

> las normas jurídicas que integran el derecho de un país constituyen un conjunto unitario al que cabe atribuir carácter de sistema (...) Normas son definidas, a su vez, como enunciados que correlacionan ciertas circunstancias fácticas (casos) con determinadas consecuencias jurídicas (soluciones).[116]

Segundo o autor, um dos trabalhos da dogmática jurídica constitui, justamente, em vincular o rol de fenômenos possíveis com toda a base axiomática disponível, que compõe o sistema de um país, com vistas à detecção de lacunas e contradições.

Nesse particular, elementar que as soluções normativas conferidas pelos operadores do direito sejam uníssonas paras as idênticas situações

---

[115] Discorre a lei nº 9784/99, que regula o processo administrativo no âmbito da Administração Pública Federal: "Art. 2º A Administração Pública obedecerá, dentre outros, aos princípios da legalidade, finalidade, motivação, razoabilidade, proporcionalidade, moralidade, ampla defesa, contraditório, segurança jurídica, interesse público e eficiência. Parágrafo único. Nos processos administrativos serão observados, entre outros, os critérios de: I – atuação conforme a lei e o Direito; (...)".

[116] BULYGIN, Eugenio. *Algunas consideraciones sobre los sistemas jurídicos*. Doxa. Cuadernos de Filosofía del Derecho. Núm. 9, 1991. Alicante: Biblioteca Virtual Miguel de Cervantes, 2001, p. 257. URL – http://www.cervantesvirtual.com/nd/ark:/59851/bmc7w6q3. Acesso em 10 dez.2019.

de direito, devendo qualquer sistema normativo ser aperfeiçoado em direção a uma realidade normativa que não possibilite que se dê diversas soluções jurídicas para casos que se assemelham.

Conforme estudo entabulado no capítulo III, verifica-se que a resposta institucional para fenômenos tributários idênticos, alusivos aos tributos estaduais, pode variar de Estado para Estado, uma vez que inexiste uma norma geral do processo administrativo tributário que venha a trazer um mínimo de padronização normativa ou que vincule os julgamentos a precedentes consolidados nos Tribunais Superiores. Ademais, ainda que laborem em idêntica atividade – o julgamento administrativo – não há comunicação ou intercâmbio entre os diversos Tribunais e Conselhos administrativos das unidades Federadas, que seguem legislando e julgando conforme diretrizes e ritos próprios de cada um.

Ainda na lição de BULYGIN, um sistema jurídico equivale a uma "família de conjunto de normas" ou, ainda, a uma "sequência temporal de conjuntos de normas". Dessa forma, uma norma será absorvida ao sistema quando for consequência lógica das normas ali preexistentes, em especial, as ditadas pelo Constituinte originário (critério de dedução) e, além disso, for ditada por autoridade[117] à qual o próprio Sistema outorgou competência (critério de legalidade).[118]

Necessariamente, tais normas devem depender de outras normas originárias, independentes, que não estão associadas a tais critérios de dedução e de legalidade. Estas últimas têm o poder de inaugurar uma nova ordem jurídica, como é o caso da promulgação de uma nova Constituição. Portanto, toda ordem jurídica tem seu nascedouro em uma Carta Constitucional, que constituirá a base de todos os sistemas que se sucederem, até que uma nova ordem seja estabelecida, rompendo a sequência de sistemas jurídicos.[119]

---

[117] Essa última observação se mostra relevante, em particular, para o desenvolvimento do Capítulo II do presente trabalho, uma vez que há dispositivos legais que determinam aos Conselhos e Tribunais Administrativos Tributários da União e dos Estados que observem – de forma cogente – as teses emanadas das decisões das Autoridades Judiciárias, no caso, o STJ e o STF. Em outros, é apenas uma autorização ou recomendação.

[118] BULYGIN, Eugenio. Op. cit., p. 259-261.

[119] BULYGIN, Eugenio. Op. cit., p. 262.

1. DA LEGALIDADE À JURIDICIDADE EM MATÉRIA TRIBUTÁRIA

Bulygin conclui que

Todos los sistemas pertenecientes a ese orden, salvo el primero, se originan a partir del sistema inmediatamente anterior mediante adición de normas nuevas (como consecuencia de actos de promulgación o creación normativa) o por medio de la sustracción de normas (como consecuencia de actos de derogación) y, en última instancia, a partir del sistema originario de normas independientes.[120]

Por seu turno, Ross[121] afirma que os problemas do método assumem formas diferentes conforme seja o sistema adotado. Em um sistema como o inglês, no qual os precedentes (jurisprudência) constituem a fonte predominante do direito, comparativamente a um sistema em que a legislação é a fonte principal, os critérios diferem sensivelmente.

No **primeiro sistema**, a tarefa que tem diante de si o juiz não consiste tanto em aplicar uma regra geral a um caso específico, mas em decidir se o caso difere do precedente de tal maneira que existam fundamentos para chegar a uma decisão distinta. O raciocínio jurídico (método jurídico) num sistema como esse é **raciocínio por via de exemplos**, e a técnica de argumentação exigida por esse método visa a mostrar as semelhanças e diferenças entre os casos e ressaltar se tais diferenças são ou não são relevantes.

No segundo sistema, na qual a legislação é a fonte predominante do direito, a metodologia se presta a interpretar um texto legislativo, dotado de autoridade. A atenção se concentra aqui na relação existente entre uma dada formulação linguística e um complexo específico de fatos. A técnica da argumentação exigida por esse método visa a descobrir o significado da lei e a sustentar que os fatos dados são abarcados por ele ou não.[122]

Há que se ponderar se um sistema normativo tradicionalmente organizado pelo direito legislado, ao sofrer a influência de uma nova forma de "ver" o direito, por meio de uma subsunção por "exemplos", como o são os sistemas de precedentes, não irá gerar alguma confusão entre

---

[120] Bulygin, Eugenio. Op. cit., p. 262.

[121] Ross, Alf. *Direito e Justiça*. Tradução Edson Bini – revisão técnica Alysson Leandro Mascaro – 1ª reimpressão. Bauru, SP: Edipro, 2003, p. 138.

[122] Ross, Alf. Op. cit., p. 139.

PRECEDENTES VINCULANTES EM MATÉRIA TRIBUTÁRIA

aqueles que operam o direito. Não é impossível que um precedente seja, eventualmente, questionado nos Tribunais Superiores ao argumento de que o mesmo confere interpretação inconstitucional a determinada lei.

Cite-se, a exemplo, o teor da Súmula nº 166 do STJ e a recente ADC nº 49, em tramitação no STF, que questiona justamente a interpretação conferida pelo STJ às transferências de mercadorias entre estabelecimentos do mesmo titular, ao argumento de a súmula e os recursos repetitivos que tratam do assunto reputam inconstitucional o art. 12, I da Lei Complementar nº 87/96[123], matéria que comporá o presente trabalho em momento oportuno.

Na lição de DI PIETRO[124], o princípio da legalidade passou por uma mutação desde sua concepção na Constituição de 1891. Naquele primeiro momento, de vigência de um Estado liberal, em nome das liberdades do cidadão, adotava-se uma concepção restrita de legalidade, no sentido de que a Administração poderia fazer tudo o que a lei não proibisse. Com a Constituição de 1934 e a adoção de um Estado social de Direito, o princípio da legalidade ampliou seu campo de abrangência para também abarcar os atos normativos emanados do Poder Executivo, com força de lei (medidas provisórias, regulamentos autônomos, decretos-leis, leis delegadas).

O advento da Constituição de 1988 inaugurou um novo alargamento do princípio da legalidade, agora sob a vigência de um Estado Democrático Social de Direito, momento a partir do qual a ideia de legalidade passa a se vincular aos ideais de ética e justiça encampados pela nova Carta, devendo o Estado se submeter não somente à lei, mas ao Direito, aí abrangidos valores e princípios constitucionalmente assegurados.

Com efeito, leciona em sequência a administrativista que

> O art. 20, par. 3º, da lei Fundamental da Alemanha, de 8-5-49, estabelece que "o poder legislativo está vinculado à ordem constitucional; os poderes executivo e judicial obedecem à lei e ao direito." Ideias semelhantes foram inseridas nas Constituições espanhola e portuguesa.

---

[123] "Art. 12. Considera-se ocorrido o fato gerador do imposto no momento: I – da saída de mercadoria de estabelecimento de contribuinte, ainda que para outro estabelecimento do mesmo titular;"

[124] DI PIETRO, Maria Sylvia Zanella. *Direito Administrativo*. 24ª edição. São Paulo: Atlas, 2011, p. 29.

1. DA LEGALIDADE À JURIDICIDADE EM MATÉRIA TRIBUTÁRIA

Finalmente, pondera que muito embora não haja uma determinação semelhante expressa na Constituição Brasileira nesse sentido, não há dúvida de que tal concepção é ínsita ao ordenamento Constitucional pátrio. Menciona, como exemplos de valores e princípios a serem observados pelos Poderes o da dignidade humana, igualdade, justiça, moralidade, economicidade, bem-estar, segurança, dentre outros.

A administrativista ainda assevera que muitas destas alterações já constituem realidade, como, por exemplo, "o alargamento do princípio da legalidade (para abranger, não só a lei, mas também princípios e valores)." Sobre o assunto, discorre que:

> Com a Constituição de 1988, optou-se pelos princípios próprios do Estado Democrático de Direito. Duas ideias são inerentes a esse tipo de Estado: uma concepção mais ampla do princípio da legalidade e a ideia de participação do cidadão na gestão e no controle da Administração Pública.
>
> No que diz respeito ao primeiro aspecto, o Estado Democrático de Direito pretende vincular a lei aos ideais de justiça, ou seja, submeter o Estado não apenas à lei em sentido puramente formal, mas ao Direito, abrangendo todos os valores inseridos expressa ou implicitamente na Constituição.[125]

De outra monta, DIDIER, ao tratar sobre a nova abordagem a ser conferida à interpretação do direito, erigindo os princípios à condição de sua fonte primária e não meramente secundária, afirma que

> Essa sistematização da teoria dos princípios serve, ainda, para que se possa dar uma interpretação mais adequada ao art. 126 do CPC/1973, que mencionava os "princípios gerais do direito" como a última fonte de integração das lacunas legislativas. Esse texto normativo era obsoleto. O juiz não decide a "lide" com base na lei; o juiz decide a "lide" conforme o "Direito", que se compõe de todo o conjunto de espécies normativas: regras e princípios. Os princípios não estão "fora" da legalidade, entendida essa como o Direito positivo: os princípios a compõem."[126]

---

[125] DI PIETRO, Maria Sylvia Zanella. Op. cit. 27ª edição. São Paulo. Atlas, 2014, p. 27.
[126] DIDIER, Fredie. *Curso de Direito Processual Civil*. 10ª edição. Salvador. Jus Podivm, 2015, p. 50.

Ao tratar sobre o novo modelo de pensamento jurídico contemporâneo, o autor noticia que houve uma migração de um modelo fundado na lei (Estado legislativo) para outro, fundado na Constituição (Estado Constitucional). Sob esse ponto de vista, passa a haver reconhecimento do papel criativo e normativo da atividade jurisdicional:

> a função jurisdicional passa a ser encarada como uma função essencial ao desenvolvimento do Direito, seja pela estipulação da norma jurídica do caso concreto, seja pela interpretação dos textos normativos, definindo-se a norma geral que deles deve ser extraída e que deve ser aplicada a casos semelhantes.[127]

Assevera o autor[128] que o direito processual se mostra reconfigurado à essa nova realidade, de forma que "estrutura-se um sistema de precedentes judiciais, em que se reconhece eficácia normativa a determinadas orientações da jurisprudência".

No volume II de sua obra[129], o autor cita BUSTAMANTE, no sentido de que "A norma em que se constitui o precedente é uma regra".

Com efeito, a vigência do art. 927 do Novo CPC corrobora a visão desse novo diploma em relação à abordagem do princípio da legalidade, não o tratando apenas sob a estrita ótica da lei *stricto sensu*, mas sempre se referindo ao "ordenamento jurídico", a exemplo dos seguintes dispositivos, também do CPC:

> Art. 8º Ao aplicar o *ordenamento jurídico*, o juiz atenderá aos fins sociais e às exigências do bem comum, resguardando e promovendo a dignidade da pessoa humana e observando a proporcionalidade, a razoabilidade, a legalidade, a publicidade e a eficiência. (grifamos)

> Art. 140. O juiz não se exime de decidir sob a alegação de lacuna ou obscuridade do *ordenamento jurídico*. (grifamos)

---

[127] DIDIER, Fredie. Op. cit., p. 41.
[128] DIDIER, Fredie. Op. cit., p. 51.
[129] DIDIER Jr., Fredie. *Curso de direito processual civil: teoria da prova, direito probatório, ações probatórias, decisão, precedente, coisa julgada e antecipação dos efeitos da tutela.* 10ª edição. Salvador: Jus Podivm, 2015, p. 451.

1. DA LEGALIDADE À JURIDICIDADE EM MATÉRIA TRIBUTÁRIA

O princípio da juridicidade equivale a uma ampliação do objeto tradicional do princípio da legalidade. A administração estaria obrigada a respeitar o que se convencionou chamar de "bloco de legalidade", onde estariam inseridos, além das leis complementares e ordinárias, as Constituições, Federal e Estaduais; as Medidas provisórias; Tratados e Convenções internacionais; atos administrativos normativos; resoluções e Decretos legislativos; os costumes e os princípios gerais do direito. A subsunção dos fatos jurídicos passa a ser conforme "a lei e o direito", como um todo, e não apenas conforme a lei.

Conforme já exposto, os precedentes com força vinculante vêm tratados no art. 927 do CPC. Nesse sentido, também o enunciado n. 170 do Fórum Permanente de Processualistas Civis: "As decisões e precedentes previstos nos incisos do caput do art. 927 são vinculantes aos órgãos jurisdicionais a eles submetidos". No enunciado que se segue, de n. 172, faz-se a observação de que nada impede que o julgador, após aplicar o precedente vinculante, apresente, em sentença, sua ressalva: "A decisão que aplica precedentes, com a ressalva de entendimento do julgador, não é contraditória."[130]

---

[130] Recentemente, decidiu a 1ª seção do STJ, em sede de recurso repetitivo, que o ICMS incidente sobre energia elétrica consumida pelas empresas de telefonia poderia ser creditado para abatimento com o saldo devedor oriundo da prestação de serviços (Resp 1201635). Decidiu o STJ que as empresas de telefonia são equiparadas a indústrias, para efeito de aproveitamento de crédito de energia elétrica. Sistematicamente, os Estados negam o direito a tais créditos, com fundamento no art. 33, II, "b" da Lei Complementar nº 87/96, que limita tal prerrogativa apenas às atividades cuja energia é consumida em processo de industrialização.

De outra monta, percebe-se que em todo o ordenamento legal tributário o legislador sempre fez expressa diferenciação entre as figuras do extrator, industrial, gerador de energia elétrica, comerciante varejista, prestador de serviço de comunicação e produtor agropecuário. Vide, v.g., a própria LC 87/96, em interpretação sistemática; os seguintes artigos do RCTE-GO: 10, I e II; 23; 34, par. 2º; 51; 173; 522, dentre outros. Tal dinâmica é observada, inclusive, na relação de benefícios fiscais disposta no Anexo IX do RCTE-GO, no que tange aos seus destinatários, até mesmo em virtude da necessidade de interpretação literal do benefício fiscal (art. 111 do CTN).

Ao menos para efeito de aproveitamento de crédito de energia elétrica – que é o campo de abrangência do precedente judicial –, tal interpretação sistemática se mostra prejudicada. Impõe-se, pelo princípio da legalidade, na forma como apresentado no presente trabalho, a sua efetivação pela mera reprodução do mencionado precedente do STJ.

Com efeito, após a Constituição de 1988, o Direito Constitucional mais se aproximou das reais necessidades humanas, conferindo maior concretude aos valores e às garantias que almeja conferir à pessoa humana. Na lição de BARROSO,

> A Constituição, liberta da tutela indevida do regime militar, adquiriu força normativa e foi alçada, ainda que tardiamente, ao centro do sistema jurídico, fundamento e filtro de toda a legislação infraconstitucional. Sua supremacia, antes apenas formal, entrou na vida do país e das instituições.[131]

É nesse contexto que se faz premente que as ações entre os Poderes sejam harmônicas entre si, na dicção do art. 2º da Carta Constitucional[132], de forma que as decisões já consolidadas em matéria tributária, emanadas do Poder Judiciário, possam alcançar a Administração tributária, estendendo-se àquelas atividades de controle e fiscalização mais exordiais do lançamento fiscal.

Não é, portanto, de se admirar que os julgadores administrativos estivessem, também, insertos nessa nova dinâmica de análise do direito. Entretanto, deve-se ponderar que o art. 927 do CPC normativiza os precedentes apenas para a jurisdição, ou seja, juízes e tribunais, não podendo ser concebido, *a priori*, como fonte primária do Direito. À administração, submetida ao princípio democrático, mister a criação de lei autorizativa para a aplicação de precedentes.

Sem embargo disso, mister que se verifique se há possibilidade de equilíbrio, no contexto exposto, entre a segurança jurídica – propagada pela lei de conteúdo genérico, prévio e abstrato –, e o desenvolvimento ou construção posterior do direito, típico da *common law*, cujas raízes são estranhas à herança jurídica brasileira. Tal questão será abordada no Capítulo II.

---

[131] BARROSO, Luís Roberto. *O Direito Constitucional e a efetividade de suas normas: limites e possibilidades da Constituição Brasileira*, cit. Nota prévia *Apud* FARIAS, Cristiano Chaves de. *Direito civil: teoria geral. 9ª edição*. Rio de Janeiro: Lumen Juris, 2011, p. 34.

[132] "Art. 2º São Poderes da União, independentes e harmônicos entre si, o Legislativo, o Executivo e o Judiciário."

2. Precedentes como elemento de coerência e padronização nos julgamentos administrativos

2.1. Introdução

Há grande resistência doutrinária à adoção da jurisprudência como fonte primária do direito. Com efeito, a tradição jurídica brasileira fora, predominantemente, moldada sob influência da Europa continental, onde o direito se manifestou através de normas legisladas.[133]

Sob um contexto axiológico, a finalidade do princípio da legalidade é a estabilidade e segurança das relações jurídicas. Verifica-se, entretanto, uma tendência de convergência entre ambos os sistemas, na medida em que a lei passa a ter mais relevância no direito inglês e o precedente se mescla à nossa tradição românica.

Ao tratar do sistema de precedentes, BECHO adverte para a necessidade de se estabelecer no espírito do cidadão a sensação de segurança jurídica. Discorre que

> É evidente que, se os julgadores administrativos e judiciais estiverem, todos, aplicando as *razões de decidir* tomadas e seguidas, reiteradamente, pelos egrégios Superior Tribunal de Justiça e Supremo Tribunal Federal, haverá menos recursos e menos riscos de mudança nas decisões, trazendo um ambiente de segurança jurídica propício para a estabilidade da relação jurídica tributária, tema de mais da metade das ações judiciais.[134]

---

[133] ALENCAR, Mário Soares de. Jurisprudência e racionalidade: o precedente judicial como elemento de coerência do sistema jurídico brasileiro. 1ª edição. Curitiba: Juruá, 2018, p. 55.

[134] BECHO, Renato Lopes. *A Aplicação dos Precedentes Judiciais Como Caminho Para a Redução dos Processos Tributários*. Revista Fac. Direito UFMG, Belo Horizonte, nº 71, jul.-dez. 2017, p. 499-530.

PRECEDENTES VINCULANTES EM MATÉRIA TRIBUTÁRIA

Busca-se, nesse movimento de convergência, justamente dar efetividade ao princípio da igualdade, na medida em que se adquire previsibilidade nas relações jurídicas e os contribuintes passem a ser tratados de forma homogênea pela administração, independentemente de em qual unidade Federada ou em qual município estejam sediados.

BANDEIRA DE MELLO[135] assevera que o princípio da igualdade é, antes de tudo, preceito dirigido ao legislador, na consecução das políticas legislativas, uma vez que a norma jurídica não pode ser fonte de favorecimentos ou perseguições.

Entretanto – continua o autor –, a célebre afirmação Aristotélica no sentido de que "a igualdade corresponde a tratar igualmente os iguais e desigualmente os desiguais" não é suficiente para conferir praticidade e densidade ao princípio, porquanto não explica quem são os iguais e os desiguais, não contendo, em si, um critério valorativo que possibilite consolidar a isonomia. O desafio de se buscar o conteúdo real da isonomia passa, necessariamente, pelo questionamento da norma jurídica que estabelecer discriminações, conforme seus limites constitucionais.

Volvendo-nos à atual realidade de os Conselhos e Tribunais Administrativos Estaduais conferirem soluções diversas de questões tributárias a contribuintes que se encontram em situações equivalentes (a exemplo da aplicação da súmula nº 166 do STJ, que se analisa adiante), fica claro que o critério geográfico não pode ser um *discrímen* que homenageia o princípio da igualdade. Afinal de contas, na prática, o que se verifica é que uma mesma empresa, com matriz e filiais em vários Estados, pode sofrer tratamento heterogêneo sobre uma mesma questão, ao ponto de, v.g., ser penalizada por não tributar uma transferência interestadual de mercadorias a partir do Estado de Goiás ao passo que, das saídas interestaduais a partir de São Paulo, tal operação não deve ser tributada.

Conforme se verá, transcendendo o problema de dualidade de entendimento entre os Conselhos e Tribunais administrativos, há Tribunais de Justiça, como os de Goiás e o do Rio Grande do Sul, que conferem tratamentos antagônicos à matéria em questão.

É de primordial importância que o princípio da igualdade em matéria tributária também seja analisado frente ao **direito** como um todo, e não

---

[135] BANDEIRA DE MELLO, Celso Antônio. *O Conteúdo Jurídico do Princípio da Igualdade*. 3ª edição, atualizada. São Paulo: Malheiros, 2000, p. 9.

2. PRECEDENTES COMO ELEMENTO DE COERÊNCIA E PADRONIZAÇÃO NOS JULGAMENTOS...

apenas diante da **lei**. Há, nesse particular, uma necessidade de releitura do art. 5º da Constituição Federal, no sentido de que onde se lê "lei", leia-se "norma jurídica", transcendendo a análise meramente *stricto sensu* do termo. Com efeito, na lição de DIDIER, mister que

> o termo "lei" seja interpretado como "norma jurídica", entendendo-se que todos são iguais, ou que devem ser tratados como iguais, perante a "norma jurídica", qualquer que seja ela, de quem quer que ela emane.[136]

Sem embargo da clássica lição trazida por Bandeira de Mello, é imperioso que tal princípio da igualdade se espraie por toda ação Estatal, não somente dirigida ao legislativo, mas que alcance as atividades do Judiciário e do Executivo.

Sobre o assunto, DIDIER também discorre sobre a necessidade de que tal isonomia também alcance a atividade da prestação jurisdicional, na medida em que a mesma dicção do direito deva ser conferida a cidadãos que se encontrem em situações concretas análogas. Obtempera que tal princípio não é apenas dirigido ao legislador, mas se irradia para as atividades do Judiciário e da Administração. Com efeito, discorre que

> Decerto que o princípio constitucional da igualdade obriga tanto os particulares quanto o Poder Público e, nesta seara, há de ser observado não apenas quando da edição das leis (em sentido amplo) ou da atuação da Administração Pública, mas também quando da concretização da função jurisdicional.[137]

Quando se está a falar do princípio da igualdade, necessariamente, também se está a discorrer acerca do princípio da dignidade humana, havendo entre ambos uma necessária interpenetração, de forma que aquele primeiro princípio fornece o ambiente adequado para que se afirme a prevalência desse último. Com efeito, na lição de FAVEIRO,

> Um dos corolários fundamentais – o princípio da dignidade da pessoa humana, em termos de direitos natural, pré-positivo, e constitucionalmente

---

[136] DIDIER Jr., Fredie. *Curso de direito processual civil: teoria da prova, direito probatório, ações probatórias, decisão, precedente, coisa julgada e antecipação dos efeitos da tutela*. 10ª edição. Salvador: Jus Podivm, 2015, p. 468.

[137] DIDIER Jr., Fredie. Op. cit., p. 445.

evocado e incorporado na ordem jurídica positiva é o da igualdade: como iguais, as pessoas têm de ser tratadas igualmente, sob pena de violação do princípio da dignidade que, como qualidade inata, por todos tem de ser respeitada e a todos é igualmente devida.[138]

No particular da administração tributária, ao acatar os precedentes em suas atividades de controle e fiscalização, o agente administrativo estaria, na verdade, dando cumprimento ao princípio da legalidade, *pari passu* à valorização do princípio da igualdade.

Obtempere-se, entretanto, que para se atender ao princípio da segurança jurídica, mister que haja um órgão administrativo apto a padronizar a subsunção do precedente jurídico aos casos concretos, a cujo papel bem se adequa a atividade dos Tribunais e Conselhos Administrativos Tributários, o que poderia trazer a necessária igualdade, padronização e coerência ao ato administrativo com os precedentes já consolidados.

Com efeito, mostra-se imprescindível se saber com elementar certeza, antes do agente do Fisco passar à aplicação de determinada norma jurídica, em especial nos procedimentos de fiscalização que precedem o lançamento, se a jurisprudência sobre determinada matéria já resta consolidada, assim entendida a situação que não mais apresente decisões divergentes nos Tribunais Superiores ou reanálise do caso ou, ainda, pendência de análise, pelo STF, de situação jurídica previamente analisada pelo STJ em sede de recurso repetitivo.

Traduzindo em miúdos, o que se espera acerca do papel dos Tribunais e Conselhos Administrativos Tributários é que promovam a homogeneização das ações de tais agentes administrativos, individualmente considerados, para que se estabeleça um padrão de procedimento, não deixando ao alvedrio de cada Auditor fiscal o poder de dizer se há ou não o referido precedente a ser seguido.

A inexistência de um órgão da administração apto a servir de agente catalizador das decisões judiciais em sede de precedentes aos demais órgãos de fiscalização, de forma a se evitar a análise perfunctória, pessoal e mesmo acrítica do precedente por cada um dos agentes envolvidos na

---

[138] FAVEIRO, Vitor. *O Estatuto do Contribuinte: a pessoa do contribuinte no estado social de direito.* Coimbra: 2002, p. 241. *Apud* BUFFON, Marciano. *Tributação e Dignidade Humana: entre os direitos e deveres fundamentais.* Porto Alegre: Livraria do Advogado Editora. 2009, p. 112.

2. PRECEDENTES COMO ELEMENTO DE COERÊNCIA E PADRONIZAÇÃO NOS JULGAMENTOS...

atividade de fiscalização, poderia resultar em efeito inverso ao que o sistema de precedentes pretendeu instalar, ou seja, justamente uma grave violação ao princípio da igualdade e uma maior desestabilização das relações jurídicas entre Fisco e contribuinte.

Ao tratar do assunto, em especial quanto à atividade dos juízes na subsunção dos fatos aos precedentes, DIDIER aponta que

> É necessário, contudo, ter também em mente a hipótese inversa: a utilização acrítica dos precedentes, sem que se faça o devido cotejo das circunstâncias de fato que o motivaram com as circunstâncias de fato verificadas no caso concreto, pode dar ensejo a sérias violações ao princípio da igualdade, haja vista que esse princípio abrange também o direito a um tratamento diferenciado quando se tratar de sujeitos ou circunstâncias diferenciadas. Com efeito, é também violador da igualdade o comportamento do órgão jurisdicional que simplesmente aplica um precedente sem observar que as circunstâncias concretas não permitiriam a sua aplicação, tratando como iguais situações substancialmente distintas.[139]

Se a preocupação dantes referida é dirigida aos juízes, profissionais aptos, em tese, à correta aplicação do direito, de outra monta, quanto à subsunção do precedente repetitivo ao caso concreto ainda na fase administrativa de lançamento fiscal, seria bastante proveitosa a intervenção de um órgão administrativo que viesse a cumprir tal mister, com vistas a evitar excessos por parte dos Auditores fiscais, cujas formações nem sempre são na área jurídica. Poder-se-ia impedir, *a priori*, o nascimento de diversas demandas no judiciário que poderiam ser solucionadas administrativamente, seja pela não-consecução do lançamento fiscal, seja pelo seu julgamento no procedimento administrativo contencioso.

Feitas as devidas críticas e adaptações, necessárias à realidade brasileira, a aplicação administrativa dos precedentes poderia concorrer para a maior eficiência da solução das causas tributárias.

---

[139] DIDIER Jr., Fredie. *Curso de direito processual civil: teoria da prova, direito probatório, ações probatórias, decisão, precedente, coisa julgada e antecipação dos efeitos da tutela*. 10ª edição. Salvador: Jus Podivm, 2015, p. 469.

2.2. Origens e desenvolvimento da *common law* – o direito inglês

Os ingleses se orgulham do caráter tradicional da *common law*, que passou incólume às revoluções. De outra monta, os franceses sempre evidenciaram os benefícios da racionalidade e da lógica em seu direito. Na verdade, ambos os sistemas – direito inglês e direito românico – passaram por evoluções e adaptações, e "tradição" e "racionalidade" são atributos encontráveis atualmente em ambos os sistemas.[140]

O direito inglês pode ser subdividido em quatro grandes períodos. **O primeiro,** que é o período anterior à conquista normanda, em 1066, foi marcado pela existência de diversas tribos, cujo direito – formado por leis bárbaras redigidas em latim ou em língua anglo-saxônica – é mal conhecido, e regulava aspectos limitados das relações sociais.[141-142]

O segundo, de 1066 a 1485, que se encerra com o advento da dinastia dos Tudors, em cujo período se forma a *common law*, na condição de direito "comum a todo o reino", substitutivo dos costumes locais. A relevância da conquista normanda, deflagradora do início desse período, fora o fato de incorporar à Inglaterra um governo forte, experiente e centralizado, cessando com os governos tribais.[143]

---

[140] DAVID, René. *Os Grandes Sistemas do Direito Contemporâneo.* Tradução Hermínio A. Carvalho. 4ª edição. São Paulo: Martins Fontes, 2002, p. 355.

[141] PLUCKNETT, Theodore F. T. *A Concise History of the Common Law.* 5ª edição. Boston: Little, Brown and Co., 1956, p. 7.

[142] Nesse período, duas tribos se destacaram: os Anglos e os Saxões, com língua e costumes muito semelhantes, que passaram a ocupar a região em um intervalo de 200 anos (ano 400 a 600 DC), culminando, ao final desse período, com a disseminação do Cristianismo naquelas terras, confluindo para uma maior unidade desses povos. Com efeito, segundo PLUCKNETT, *"The invasion and settlement of the country by these tribes occupies about two centuries (roughly from 400 to 600). In the end, a number of Merent kingdoms were established-at least ten of them are known with certainty to have existed at various dates-and for the next two centuries the main themes are the spread of Christianity and the growth of unity in place of these warring kingdoms."* (op. cit., p. 8)

[143] O Duque Guilherme I, da Normandia, empreendeu ousado feito para a época, transpondo 2500 cavalos e 5000 homens através do canal, rumo à Inglaterra. A Batalha de Hastings (1066) e a morte do Rei Harold rapidamente o fez ascender ao trono do seu novo reino, onde imediatamente começou as reformas centralizadoras. PLUCKNETT, Theodore F. T. *A Concise History of the Common Law.* 5ª edição. Boston: Little, Brown and Co. 1956, p. 11.

2. PRECEDENTES COMO ELEMENTO DE COERÊNCIA E PADRONIZAÇÃO NOS JULGAMENTOS...

A *comune ley* ou *common law* – o direito comum a toda a Inglaterra – surge justamente nesse período, para fazer oposição aos costumes locais, como obra dos Tribunais Reais de Justiça, sediados em Westminster,[144] que unificaram a jurisdição em toda a Inglaterra. Tal competência, entretanto, não era universal, limitando-se, basicamente, a três espécies de causas: as relacionadas às finanças reais, às questões de propriedade e posse de imóveis e aos crimes que atentassem contra a paz do reino. Havia três tribunais, cada um competente para uma dessas matérias.Com o tempo, tais competências passaram a ser plenas para todos eles, com a agregação de outras competências, de forma que, ao final da idade média, os Tribunais Reais eram os únicos a administrar a justiça, suprimindo as Cortes locais, que aplicavam os costumes do lugar. Entretanto, permaneceram como tribunais de exceção até 1875. Com efeito, ter a causa julgada por tais tribunais demandava juízo de conveniência do Chanceler, constituindo, portanto, um privilégio.[145]

Diferentemente dos juristas continentais, que concentravam suas preocupações nos direitos e obrigações, o jurista inglês tinha sua atenção no processo, em um jogo de formalismo que, de início, não possuía qualquer previsão de solução concreta para a lide. Somente com o tempo a *common law* passou a prever direitos e obrigações mais definidos.[146] Discorre DAVID que

> A *common law* não se apresenta como um sistema que visa realizar a justiça; é mais um conglomerado de processos próprios para assegurar, em casos cada vez mais numerosos, a solução dos litígios.[147]

Segundo o autor, não raras as vezes a doutrina firmava sua atenção nas regras do processo, omitindo a indicação de solução para um determinado litígio. Advém desse período o conhecido brocardo, no sentido de que *remedies precede rights* (o processo em primeiro lugar), marcado por um excessivo formalismo quanto às regras do processo, inexistindo normas substantivas definidas *a priori*, de forma que o direito material

---

[144] DAVID, René. Op. cit., p. 359.
[145] DAVID, René. Op. cit., p. 360-362.
[146] DAVID, René. Op. cit., p. 364.
[147] DAVID, René. Op. cit., p. 365.

somente era reconhecido ao final do processo. Com efeito, segundo ALENCAR,

> Não havia a preocupação própria dos sistemas da tradição romano-germânica, nos quais as normas substantivas são definidas *a priori*, estabelecendo direitos materiais a serem apenas reconhecidos no âmbito do processo.[148]

Discorre o autor que os Tribunais Reais ingleses conferiam maior valor ao "processo" do que a qualquer norma legislada. O conteúdo final era casuístico e incerto. O direito que era declarado pelos Tribunais constituía "direito novo", inexistente em qualquer norma prévia.

O terceiro período por que passou o direito inglês, que seguiu de 1485 a 1832, fora marcado pelas "regras de equidade" (*equity*), sistema que, por certo tempo, rivalizou com a *common law*, devido à competência restrita das jurisdições reais, que muitas vezes não ofereciam soluções adequadas ou suficientes às necessidades comuns à época.

As partes eventualmente inconformadas com as soluções conferidas pelos tribunais reais recorriam à benevolência ou equidade do rei, às suas diretrizes de consciência, para que a sua causa fosse revista. Entretanto, a crescente demanda por tais recursos terminou por institucionalizar tal caminho jurídico, ao ponto que, delegada a competência ao chanceler do rei, de forma cada vez mais sistemática eram aplicadas doutrinas "equitativas" que retificavam as decisões dos Tribunais Reais. Tais soluções, crescentemente concentradoras de poder, também eram, de todo, simpáticas e alinhadas à visão absolutista dos soberanos. Essa prerrogativa real se estende a tal ponto que o cargo de Chanceler, de conselheiro do rei, passa a ser exercido eminentemente por juristas, o qual examinava as lides com fundamento no direito romano e canônico, de bases e matizes completamente opostas à *common law*.[149]

A essa época, segundo DAVID,

> O direito inglês, assim, no século XVI, quase reuniu-se à família dos direitos do continente europeu, pelo triunfo da jurisdição de equidade do

---

[148] ALENCAR, Mário Soares de. Jurisprudência e racionalidade: o precedente judicial como elemento de coerência do sistema jurídico brasileiro. Curitiba: Juruá, 2018, p. 31.

[149] DAVID, René. Op. cit., p. 372.

2. PRECEDENTES COMO ELEMENTO DE COERÊNCIA E PADRONIZAÇÃO NOS JULGAMENTOS...

Chanceler e pela decadência da *common law*. Existiu o risco de serem abandonados pelos pleiteantes os tribunais de *common law* e, consequentemente, caírem em desuso [...]

Tais previsões de revolução no direito inglês e sepultamento da *common law* somente não se concretizaram em virtude da resistência dos juízes, que encontrou guarida na posição do parlamento, disposto, à época, a resistir contra o aumento de poder advindo do absolutismo real, que tinha uma de suas concretizações na *equity*.[150]

O quarto período, ou período moderno, segue até a contemporaneidade, marcado pelo desenvolvimento da legislação, sob a influência de BENTHAM. Há, da parte dos juízes ingleses, uma maior preocupação com o direito substantivo, a partir do qual as soluções dadas pela *common law* passam a se reagrupar.[151]

Reputa-se a esse período a incorporação do *stare decisis*[152] (manutenção do que já foi decidido anteriormente) à *common law*, tornando as decisões das cortes superiores vinculativas às futuras decisões da própria corte[153] e das cortes inferiores, tendo como marcos iniciais os casos *Bea-*

---

[150] DAVID, René. Op. cit., P. 373.

[151] DAVID, René. Op. cit., p. 356-359, 377.

[152] A expressão cunhada é a abreviação de um trecho da máxima latina *stare decisis et non quieta movere*, o que, em tradução livre, equivale a dizer "mantenha-se na decisão e não mova o que foi decidido", cuja finalidade é conferir um mínimo grau de certeza e previsibilidade às questões jurídicas nas relações sociais. Como o próprio nome sinaliza, a análise de casos que detenham semelhanças jurídicas com precedentes anteriores, emanados dos tribunais superiores, deveria resultar em decisão semelhante à do paradigma-precedente.

[153] Na lição de SCHAUER, o *stare decisis* equivale a um "precedente horizontal", porquanto vincula o próprio órgão de julgamento, obrigando-o a decidir conforme julgamentos anteriores, ainda que provenientes de outros juízes. De outra monta, o "precedente vertical", como o próprio nome indica, é o que vincula os órgãos e tribunais inferiores ao Tribunal do qual emana o precedente. Confira o trecho de sua obra: *"To be contrasted with this sense of vertical precedent is horizontal precedent, conventionally referred to as stare decisis (typically translated as "stand by what has been decided") (Lee 1999; Wise 1975). Understood horizontally, the obligation of a court is not the obligation to obey a decision from above, but is instead the obligation to follow a decision by the same court (although not necessarily by the same judges) on a previous occasion. And thus the obligation is, by definition, not one of obeying an institution higher in some hierarchy." In* SCHAUER, Frederick. *Precedent.* Stanford Law Review. Vol. 39, nº 3 February, 1987, p. 571-605. Disponível no sítio: www.jstor.org/stable/1228760. Acesso em 10 dez.2019.

misch v. Beamisch, de 1861 e *London Tramways Company v. London County Council*, de 1898, ambos julgados pela *House of Lords*.[154]

Também nesse período, a distinção entre as regras de *equity* e *common law* deixam de existir, de forma que todas as jurisdições inglesas passam a ter competência comum para aplicar ambas as regras, indistintamente, sem a necessidade de se recorrer a um tribunal de chancelaria. Passa-se, gradativamente, a haver um esforço em se sistematizar as regras vigentes, eliminando as soluções arcaicas e ultrapassadas. Tal sistematização, entretanto, não se inspira nos códigos franceses, mas sim no trabalho jurisprudencial. O legislador se concentra mais a indicar novos caminhos do que propriamente em criar um direito novo.[155]

Com o advento do *welfare state* e o movimento socialista, a *common law* tem passado, desde 1914, por grave crise, onde as leis e regulamentos passam a ter bastante proeminência. Há, nesse período, franca aproximação entre o direito inglês e o direito continental, reforçado com a inserção do Reino Unido na Comunidade Econômica Europeia.[156]

Enquanto o direito românico se estruturou sob uma base relativamente racional e lógica, o direito inglês fora forjado sem qualquer preocupação inerente a tais peculiaridades, uma vez que foi construído historicamente a partir das regras do processo. Somente nos últimos cem anos é que o sistema inglês passou a uma tentativa de sistematização. Entretanto, os conceitos e classificações tradicionais perduram, havendo grande dificuldade a um jurista francês analisar os aspectos da *common law* pelos parâmetros e lógica do direito continental românico.[157]

No espírito do jurista inglês ainda se insere a convicção de que se o processo for bem conduzido, com lealdade processual e boa administração da justiça, fatalmente se chegará a uma solução justa. Ao contrário, o direito românico busca dizer, de plano, ao juiz, qual seria essa solução justa.

Segundo informa DAVID[158], "O direito inglês não é um direito de universidades nem um direito de princípios; é um direito de proces-

---

[154] CRAMER, Ronaldo. *Precedentes Judiciais: teoria e dinâmica*. 1ª edição. Rio de Janeiro: Forense, 2016, p. 20.

[155] DAVID, René. Op. cit., p. 378.

[156] DAVID, René. Op. cit., p. 379.

[157] DAVID, René. Op. cit., p. 386.

[158] DAVID, René. Op. cit., p. 404.

2. PRECEDENTES COMO ELEMENTO DE COERÊNCIA E PADRONIZAÇÃO NOS JULGAMENTOS...

sualistas e de práticos", de forma que o papel do jurista na Inglaterra é, preponderantemente, realizado pelos juízes, não pelos professores de universidades. Com o advento do século XX, o processo inglês se simplificou sobremaneira, *pari passu* a um aprimoramento e racionalização em sua essência, de forma que, progressivamente, os juristas ingleses passaram a frequentar os cursos de direito das universidades.

Atualmente, o processo é encerrado por meio de uma audiência pública; não há autos processuais, uma vez que as provas são exclusivamente orais. Ao final das oitivas, o juiz decide imediatamente.[159]

2.2.1. A *Legal Rule* no direito inglês

O direito inglês extrai seus fundamentos, basicamente, de um conjunto de jurisprudência (*case law*), de forma que as regras aplicáveis são extraídas a partir das *ratio decidendi* contidas nas decisões dos tribunais superiores. Se o juiz pretende discorrer sobre questões que são periféricas ao núcleo do litígio, expressa sua opinião em *obiter*[160], que não constitui, propriamente, regra de direito (*legal rule*).[161]

Ao contrário do direito românico, que representa um "sistema fechado", onde a interpretação da norma jurídica irá conferir a solução para os litígios, o direito inglês é um "sistema aberto", de forma que, a partir de um caso reputado novo pelo juiz, pode-se criar uma nova *legal rule*. A função do juiz é distinguir o caso concreto posto à sua análise com as situações ocorridas no passado, analisando seus pontos convergentes.

Quanto ao papel do legislador, sua função não é equiparada ao papel dos juízes na *common law*. As formulações legislativas somente passarão a ser aceitas se reafirmadas, seguidamente, nas decisões judiciais que tratem da matéria, sob o contexto tradicional da *common law*. Essa forma de enxergar o direito resulta, de certa forma, em óbice às codificações, à moda românica.[162]

---

[159] DAVID, René. Op. cit., p. 405.
[160] Em tradução livre, *obiter* seria equivalente à expressão *by the way* (a propósito), sucedida de alguma observação ou argumentos marginais expendidos pelo juiz.
[161] DAVID, René. Op. cit., p. 408.
[162] DAVID, René. Op. cit., p. 412.

O direito inglês é, eminentemente, jurisprudencial (*case law*). Contudo, é crescente a influência da lei, que de papel tradicionalmente secundário, passa a exercer mister semelhante ao desempenhado pelas leis continentais. Reconheça-se, entretanto, que sua função é muito mais casuística do que a que se observa no direito românico, marcada pela abstração e generalidade.[163]

O tipo de jurisprudência que nos interessa no presente trabalho é semelhante à emanada do que se convencionou denominar "alta justiça", ministrada pelos Tribunais Superiores da Inglaterra (ou *Supreme Court of Judicature*), de onde são provenientes os precedentes observados pela "baixa justiça" inglesa, de observância obrigatória.

Na técnica das distinções, aplicada pelo jurista inglês, analisa-se o comentário exposto na decisão dos Tribunais Superiores. Nesse processo, o juiz deve separar o que constitui o suporte da decisão – a *ratio decidendi* – daquilo que constitui o *obiter dictum*, ou seja, o que fora declarado apenas de forma coadjuvante e acessória na decisão.[164]

2.2.2. A *ratio decidendi*

Em tradução literal, equivalem às "razões de decidir", extraídas a partir dos fundamentos da decisão no sistema de *common law*. Na lição de DIDIER,

> A *ratio decidendi* – ou, para os norte-americanos, a *holding* – são os fundamentos jurídicos que sustentam a decisão; a opção hermenêutica adotada na sentença, sem a qual a decisão não teria sido proferida como foi.[165]

Em outros termos, a *ratio decidendi* se destaca a partir de um caso concreto e, produzida a partir de um raciocínio indutivo, ou seja, do individual-concreto para o geral-abstrato, detém em seu espírito os fundamentos sob os quais deve se amparar o magistrado para produzir suas decisões. A essa substância denomina-se "tese jurídica". Segundo MARINONI,

---

[163] DAVID, René. Op. cit., p. 416.

[164] DAVID, René. Op. cit., p. 430.

[165] DIDIER JR., Fredie; BRAGA, Paula Sarno; OLIVEIRA, Rafael Alexandria. Curso de Direito Processual Civil: teoria da prova, direito probatório, ações probatórias, decisão, precedente, coisa julgada e antecipação dos efeitos da tutela. Vol. 2. 10ª edição. Salvador: Jus Podium, 2015, p. 442.

2. PRECEDENTES COMO ELEMENTO DE COERÊNCIA E PADRONIZAÇÃO NOS JULGAMENTOS...

A razão de decidir, numa primeira perspectiva, é a tese jurídica ou a interpretação da norma consagrada na decisão. De modo que não se confunde com a fundamentação, mas nela se encontra.[166]

O Autor também adverte que em uma mesma fundamentação de sentença pode haver uma série de teses jurídicas, de maior ou menor relevância para o intérprete, não se devendo, necessariamente, desprezar o relatório e a parte dispositiva da sentença para a extração das razões de decidir.

MENDES[167] lembra, com propriedade, que não se deve buscar no processo civil brasileiro alguma correspondência com a figura da *ratio decidendi*, sob pena de incorrer em grave erro. Nenhuma das partes da sentença – relatório, fundamentação e parte dispositiva – podem ser individualmente vinculadas à razão de decidir. Na verdade – assevera o Autor, "a *ratio decidendi* constitui um objeto externo, formulado a partir de todos esses elementos. "

Na feliz expressão de GOODHART[168], a *ratio decidendi* equivale ao "princípio geral extraído do caso concreto", por meio da análise dos fatos materiais, na exata forma como relevados e vistos sob o ponto de vista do Tribunal Superior, e da decisão deles advinda.[169] Nesse particular, ainda que o quisesse, o intérprete não poderia dar relevância a fatos materiais que, ainda que existentes, foram desprezados ou minimizados na decisão paradigma.

---

[166] MARINONI, Luiz Guilherme. *Uma nova realidade diante do Projeto de CPC: a ratio decidendi ou os fundamentos determinantes da decisão*. 2012, p. 4. Disponível em: https://goo.gl/XJuRJX. Acesso em 18 set.2019.

[167] MENDES, Bruno Cavalcanti Angelin. *Precedentes Judiciais Vinculantes: a eficácia dos motivos determinantes na cultura jurídica*. 2ª edição. Curitiba: Juruá, 2016, p. 103.

[168] GOODHART, A. L. *The Ratio Decidendi of a Case. The Modern Law Review*, vol. 22, nº 2, 1959, p. 119. *JSTOR*, no sítio www.jstor.org/stable/1091308. Acesso em 7 out.2019.

[169] Confira o trecho da obra de GOODHART: "I suggested that the principle of the case could be found by determining (a) the facts treated by the judge as material, and (b) his decision as based on them. I stated this as follows: 'The judge, therefore, reaches a conclusion upon the facts as he sees them. It is on these facts that he bases his judgment, and not on any others. It follows that our task in analysing a case is not to state the facts and the conclusion, but to state the material facts as seen by the judge and his conclusion based on them. It is by his choice of the material facts that the judge creates law.'"

Dito isso, o primeiro mister do juiz é promover uma comparação entre o caso que se pretende seja julgado e o paradigma, distinguindo as semelhanças, particularidades e diferenças entre um caso e outro, metodologia essa conhecida como *distinguish*. DIDIER assevera que

> Muito dificilmente haverá identidade absoluta entre as circunstâncias de fato envolvidas no caso em julgamento e no caso que deu origem ao precedente. Sendo assim, se o caso concreto revela alguma peculiaridade que o diferencia do paradigma, ainda assim é possível que a *ratio decidendi* (tese jurídica) extraída do precedente lhe seja aplicada.[170]

O Autor também obtempera que, da mesma forma como o juiz interpreta a lei para verificar a subsunção dos fatos às normas, assim também o será na atividade de extrair a *ratio decidendi* das decisões dos Tribunais Superiores e verificar sua adequação ao caso concreto.[171]

Posto isso, sempre que aplicar ou deixar de aplicar um precedente invocado pela parte, o juiz deverá expor suas razões, extraídas a partir da metodologia do *distiguish*, de forma a evidenciar em sua decisão a convergência ou divergência do caso concreto em relação à tese jurídica suscitada. É o que se pode observar da leitura do art. 489, §1º, V e VI e do art. 927, §1º do Código de Processo Civil.

O direito à distinção é, certamente, a consecução do princípio da igualdade, associada à necessidade de fundamentação das decisões judiciais (art. 93, IX da Constituição Federal).

2.2.3. *Distinguish*

A técnica do *distinguish* compreende a análise, feita pelo julgador, do caso concreto em relação a um pretenso paradigma ou precedente, distinguindo entre um caso e outro por meio da verificação das suas circunstâncias fáticas.

---

[170] DIDIER JR., Fredie; BRAGA, Paula Sarno; OLIVEIRA, Rafael Alexandria. *Curso de Direito Processual Civil: teoria da prova, direito probatório, ações probatórias, decisão, precedente, coisa julgada e antecipação dos efeitos da tutela.* Vol. 2. 10ª edição. Salvador: Jus Podium, 2015, p. 491.

[171] DIDIER JR., Fredie. Op. cit. P. 493.

2. PRECEDENTES COMO ELEMENTO DE COERÊNCIA E PADRONIZAÇÃO NOS JULGAMENTOS...

Pondera MARINONI que o *distinguish* não pode servir de argumento ao julgador para desobedecer precedentes, considerando fatos que não foram relevantes para a *ratio decidendi*. Discorre o autor:

> Ao realizar o *distinguish*, o juiz deve atuar com prudência e a partir de critérios. Como é obvio, poder para fazer o *distinguish* está longe de significar sinal aberto para o juiz desobedecer precedentes que não lhe convêm. Aliás, reconhece-se na cultura do *common law* que o juiz é facilmente desmascarado quando tenta distinguir casos com base em fatos materialmente irrelevantes.
>
> Diferenças fáticas entre casos, portanto, nem sempre são suficientes para se concluir pela inaplicabilidade do precedente. Para realizar o *distinguish*, não basta ao juiz apontar fatos diferentes. Cabe-lhe argumentar para demonstrar que a distinção é material, e que, portanto, há justificativa para não se aplicar o precedente. Ou seja, não é qualquer distinção que justifica o *distinguish*. A distinção fática deve revelar uma justificativa convincente, capaz de permitir o isolamento do caso sob julgamento em face do precedente.

Portanto, ao verificar as convergências fáticas entre um e outro caso, o julgador deve cuidar para não distinguir fatos que foram prescindíveis para a formação da *ratio decidendi*. Traduzindo em miúdos, ainda que o caso posto à análise não seja exatamente igual ao que ensejou o precedente, há que se separar, por relevantes, os fatos considerados, sem os quais a decisão não teria ocorrido daquela maneira.

Segundo leciona BECHO, o livre convencimento motivado do juiz não pode lhe servir de argumento para decidir de qualquer forma, corroborando a cultura, na visão do mestre, do "decido assim porque estou convencido disso". O autor ainda discorre sobre o problema da facilidade com que se encontra uma motivação para se produzir uma decisão judicial. Na verdade, o livre convencimento motivado do juiz está associado à apreciação das provas e não à liberdade de se decidir conforme convicções pessoais.[172]

---

[172] BECHO, Renato Lopes. *A Aplicação dos Precedentes Judiciais Como Caminho Para a Redução dos Processos Tributários*. Revista Fac. Direito UFMG, Belo Horizonte, nº 71, jul/dez. 2017, p. 499-530. Na conclusão de seu artigo, o autor expressa um prognóstico de que "a aplica-

Na mesma oportunidade, o professor também adverte que os juízes ingleses sempre irão discorrer sobre a decisão passada e o caso presente, com vistas a fazer a necessária distinção.

Há, portanto, de se atentar para que, sob a justificativa do *distinguish*, se deixe de aplicar precedentes – ou se os aplique – de forma indevida com a *ratio decidendi* expressa nas decisões-paradigma.

2.3. Precedentes judiciais na administração pública

É legítimo – quiçá desejável – o pensamento de que a solução em massa das questões jurídicas repetitivas – dentre as quais se inserem as tributárias, objeto de nosso estudo – deveria percorrer, preliminarmente, as vias dos Conselhos e Tribunais Administrativos Tributários do país, como forma de economicidade e contrabalanceamento à alta demanda de questões fiscais no Poder Judiciário.

Entretanto, na lição de BECHO, a cultura brasileira ainda confere pouco valor à jurisprudência, "inclusive pelas próprias cortes de onde ela emana e, ainda que raro, pelo mesmo julgador".[173] Representa, portanto, um desafio aos intérpretes da norma – aí incluída a própria Administração – a necessidade de se ressignificar a abordagem do direito, de forma que também se voltem os olhos aos precedentes emanados dos Tribunais Superiores.

A rigor, os instrumentos recursais administrativos de que se podem servir os contribuintes representariam uma primeira etapa, preliminar à própria constituição definitiva do crédito tributário, rumo ao abarrotamento das prateleiras dos tribunais, fóruns e cartórios de distribuição judiciais.

O grau de sucesso ou insucesso de uma determinada tese jurídica poderia adquirir maior previsibilidade com um sistema de precedentes, de forma a evitar demandas fadadas ao fracasso (da parte dos contribuintes) ou lançamentos fiscais que jamais deveriam ter sido lavrados

---

ção da teoria do precedente deverá resultar na redução das reformas das decisões judiciais pelo simples fato de que o revisor pensa diferente".

[173] BECHO, Renato Lopes. *A Aplicação dos Precedentes Judiciais Como Caminho Para a Redução dos Processos Tributários*. Revista Fac. Direito UFMG, Belo Horizonte, nº 71, jul/dez. 2017, p. 499-530.

2. PRECEDENTES COMO ELEMENTO DE COERÊNCIA E PADRONIZAÇÃO NOS JULGAMENTOS...

(da parte do Fisco). Nisso, o papel dos Conselhos e Tribunais Administrativos Tributários é fundamental.

MACKAAY[174], em análise econômica do direito, discorre sobre as peculiaridades entre o "risco" e a "incerteza". Pondera que haverá risco nos fenômenos para os quais há estatísticas precisas quanto às probabilidades de sucesso. De outra monta, a ausência de tais parâmetros mensurados conduzirá, inarredavelmente, à incerteza.

Sob o contexto do *law and economics*, o elemento "incerteza" incrementará sobremaneira as estatísticas de demandas judiciais, na medida em que teses jurídicas antagônicas se disseminam por todas as direções possíveis do direito. Poder-se-ia dizer que, lançar-se à demanda, na seara tributária no Brasil – administrativa ou judicialmente –, dadas as incertezas acerca do que pode vir a ser decidido, é quase o equivalente a um "ato de empreendedorismo", dada a obscuridade do que pode vir a ser decidido.

Resta, nesse particular, uma análise de quais são as repercussões – benefícios e prejuízos – advindos do acatamento dos precedentes emanados dos Tribunais Superiores, no que tange à administração, sempre com vistas a conferir o maior grau de previsibilidade possível ao tratamento do crédito tributário, desde o início das atividades de fiscalização até o julgamento do contencioso administrativo tributário.

2.3.1. A unidade da vontade da administração

Os órgãos de lançamento e de julgamento da Administração integram sua estrutura básica, não configurando, portanto, órgãos externos a esta, a exemplo do que dispõe o art. 16, VIII da Lei Federal nº 9649/98[175]. Mister que haja, no âmbito do Poder Executivo, uma unidade de vontade.

---

[174] MACKAAY, Ejan/ROUSSEAU, Stéphane. *Análise Econômica do Direito*. Tradução: Rachel Sztajn. 2ª edição. São Paulo: Atlas, 2015, p. 130.

[175] Art. 16. Integram a estrutura básica: VIII – do Ministério da Fazenda o Conselho Monetário Nacional, o Conselho Nacional de Política Fazendária, o Conselho de Recursos do Sistema Financeiro Nacional, o Conselho Nacional de Seguros Privados, o Conselho de Recursos do Sistema Nacional de Seguros Privados, de Previdência Privada Aberta e de Capitalização, o Conselho de Controle de Atividades Financeiras, a Câmara Superior de Recursos Fiscais, a Comissão de Coordenação de Controle Interno, os 1º, 2º e 3º Conselhos de Contribuintes, o Conselho Diretor do Fundo de Garantia à Exportação – CFGE, o Comitê Brasileiro de Nomenclatura, o Comitê de Avaliação de Créditos ao Exterior, a

O procedimento administrativo do lançamento fiscal se desenvolve em duas etapas distintas, sendo a primeira delas de natureza eminentemente inquisitiva e unilateral, que se inicia com os procedimentos de fiscalização realizados por órgãos de lançamento, e termina com a impugnação eventualmente realizada pelo contribuinte. A primeira fase do lançamento é de competência privativa da Autoridade fiscal, nos termos do art. 142 do CTN, *in verbis*:

> Art. 142. Compete privativamente à autoridade administrativa constituir o crédito tributário pelo lançamento, assim entendido o procedimento administrativo tendente a verificar a ocorrência do fato gerador da obrigação correspondente, determinar a matéria tributável, calcular o montante do tributo devido, identificar o sujeito passivo e, sendo caso, propor a aplicação da penalidade cabível.

A partir da impugnação, instaura-se a fase bilateral e contenciosa do procedimento administrativo, cuja competência é deferida a órgãos de julgamento administrativo.

Com efeito, o processo administrativo fiscal, na lição de NEDER:

> [...] é composto de dois momentos distintos: o primeiro caracteriza-se por procedimento em que são prolatados os atos inerentes ao poder fiscalizatório da autoridade administrativa cuja finalidade é verificar o correto cumprimento dos deveres tributários por parte do contribuinte, examinando registros contábeis, pagamentos retenções na fonte, culminando com o lançamento. Este é, portanto, o ato final que reconhece a existência da obrigação tributária e constitui o respectivo crédito, vale dizer, cria o direito à pretensão estatal. Nesta fase, a atividade administrativa pode ser inquisitória e destinada tão-somente à formalização da exigência fiscal ou, nos casos de iniciativa do contribuinte, com a negativa do direito pleiteado. A partir daí, está formalizado o conflito de interesses, momento em que se considera existente um verdadeiro processo, impondo-se a aplicação dos princípios inerentes ao devido processo legal, entre eles o da ampla defesa e o do contraditório[176]

Procuradoria-Geral da Fazenda Nacional, a Escola de Administração Fazendária e até seis Secretarias.

[176] NEDER, Marcos Vinicius; LÓPEZ, Maria Teresa Martínez. *Processo Administrativo Fiscal Federal Comentado*. São Paulo: Dialética, 2002, p. 75 *apud* JANCZESKI, Célio Armando. *Pro-*

2. PRECEDENTES COMO ELEMENTO DE COERÊNCIA E PADRONIZAÇÃO NOS JULGAMENTOS...

Enquanto a competência da Autoridade fiscal se encerra com a consecução do ato administrativo primário, praticado nos termos do art. 142 do CTN – porquanto seu objeto é o fato tributário fiscalizado em si –, a competência dos Conselhos e Tribunais administrativos diz respeito à revisão daquele ato primário praticado, constituindo-se, pois, em um ato administrativo secundário. Essa a lição de XAVIER:

> Objeto do procedimento administrativo de lançamento é o fato tributário, cuja comprovação se pretende, em ordem à aplicação da lei ao caso concreto; ao invés, objeto do processo administrativo tributário é, não o fato tributário, mas o ato administrativo primário de lançamento já praticado e cuja revisão se pretende.[177]

Sob o contexto do Estado Social Democrático de Direito, mister que haja entre ambos – órgãos de julgamento e órgãos de lançamento – uma retroalimentação dos procedimentos deflagrados na primeira fase ante a sua análise crítica e revisional promovidas na segunda fase, com vistas à padronização de procedimentos no âmbito da Administração, porquanto tais órgãos não são órgãos "externos" à própria administração, fator que demanda uma "única resposta" institucional quanto a questões tributárias.

Sobre o assunto, na lição de ROCHA

> Um dos instrumentos para a redução do tempo do processo é a uniformização das decisões dos órgãos administrativos de julgamento, com a sua aplicação vinculante às autoridades fiscais.
>
> [...] Uma vez uniformizados os critérios jurídicos acerca da interpretação/aplicação da legislação tributária em dada situação, é importante que haja mecanismos que vinculem as autoridades fazendárias de fiscalização a tais critérios, de forma a evitar novas autuações sobre a mesma matéria.[178]

---

cesso Tributário Administrativo e Judicial na Teoria e Na Prática. 2ª edição. Florianópolis: OAB/SC editora, 2006, p. 73

[177] XAVIER, Alberto. *Princípios do processo administrativo e judicial tributário.* Rio de Janeiro: Forense, 2005, p. 118.

[178] ROCHA, Sérgio André. *Processo Administrativo Fiscal:* controle administrativo do lançamento tributário. São Paulo: Almedina, 2018, p. 131.

Sem embargo da possibilidade de haver uma dissonância interna, no âmbito dos órgãos mesmo ente Federado, a complexidade advinda da legislação tributária, especialmente a alusiva ao Imposto Sobre a Circulação de Mercadorias e Serviços (ICMS) e ao Imposto Sobre Transmissão *Causa Mortis* e Doações (ITCD), também torna explícita a potencial dualidade de tratamento a que contribuintes de diferentes unidades da Federação são expostos.

Conforme se verá no Capítulo III, as próprias legislações sobre o processo administrativo tributário das unidades Federadas são caóticas e com pouca aproximação horizontal entre si, dada a omissão do Código Tributário Nacional sobre o assunto e a inexistência de uma lei complementar que discipline regras gerais sobre a matéria.

Tais peculiaridades constituem sério óbice à consecução legítima do princípio da juridicidade, descrito no capítulo I, uma vez que representam campo fértil à disseminação da desigualdade em matéria de exação fiscal.

As ações administrativas no sentido de se promover alguma homogeneização de tratamento tributário na relação Fisco-contribuinte, geralmente, se consubstanciam em grupos de trabalho no âmbito do Conselho Nacional de Política Fazendária (CONFAZ), nos quais técnicos representantes de cada unidade Federada se reúnem em grupos temáticos para debates, compartilhamento, estudos e propostas de aprimoramento da atividade tributária. Entretanto, o esforço ainda se mostra incipiente para, v.g., promover qualquer padronização da jurisprudência dos Tribunais e Conselhos Administrativos, que sequer detêm um grupo de trabalho específico naquele órgão. Ademais, tais órgãos raramente se relacionam para troca de informações, a não ser por visitas informais entabuladas esporadicamente.[179]

A aplicação dos precedentes oriundos dos recursos repetitivos no STJ e STF poderia representar – tecidas as devidas críticas, que seguirão adiante – um avanço rumo à padronização e à unidade da vontade da administração, em especial, a dos entes Federados, sujeitos ativos do Imposto Sobre a Circulação de Mercadorias e Serviços (ICMS)

---

[179] Confira-se o rol de grupos de trabalho (GT), instituídos pelo Ato Cotepe/ICMS 48, de 4 de setembro de 2019, no sítio https://www.confaz.fazenda.gov.br/menu-de-apoio/grupos--de-trabalho. Acesso em 10 dez.2019.

2. PRECEDENTES COMO ELEMENTO DE COERÊNCIA E PADRONIZAÇÃO NOS JULGAMENTOS...

e Imposto Sobre Transmissão *Causa Mortis* e Doações (ITCD), no que tange à realização do lançamento fiscal e ao seu julgamento administrativo.

2.3.2. Precedentes Constitucionais vinculantes

De início, verifica-se que os precedentes que podem ser tidos como fonte primária do direito, a serem observados tanto pela jurisdição quanto pela administração e particulares, são os que constam do art. 103-A (súmulas vinculantes) e art. 102 §2º (controle concentrado) da Constituição Federal, todos com eficácia *erga omnes*. Os demais precedentes vinculantes – no caso, os que estão discriminados no art. 927 do CPC – não podem ser tratados como fonte primária do direito, uma vez que a ordem é dirigida apenas aos "juízes e tribunais", nada falando sobre a administração.

Também há que se ponderar que autores como Renato Lopes Becho questionam a constitucionalidade do mencionado dispositivo do CPC, uma vez que o mesmo amplia o efeito vinculante de decisões do STF, STJ e do plenário ou órgão especial de cada tribunal, ao passo que a Constituição Federal reserva tais efeitos apenas às súmulas vinculantes e às hipóteses de controle direto de constitucionalidade.[180]

Sem embargo disso, é crescente na legislação infraconstitucional a edição de normas que conferem normatividade e abstração a tais precedentes, impondo à administração a sua observância. Entretanto, verifica-se que os Tribunais e Conselhos administrativos ainda são oscilantes na aplicação de tais precedentes, a exemplo da aplicação do verbete nº 166 do STJ (não-incidência do ICMS nas transferências de mercadorias entre estabelecimentos pertencentes ao mesmo titular), assunto a ser tratado oportunamente no presente capítulo.

2.3.3. Outras normas que vinculam a administração aos precedentes

É patente que a Administração Tributária bem traduz a tradição brasileira, apegada à *civil law*, de impor uma resistência histórica à aplicação de precedentes judiciais. Mas não sem razão.

---

[180] BECHO, Renato Lopes. *A Aplicação dos Precedentes Judiciais Como Caminho Para a Redução dos Processos Tributários*. Revista Fac. Direito UFMG, Belo Horizonte, nº 71, jul/dez. 2017, p. 499-530.

Ao Agente público, a quem se atribui a atividade vinculada e obrigatória do lançamento, nos termos do parágrafo único do art. 142 do CTN,[181] apresenta-se sempre a objeção de que sua conduta de lançar ou não lançar o crédito tributário deve encontrar subsunção na norma escrita, lei *stricto sensu*.

Bom alvitre lembrar que a desobediência a princípios administrativos caracteriza ato de improbidade, conforme art. 11 da Lei nº 8.429/92. Os princípios que regem a administração devem, necessariamente, nortear todas as decisões administrativas.

O limite da exatidão conferido pela letra da lei, uma vez transposto, pode gerar o entendimento de que o Servidor público incorreu em excesso de exação ou, ainda, que promoveu ato de improbidade, dispensando crédito tributário que a lei *stricto sensu* reputou devido.

Naturalmente, o agente fiscal incumbido do lançamento e o julgador administrativo há que preferir, dentre o precedente judicial e a norma posta, a adoção dessa última, por estrita observância do que tradicionalmente se entende pela expressão "legislação tributária", disposta no art. 96 do CTN, *in verbis*:

> Art. 96. A expressão 'legislação tributária' compreende as leis, os tratados e as convenções internacionais, os decretos e as normas complementares que versem, no todo ou em parte, sobre tributos e relações jurídicas a eles pertinentes.

Obviamente, o texto da norma não fora escrito sob a vigência do constitucionalismo moderno, jamais havendo sido a intenção do legislador do *Codex* tributário incluir, dentre o rol ali disposto, os "precedentes judiciais consolidados".

O panorama se agrava quando se insere em tal contexto, determinações legais tais quais a prevista no parágrafo segundo do art. 108 do CTN, no sentido de que "o emprego da equidade não poderá resultar na dispensa do pagamento de tributo devido". Ora, é fato consabido que uma das principais abordagens do neoconstitucionalismo – aí se inclua o sistema de precedentes – fora justamente a reintrodução de ideais de equidade e justiça à estrutura direito positivo, dando-lhe nova roupa-

---

[181] "A atividade administrativa de lançamento é vinculada e obrigatória, sob pena de responsabilidade funcional."

2. PRECEDENTES COMO ELEMENTO DE COERÊNCIA E PADRONIZAÇÃO NOS JULGAMENTOS...

gem, e o direito tributário, obviamente, não ficou estanque a tal influência. Verifica-se, entretanto, conforme o exposto a seguir, bastante heterogeneidade e renitência das leis que regem o contencioso administrativo tributário, quanto à adoção de precedentes.

2.3.3.1. Santa Catarina, Distrito Federal e Paraná

Em Santa Catarina, fora editada a Lei Complementar nº 741, de 12 de junho de 2019, conferindo ao Conselho Superior da Procuradoria-Geral do Estado a possibilidade de editar enunciados de súmula administrativa ou determinar providências de observância obrigatória pelas Secretarias de Estado, seus órgãos e por suas entidades vinculadas[182]. Na verdade, desde 2011 já havia previsão específica nesse sentido, originariamente inserta na Lei Complementar Estadual nº 381/07, alterada, em seu art. 53, pela Lei Complementar nº 534/11.

Em consulta ao sítio da Procuradoria-geral do Estado de Santa Catarina, verifica-se que inexiste qualquer súmula editada no sentido do texto autorizativo.[183]

Nessa mesma linha dispõe a Lei Complementar nº 465, de 3 de dezembro de 2009, que cria o Tribunal Administrativo Tributário do Estado, em seu art. 4º, *verbis*:

> Art. 4º As autoridades julgadoras são incompetentes para declarar a inconstitucionalidade ou ilegalidade de lei, decreto ou ato normativo de Secretário de Estado.
>
> Parágrafo único. O Tribunal Administrativo Tributário, em qualquer de suas câmaras, poderá apreciar a alegação de ilegalidade ou inconstitucionalidade reconhecida por entendimento manso e pacífico do Supremo Tribunal Federal ou do Superior Tribunal de Justiça.

Apesar da pouca contundência do dispositivo – que mais se aproxima de uma recomendação do que propriamente de uma ordem – abre-se

---

[182] § 1º Para assegurar a adequação entre as práticas administrativas e a jurisprudência dos tribunais, compete ao Conselho Superior da Procuradoria-Geral do Estado, ratificado pelo Governador, editar enunciados de súmula administrativa ou determinar providências específicas de observância obrigatória pelas Secretarias de Estado, por seus órgãos e por suas entidades vinculadas.

[183] www.pge.sc.gov.br, acessado em 07 out.2019.

aos conselheiros e julgadores singulares daquele Tribunal a possibilidade de, em homenagem ao princípio da eficiência, coadunar o entendimento administrativo com a jurisprudência pacífica dos Tribunais superiores, dentre elas, obviamente, as que são proferidas em sede de recurso repetitivo.

De forma muito semelhante dispõe o regimento interno do Tribunal Administrativo de Recursos Fiscais – TARF/DF, Decreto nº 33268/11:

> Art. 19. O TARF, na aplicação da legislação tributária do Distrito Federal, levará em conta normas de Direito Tributário, princípios gerais de Direito, legislação federal específica e jurisprudência dos tribunais, especialmente a do Supremo Tribunal Federal.

Percebe-se que, tal qual ocorre na legislação Catarinense, não há mandato no texto da norma que obrigue o órgão ao acatamento dos precedentes oriundos do STJ e STF.

A lei do procedimento contencioso no Estado do Paraná também não obriga à observância dos precedentes repetitivos oriundos do STF e STJ, conforme art. 42 da Lei Estadual nº 18.877/16. Com efeito, a ressalva, expressa no parágrafo único, faculta ao julgador administrativo expressar entendimento divergente de tais precedentes, desde que devidamente fundamentado. Confira-se o mencionado dispositivo:

> Art. 42. As decisões proferidas em processo administrativo fiscal observarão o entendimento consolidado:
>
> ....
>
> II – em acórdão proferido pelo STF ou pelo STJ em julgamento de recursos repetitivos de que trata o art. 1.036 da Lei Federal nº 13.105, de 16 de março de 2015 – Código de Processo Civil – CPC;
>
> ....
>
> Parágrafo único. As decisões contrárias aos entendimentos consolidados descritos no caput deste artigo deverão conter, de maneira expressa, as razões de discordância.

Portanto, da mesma forma como no Estado de Santa Catarina e no Distrito Federal, a legislação Paranaense não passa de mera recomendação, dirigida aos julgadores administrativos, para que decidam conforme a jurisprudência consolidada do STF e do STJ.

2. PRECEDENTES COMO ELEMENTO DE COERÊNCIA E PADRONIZAÇÃO NOS JULGAMENTOS...

Há que se observar, no entanto, que o Regimento Interno daquela Casa – Resolução SEFA nº 610/17 – autoriza o Presidente do Conselho a propor súmula decorrente de decisões definitivas de mérito, oriundas de demandas repetitivas, conforme discorre o seu art. 69. Entretanto, o procedimento envolve quórum de aprovação de 2/3 dos Conselheiros, além de manifestação posterior de outras autoridades, como o coordenador da receita e o procurador geral, o que torna o instrumento pouco apto a ser levado a efeito por aquele órgão, ante a burocracia de seu processamento.

2.3.3.2. São Paulo, Ceará e Alagoas

No município de São Paulo, a Lei municipal nº 14.107/05, que discorre sobre o processo administrativo fiscal, em seu art. 44, §2º, autoriza o Presidente do Conselho Municipal a propor súmula de caráter vinculante a todos os órgãos da Administração Tributária, quanto às decisões do STF e STJ proferidas pela sistemática dos arts. 543-B e 543-C do Código de Processo Civil.[184]

Nota-se que o referido dispositivo não torna aplicável direta e irrestritamente as teses expendidas em precedentes repetitivos, uma vez que depende da elaboração de súmula pelo presidente do conselho, cuja vigência é condicionada à aprovação de outras autoridades municipais.[185]

Como a elaboração das súmulas é casuística e não raro pouco explorada, pondera-se que o poder de replicação das decisões emanadas do

---

[184] § 2º O Presidente do Conselho Municipal de Tributos também poderá propor súmula, de caráter vinculante para todos os órgãos da Administração Tributária, decorrente de decisões definitivas de mérito, proferidas pelo Supremo Tribunal Federal em matéria constitucional ou pelo Superior Tribunal de Justiça em matéria infraconstitucional, em consonância com a sistemática prevista nos arts. 543-B e 543-C do Código de Processo Civil, não se aplicando a essa proposta o procedimento estabelecido no "caput" e no § 1º deste artigo, observado o disposto nos §§ 3º, 4º e 5º deste artigo.

[185] § 3º As propostas de súmula serão encaminhadas pelo Presidente do Conselho Municipal de Tributos ao Subsecretário da Receita Municipal, ao Secretário Municipal dos Negócios Jurídicos e ao Procurador Geral do Município, para conhecimento e manifestação, ficando a critério do Secretário Municipal de Finanças e Desenvolvimento Econômico sua aprovação e posterior encaminhamento para publicação no Diário Oficial da Cidade.

STJ e STF, em sede de temas repetitivos, torna-se muito baixo nessas hipóteses.[186]

No que se refere ao Tribunal de Impostos e Taxas do Estado de São Paulo (TIT), este não possui um dispositivo específico que torne cogente a adoção dos precedentes repetitivos. Ao contrário, mantém-se a redação ortodoxa do art. 28 da Lei nº 13.457/09, nos seguintes termos:

> Art. 28. No julgamento é vedado afastar a aplicação de lei sob alegação de inconstitucionalidade, ressalvadas as hipóteses em que a inconstitucionalidade tenha sido proclamada:
>
> I – em ação direta de inconstitucionalidade;
>
> II – por decisão definitiva do Supremo Tribunal Federal, em via incidental, desde II – que o Senado Federal tenha suspendido a execução do ato normativo.

Sem embargo disso, há decisões desse Tribunal pela aplicação de precedentes repetitivos do STJ, com fundamento nos artigos 926, 489 §1º, V e VI, 927, 985, I e II e 1.039 do CPC.[187] A se ter por certa a inexistência de vinculação à administração, no que toca aos precedentes obrigatórios aos quais alude o CPC, tais decisões se apresentam temerárias, uma vez que violam literalmente o disposto no art. 28 da Lei Estadual nº 13.457/09, não logrando encontrar, a rigor, fundamento de validade do Código de Processo Civil.

De forma semelhante ao Estado de São Paulo, o processo administrativo tributário no Estado do Ceará somente admite a aplicação de decisões do STF, em sede de controle concentrado de normas, conforme art. 48, §2º da lei estadual nº 15.614/14.

---

[186] Corrobora esse entendimento a verificação da quantidade de súmulas aprovadas no Conselho Municipal de Tributos (CMT), no total de seis, dentre as quais nenhuma delas fora proposta com fundamento no art. 44 §2º da Lei nº 14107/05.

Sítio: www.prefeitura.sp.gov.br/cidade/secretarias/fazenda/conselho_municipal_de_tributos/. Acesso em: 25 set.2019.

[187] Auto de Infração e Imposição de Multa (AIIM) nº 4.108.090-7, 10ª Câmara Julgadora. Decisão por maioria (3 votos a 1).

2. PRECEDENTES COMO ELEMENTO DE COERÊNCIA E PADRONIZAÇÃO NOS JULGAMENTOS...

No Estado de Alagoas, semelhante prescrição é feita no art. 28 §1º da Lei estadual nº 6.771/06, que dispõe sobre o processo administrativo tributário.[188]

2.3.3.3. Goiás

O art. 32 da Lei Complementar Estadual nº 104, de 9 de outubro de 2013 – Código de Defesa do Contribuinte Goiano – impôs uma nova dinâmica a ser conferida às questões tributárias debatidas em sede de contencioso administrativo que, a partir de sua vigência, passaram a ser norteadas conforme a perspectiva conferida pelos Tribunais Superiores.

Assevere-se que sua vigência se deu a partir de 09/01/14, conforme art. 38 do próprio CDC-GO.

Foi conferida a seguinte redação ao referido dispositivo:

> Art. 32. Nos processos administrativos, a Administração Pública deverá observar, dentre outras regras e princípios:
>
> I – [...]
>
> II – a jurisprudência firmada pelo Plenário do Supremo Tribunal Federal e pelo Superior Tribunal de Justiça, neste último caso em sede de recurso repetitivo:
>
> a) por "jurisprudência firmada pelo Plenário do Supremo Tribunal Federal" deve-se entender as decisões proferidas em sede de controle concentrado de constitucionalidade, em recurso extraordinário submetido à repercussão geral ou mesmo em recursos extraordinários processados normalmente, quando se tratar de entendimento reiterado;
>
> [...]

A orientação também restou replicada na Lei Estadual nº 16.469/09, que dispõe sobre o processo administrativo tributário, com a alteração feita pela lei nº 19.595/17, que conferiu ao art. 6º a redação seguinte:

---

[188] § 1º Não se inclui na competência do julgador afastar a aplicação de norma sob alegação de inconstitucionalidade, ressalvada a hipótese em que tenha havido a declaração nesse sentido pelo Supremo Tribunal Federal, em ação direta ou declaratória, após a publicação da decisão, ou pela via incidental, após a publicação da Resolução do Senado Federal que suspender a execução do ato.

Art. 6º [...]

§ 4º Não será proferida decisão que implique afastamento da aplicação de lei sob alegação de inconstitucionalidade, ressalvadas as hipóteses em que esta tenha sido declarada pelo Supremo Tribunal Federal – STF – em:

I – ação direta de inconstitucionalidade;

II – recurso extraordinário em ação de repercussão geral;

III – recurso extraordinário processado normalmente, quando se tratar de entendimento reiterado.

§ 5º Observado o disposto no § 4º, deverá ser acatada nos julgamentos a jurisprudência do Superior Tribunal de Justiça – STJ – adotada em sede do recurso repetitivo, sempre que constatadas a sua adequação e pertinência com o caso concreto.

Observe-se que, até 2017, a redação conferida ao parágrafo 5º tratava como mera faculdade o acatamento da jurisprudência pacificada dos tribunais superiores, relegando ao critério de convencimento da autoridade julgadora sua aplicação ou não.[189] Demonstra-se, nesse aspecto, inequívoca intenção em se vincular as decisões administrativas à dicção dos tribunais superiores.

Entretanto, recentemente, o Estado de Goiás promoveu nova alteração no §5º do art. 6º, por meio da Lei Estadual nº 20752, de 22 de janeiro de 2020, restaurando a redação anterior, de forma que a adoção de tais precedentes voltou novamente a ser facultativa.

2.3.3.4. Pernambuco

O Processo administrativo tributário pernambucano, previsto na Lei estadual nº 10.654/91, dispõe, em seu art. 4º:

Art. 4º A autoridade julgadora, na apreciação das provas, formará sua convicção segundo os princípios do livre convencimento em decisão fundamentada, consoante razões e argumentos técnicos e jurídicos.

[...]

§ 10. A autoridade julgadora não deixará de aplicar ato normativo, ainda que sob alegação de ilegalidade ou inconstitucionalidade, salvo quando houver decisão do Plenário do Supremo Tribunal Federal-STF, em sede de

---

[189] § 5º É pertinente acatar, em julgamento, a jurisprudência consolidada dos tribunais superiores, em suas composições unificadas, obedecidos aos critérios de convencimento da autoridade julgadora.

2. PRECEDENTES COMO ELEMENTO DE COERÊNCIA E PADRONIZAÇÃO NOS JULGAMENTOS...

recurso extraordinário com repercussão geral ou em controle concentrado de constitucionalidade, ouvida a Procuradoria Geral do Estado.

§ 11. Contra a decisão de Turma Julgadora que não observar o disposto no §10, caberá recurso especial dirigido ao Pleno do TATE, que implicará a análise de todas as questões dirimidas na decisão recorrida.

Curiosa a observação de que a referida lei nada diz acerca das decisões do STJ, em sede de recurso repetitivo. Apenas condiciona a aplicação do precedente do STF à oitiva da Procuradoria-geral do Estado.

Na verdade, a alteração na lei ocorrera em abril de 2019; a redação anterior não disciplinava sobre nenhuma questão alusiva aos precedentes do STF e STJ.[190]

A lei também veda a admissão de recursos ao Tribunal Pleno se a decisão recorrida estiver de acordo com decisão proferida pelo Plenário do STF, em sede de recurso extraordinário com repercussão geral ou em controle concentrado de constitucionalidade (art. 78-A, parágrafo único, III).

2.3.3.5. Minas Gerais e Rio Grande do Sul

O Processo administrativo tributário mineiro nada dispõe acerca da adoção de precedentes judiciais. A lei estadual nº 6.763/75 e o Regimento interno do Conselho de Contribuintes de Minas Gerais não tratam, nem genericamente, da matéria. O regimento interno, aprovado pelo Decreto estadual nº 44.906/08, ao discorrer sobre os julgamentos e as decisões do Conselho de Contribuintes, entre os seus arts. 40 e 55, também não veicula nenhuma disciplina sobre o assunto.

De igual forma, os artigos 64 e seguintes da lei estadual nº 6.534/73, que tratam das decisões do Tribunal Administrativo de Recursos Fiscais do Rio Grande do Sul, nada dispõem sobre a possibilidade de acatamento das decisões oriundas de precedentes judiciais.

2.3.3.6. Conselho Administrativo de Recursos Fiscais – CARF

Das legislações pesquisadas, a que busca maior convergência com o sistema de precedentes é a do Conselho Administrativo de Recursos Fiscais – CARF. As decisões em regime de recurso repetitivo e repercussão geral passam a afetar as decisões proferidas pelo CARF, por força de seu regi-

---

[190] Redação anterior: § 10. A autoridade julgadora não poderá deixar de aplicar ato normativo, ainda que sob a alegação de ilegalidade ou inconstitucionalidade.

mento interno, aprovado pela Portaria MF n. 343/15, que em seu art. 62 dispõe que

> Art. 62. Fica vedado aos membros das turmas de julgamento do CARF afastar a aplicação ou deixar de observar tratado, acordo internacional, lei ou decreto, sob fundamento de inconstitucionalidade.
>
> § 1º O disposto no caput não se aplica aos casos de tratado, acordo internacional, lei ou ato normativo:
>
> [...]
>
> II – que fundamente crédito tributário objeto de:
>
> [...]
>
> b) Decisão definitiva do Supremo Tribunal Federal ou do Superior Tribunal de Justiça, em sede de julgamento realizado nos termos dos arts. 543-B e 543-C da Lei nº 5.869, de 1973, ou dos arts. 1.036 a 1.041 da Lei nº 13.105, de 2015 – Código de Processo Civil, na forma disciplinada pela Administração Tributária; (Redação dada pela Portaria MF nº 152, de 2016)
>
> [...]
>
> § 2º As decisões definitivas de mérito, proferidas pelo Supremo Tribunal Federal e pelo Superior Tribunal de Justiça em matéria infraconstitucional, na sistemática dos arts. 543-B e 543-C da Lei nº 5.869, de 1973, ou dos arts. 1.036 a 1.041 da Lei nº 13.105, de 2015 – Código de Processo Civil, deverão ser reproduzidas pelos conselheiros no julgamento dos recursos no âmbito do CARF. (Redação dada pela Portaria MF nº 152, de 2016).

Nesse particular, anote-se que o art. 45 do Regimento Interno impõe, inclusive, a perda de mandato ao Conselheiro que deixar de observar o mencionado art. 62.[191]

Os julgamentos em recursos repetitivos e em repercussão geral passaram a nortear a dinâmica dos julgamentos administrativos naquele órgão também sob outras perspectivas, conforme se segue.

Pode o CARF, v.g., de forma mais simples e célere, julgar processos de valor inferior a R$ 1.000.000,00, em sessões não-presenciais, sob amparo no princípio da eficiência, desde que a matéria de direito já haja sido apreciada sob o regime da repercussão geral ou do recurso repetitivo (art. 53, parágrafo 2º do Regimento Interno).

---

[191] Art. 45. Perderá o mandato o conselheiro que: VI – deixar de observar enunciado de súmula ou de resolução do Pleno da CSRF, bem como o disposto no art. 62;

2. PRECEDENTES COMO ELEMENTO DE COERÊNCIA E PADRONIZAÇÃO NOS JULGAMENTOS...

Da mesma forma, não servirá como paradigma a possibilitar recurso especial à Câmara Superior de Recursos Fiscais, em juízo de admissibilidade, o acórdão divergente que contrariar as decisões do STJ e do STF analisados sob esses dois aspectos (art. 67, parágrafo 12º, II do Regimento Interno). Nessa mesma dinâmica, também deve ser revogada de plano, por ato unilateral do Presidente do Conselho, sem as formalidades de iniciativa exigidas pelos arts. 72 a 74 do Regimento, a súmula que passar a contrariar decisão superveniente do STJ ou STF (art. 74, parágrafo 4º).

2.4. Limites e desvantagens quanto à aplicação dos precedentes
2.4.1. Restrições à atuação do Servidor Público

A Constituição Federal confere grande proeminência à lei, conforme se depreende do *caput* do art. 5º e seu inciso II. Em matéria tributária, a legalidade fora reafirmada no art. 150, I da Carta constitucional, de forma que o não-atendimento ao disposto em lei leva à responsabilização do Servidor Público na esfera penal, civil e administrativa. O Código Tributário Nacional também trata, expressamente, de responsabilização do Servidor Público, *ex vi* dos arts. 141[192] e 142, parágrafo único[193].

Em matéria penal, o art. 319 do Código Penal impõe pena de detenção de 3 (três) meses a 1 (um) ano a quem deixar de praticar ato de ofício ou praticá-lo contra disposição expressa em lei. No referido diploma, também houve a inclusão dos arts. 359-A a 359-H, em um capítulo inteiro sobre os crimes contra as finanças públicas, onde a realização de atos na forma não autorizada, estabelecida ou permitida em lei pode responsabilizar o Servidor Público.

Quanto à improbidade administrativa, a lei Federal nº 8.429/02, em sua sessão III, tipifica os atos administrativos que "atentam contra os princípios da administração Pública", notadamente, qualquer ato que viole os "deveres de legalidade" (art. 11).

---

[192] Art. 141. O crédito tributário regularmente constituído somente se modifica ou extingue, ou tem sua exigibilidade suspensa ou excluída, nos casos previstos nesta Lei, fora dos quais não podem ser dispensadas, sob pena de responsabilidade funcional na forma da lei, a sua efetivação ou as respectivas garantias.

[193] Art. 142 [...] Parágrafo único. A atividade administrativa de lançamento é vinculada e obrigatória, sob pena de responsabilidade funcional.

Não há perplexidade em semelhantes constatações, uma vez que o princípio da legalidade constitui um dos pilares sob o qual fora construído o Estado de direito, na forma como o conhecemos. Na lição de Bandeira de Mello, o princípio da legalidade

> É específico do Estado de Direito, é justamente aquele que o qualifica e lhe dá identidade própria. Por isso mesmo é o princípio basilar do regime jurídico-administrativo, já que o Direito Administrativo (pelo menos aquilo que como tal se concebe) nasce com o Estado de Direito: é uma consequência dele. É o fruto da submissão do Estado à lei. É, em suma: a consagração da ideia de que a Administração Pública só pode ser exercida na conformidade da lei e que, de conseguinte, a atividade administrativa é atividade sublegal, infralegal, consistente na expedição de comandos complementares à lei.[194]

A aplicação de precedentes pela Administração Tributária deve encerrar bastante parcimônia, controle e racionalidade, principalmente nas hipóteses em que inexista lei local autorizativa a sua adoção. Em muitos Estados, conforme o exposto alhures, tal autorização sequer fora concretizada legalmente.

2.4.2. Violação ao princípio democrático

Considerando que os precedentes vinculantes a que o presente trabalho se refere são produto do Judiciário, mister perquirir se, ao acatá-los, a administração estaria a desrespeitar o princípio democrático, uma vez que os juízes e tribunais não são eleitos pelo povo, não havendo participação popular na consecução dos precedentes. Com efeito, trata-se, aqui, de uma alusão direta ao estatuído no parágrafo primeiro do artigo primeiro da Constituição Federal, no sentido de que "todo o poder emana do povo, que o exerce por meio de representantes eleitos ou diretamente, nos termos desta Constituição. O compromisso da administração estaria, *a priori*, com os representantes do povo, membros do Poder Legislativo.

Na lição de AUSTIN, a origem e sustentação de todo governo tem suas raízes no consentimento popular, fonte validadora de toda soberania. Assevera que

---

[194] BANDEIRA DE MELLO, Celso Antônio. *Curso de Direito Administrativo*. 27ª edição. São Paulo: Malheiros, 2010, p. 100.

2. PRECEDENTES COMO ELEMENTO DE COERÊNCIA E PADRONIZAÇÃO NOS JULGAMENTOS...

La permanencia y origen de todo gobierno se debe al consentimiento del pueblo, es decir, todo gobierno permanece en virtud del consentimiento del pueblo, o de la mayoría de la sociedad natural a partir de la que se formó la sociedad política. De acuerdo con la misma opinión, expresada en términos diferentes, el poder del soberano proviene del pueblo, o el pueblo es la fuente del poder soberano.[195]

Tal raciocínio se apresenta aprimorado na doutrina de HART, o qual pondera que ainda que se reconheça que aos juízes não seja lícito promover amplas reformas e modelar códigos, constitui o preço da democracia delegar ao judiciário as soluções de questões concretas não reguladas, questões a que ele próprio nomina "uma tarefa inevitável, embora 'intersticial' de criação do direito"[196]. Afirma, sobre o assunto, que constituiria inconveniente maior se a cada situação lacunosa posta ao Judiciário fosse necessário o reenvio da questão ao Poder Legislativo. Discorre o autor:

> Os juízes não são, em regra, eleitos e, numa democracia, segundo se alega, só os representantes eleitos do povo deveriam ter poderes de criação do direito. Existem muitas respostas a esta crítica. Que aos juízes devem ser confiados poderes de criação do direito para resolver litígios que o direito não consegue regular, pode ser encarado como o preço necessário que se tem de pagar par evitar o inconveniente de métodos alternativos da regulamentação desses litígios, tal como o reenvio da questão ao órgão legislativo, e o preço pode parecer baixo se os juízes forem limitados nos exercício destes poderes e não puderem modelar códigos ou amplas reformas, mas apenas regras para resolver as questões específicas suscitadas por casos concretos. Em segundo lugar, a delegação de poderes legislativos limitados ao Executivo constitui um traço familiar das democracias modernas e tal delegação ao Poder Judiciário não parece constituir uma ameaça mais séria à democracia.[197]

---

[195] AUSTIN, John. *El Objeto de La Jurisprudencia*. Traducción e estudio preliminar de Juan Ramón de Páramo Argüelles. Centro de Estudios Políticos Y Constitucionales. Madrid, 2002, p. 290.
[196] HART, H.L.A. *O Conceito de Direito*. Tradução de A. Ribeiro Mendes. 5ª edição. Coimbra: Fundação Calouste Gulbenkian, 2007, p. 337.
[197] HART, H.L.A. Op. cit., p. 338.

Dessa forma, ainda que o agente do Executivo entenda, com respaldo em fundados precedentes judiciais, que a solução conferida pelo Judiciário é a que melhor se adequaria ao julgamento que lhe fora posto à análise, o sistema jurídico brasileiro torna cogente a sua atuação nos termos da lei *stricto sensu*. Mister que haja, em sua esfera administrativa de atuação, norma autorizativa da aplicação de precedentes, nos moldes como se sói observar nas legislações dos processos administrativos tributários dos Estados de Santa Catarina, Paraná, Goiás e no Distrito Federal, sob pena de sanções e responsabilidades civis, administrativas e penais. Dessa forma, a extensão do art. 927 do Código de Processo Civil às atividades de julgamento administrativo-tributário demanda a existência de uma "ponte normativa" que expressamente vincule a atuação dos Conselhos e Tribunais Administrativos Tributários aos fundamentos de precedentes e em consonância com o princípio democrático.

Verifica-se, de plano, a extrema potencialidade de dispersão de tratamentos tributários a serem conferidos pelos entes Federados, dentre os quais há os que se obrigam à aplicação de precedentes; há outros, aos quais apenas se recomenda; e outros, aos quais nada se recomenda, o que implica, nesse último caso, vedação à aplicação de precedentes.

2.4.3. O problema da interpretação da *ratio decidendi*

Outro risco a considerar é acerca da dificuldade em se extrair os fundamentos determinantes da decisão, uma vez que mesmo os precedentes são interpretáveis. STRECK tece, nesse particular, severas críticas à forma como o sistema de precedentes inglês fora nacionalizado no Brasil. Argumenta que o resultado da importação acrítica para o sistema jurídico nacional se afasta da análise de processos na metodologia da *common law*, na medida em que se dissocia dos "casos" e "fatos" do processo original. Alija-se, na edição da tese, os fatos que justificaram o julgamento, elementares à caracterização da *ratio decidendi*, fator que inviabiliza completamente a técnica do *distinguish*. Discorre o professor:

> Vejam como a incorporação dos institutos da *common law* é artificial no Brasil: enquanto lá os precedentes são tratados como *casos*, com a menção às partes nele envolvidas, como, por exemplo, *London Tramways v. London*

2. PRECEDENTES COMO ELEMENTO DE COERÊNCIA E PADRONIZAÇÃO NOS JULGAMENTOS...

County Council, Riggs v. Palmer, etc., nós, aqui, nos referimos a precedentes como números de processos julgados pelos Tribunais. Aqui o "precedente" se transforma em um conceito sem coisa.[198]

De fato, a tarefa de se extrair os fundamentos de decidir em uma decisão-paradigma é bem mais complexa do que simploriamente se analisar o texto sintetizado em uma tese difusa, formulada pelos Tribunais Superiores. Com efeito, a razão de decidir é extraída tanto dos fatos materiais narrados no relatório, quanto dos fundamentos e da parte dispositiva da sentença. No caso específico da adoção de precedentes no Brasil, a casuística inserta no precedente restará de todo abandonada quando da formulação abstrata da tese pelo Tribunal.[199] De outra monta, no sistema da *common law*, somente após a análise do caso novo é que se poderá saber se determinado caso anterior é passível de ser um precedente, igualando-os ou distinguindo-os, não sendo possível fornecer "as respostas antes das perguntas", na crítica formulada por STRECK.[200] O tema é retomado pelo autor no título conferido ao capítulo 8 de sua obra, no sentido de que "um precedente não nasce precedente; torna-se precedente"[201].

---

[198] STRECK, Lenio Luiz. *Precedentes judiciais e hermenêutica – o sentido da vinculação no CPC/2015*. 2ª edição. Salvador: Editora JusPodivm, 2019, p. 42.

[199] No intuito de explicar que "precedente" não é o mesmo que "tese", STRECK, op. cit., p. 76, traz um caso concreto, mencionado por WALUCHOW: *"Pero no es para nada extraño que a los términos y frases del derecho se adscriban significados especiales, jurídicos, que difieran considerablemente del significado cotidiano. Considérese el caso Fischer v. Bell, que es útil para ilustrar cuán diferentes pueden ser el significado jurídico y el ordinario. La Ley sobre Restricción de Armas de Ataque inglesa [English Restriction of Offensive Weapons Act] (1959) había convertido en delito el 'ofrecer venta' navajas de muelle. El tribunal tuvo que decidir si un comerciante que había colocado tales armas en la vidriera de su tienda había violado esa ley. Según el significado obvio, ordinario, de 'ofrecer en venta', la ley claramente había sido violada. El tribunal, sin embargo, falló en favor del vendedor, adscribiendo a la frase 'ofrecer en venta' el significado técnico, estrictamente jurídico, que ésta tenía según el derecho contractual. Estableció que, en este caso, sólo había existido una 'invitación a negociar'. En otras palabras, había existido una invitación a realizar una oferta de compra, no una oferta de venta."* (WALUCHOW, Wilfrid J. *Positivismo Jurídico Incluyente*. Traducción de Marcela S. Gil y Romina Tesone. Madrid: Marcial Pons, 2007, p. 281). Pondera STRECK que não seria de modo algum razoável se extrair do mencionado caso uma tese no sentido de que "expor armas na vitrine não constitui oferta de venda".

[200] STRECK, Lenio Luiz. Op. cit., p. 77.

[201] STRECK, Lenio Luiz. Op. cit., p. 113.

Ademais, forçoso reconhecer que a técnica de tomada de decisões do STF potencializa a dificuldade de extração dos fundamentos de decidir, uma vez que cada ministro produz seu voto, não raro em extensa argumentação. Não obstante possam convergir na decisão final, nem sempre as razões de voto são convergentes, contendo, muitas vezes, teses antagônicas entre si. Ao final, a lavratura do acórdão caberá ao Relator ou Revisor, o qual nem sempre expressará com fiel precisão e detalhamento todas as questões fundamentais que permearam as decisões dos ministros.

Uma técnica equivocada de se extrair o conteúdo dos fundamentos de decidir também irá afastar o intérprete dos reais motivos determinantes da decisão. Os precedentes extraem sua validade da ordem Constitucional, de forma que a sua análise deve sempre convergir para os valores constitucionais, afastada qualquer leitura que conduza o aplicador do precedente a uma inconstitucionalidade. De outra monta, a distinção dos fatos deve guardar uma justificativa material válida, sob pena de se banalizar o sistema de precedentes, distinguindo-se indevidamente onde se deveria igualar e vice-versa. Na lição de ROSITO,

> Na tradição anglo-saxônica, o *distinguish* tem sido a hipótese mais frequente de não aplicação dos precedentes, a ponto de consistir preocupação quanto ao seu excessivo uso, pois, não raro, são traçadas distinções infundadas e irreais, o que acaba violando o precedente sem expressamente revoga-lo[202].

Também se vislumbra, do exposto, segundo STRECK[203], a temeridade em se transplantar, de forma acrítica, sistemas jurídicos – ou partes deles – para um ordenamento construído sob bases, conceitos, cultura, lógicas e premissas totalmente diversas.

Interessantes, nesse ponto, as observações de LEGRAND, ao criticar a expressão "transplante jurídico", em sua visão, mal compreendida por parte da doutrina, porquanto o que pode ser transportado seria tão-somente a "regra", não o seu "significado", que passa a assumir contor-

---

[202] ROSITO, Francisco. Teoria dos Precedentes Judiciais: racionalidade da tutela jurisdicional. 1ª edição. Curitiba: Juruá, 2012, p. 303.
[203] STRECK, Lenio Luiz. Op. cit., p. 77.

2. PRECEDENTES COMO ELEMENTO DE COERÊNCIA E PADRONIZAÇÃO NOS JULGAMENTOS...

nos próprios quando inserido em uma outra comunidade, dotada de cultura interpretativa particular. Discorre que

> Em termos linguísticos, pode-se dizer que o significado (que significa o conteúdo-ideia da palavra) nunca é deslocado, porque ele sempre se refere a uma situação semiocultural idiossincrática. Em vez disso, a declaração proposicional, como se encontra tecnicamente integrada em outra ordem jurídica, é compreendida de forma diferente pela cultura de acolhimento e é, portanto, investido nela um significado específico à cultura em desacordo com o anterior (até porque a própria compreensão da noção de "regra" pode variar). Assim, um elemento crucial da condição de regra [*ruleness*] da regra – seu significado – não sobrevive à viagem de um sistema jurídico para outro.[204]

Em outros termos, a forma importada será, necessariamente, afetada ou mutilada por questões culturais, linguísticas, morais, sociais do local, de tal modo que passará a não ser a mesma regra que vigorava em sua origem. Seu significado, seu espírito, ficarão para trás. A título de ilustração, LEGRAND traz curiosa metáfora, no sentido de que "a adição de um litro de tinta *verde* a quatro litros de amarela não nos dá a mesma cor que a adição de um litro de tinta *vermelha* a quatro litros de amarela. "[205]

Sobre o assunto, BECHO enumera uma série de barreiras à implementação do sistema de precedentes no Brasil. Assevera, de início, dificuldades com a linguística, posto que "não é raro a verdadeira impossibilidade de traduzir algumas palavras" que expressam "algo sem similar no Brasil". O autor também tece considerações sobre a grande diferença entre a criação do direito no Brasil e na Inglaterra. Assevera que em nosso país, o direito se formou a partir da cordialidade, ao passo do que, na Inglaterra, fora fruto de guerras civis.[206] Sobre o Brasil, discorre que

---

[204] LEGRAND, Pierre. *A Impossibilidade de "Transplantes Jurídicos"*. Tradução: Gustavo Castagna Machado. Revista Cadernos do Programa de Pós-Graduação em Direito/UFRGS.V. 9, nº 1. Porto Alegre, 2014, p. 23. Publicação original: LEGRAND, Pierre. *The Impossibility of "Legal Transplants"*. Maastricht Journal of European & Comparative Law, Maastricht, v. 4, p. 111-124, 1997.

[205] LEGRAND, Pierre. Op. cit., p. 24.

[206] BECHO, Renato Lopes. *A Aplicação dos Precedentes Judiciais Como Caminho Para a Redução dos Processos Tributários*. Revista Fac. Direito UFMG, Belo Horizonte, n. 71, jul/dez. 2017, p. 499-530. O autor menciona que a própria expedição da Magna Carta Inglesa fora uma

Por outro lado, o Brasil normalmente não liga seus documentos jurídicos a guerras ou revoltas armadas, ainda que elas tenham existido entre nós. Nossa independência não é marcada por uma luta sangrenta contra Portugal, seguida por alguma carta de direitos, bem como a queda do Império não se deu como fruto de uma guerra civil. Nossas constituições, igualmente, não foram marcadas por violentos e longos acontecimentos, ainda que não tenhamos um passado completamente desprovido de violência política. Aqui, registra-se o conceito de "homem cordial", de Sérgio Buarque de Holanda, oportunamente lembrado por Luiz Guilherme Marinoni.[207]

Portanto, a absorção, no sistema jurídico brasileiro, do que parte da doutrina convencionou chamar "precedentes à brasileira", guarda particularidades e desafios cujas soluções e experiências também não podem ser, *ipsis litteris*, emprestadas do direito alienígena.

Do exposto, conclui-se que a forma como o sistema de precedentes fora concebida e implantada no Brasil não viabiliza a análise dos precedentes tal qual a mesma ocorre no berço da *common law*. O que se espera, ademais, é que a aplicação da teoria dos precedentes venha a adquirir contornos próprios no Brasil, com uma maior valorização das decisões judiciais e, consequentemente, uma redução da quantidade de processos na área tributária.

2.4.3.1. O ICMS sobre transferências de mercadorias e a súmula nº 166 do STJ – precedente *contra legem*?

STRECK afirma que em nenhum sistema de *common law* o precedente é vinculado à edição de lei para a sua validade, uma vez que ele possuiria valor intrínseco. Dessa forma, trata como paradoxal e contraditório o fato de, no novo sistema inaugurado no Brasil, haver necessidade de lei para que o precedente seja vinculante, mesmo que tal precedente venha a afrontar a lei.[208]

---

tentativa de se evitar uma guerra civil, em decorrência da aversão à tributação. Com a anulação do documento por ordem papal, a referida guerra terminou por eclodir.

[207] BECHO, Renato Lopes. Op. cit.

[208] STRECK, Lenio Luiz. Op. cit., p. 35.

2. PRECEDENTES COMO ELEMENTO DE COERÊNCIA E PADRONIZAÇÃO NOS JULGAMENTOS...

Tal reflexão parece ter vindo a lume com a imposição de aplicação da tese firmada no tema repetitivo nº 259 do STJ, no sentido de que "não constitui fato gerador do ICMS o simples deslocamento de mercadoria de um para outro estabelecimento do mesmo contribuinte", cuja referência também se encontra no verbete nº 166, de idêntica redação.

Segundo a tese firmada, a transferência de mercadorias não configuraria, propriamente, uma circulação jurídica ou mesmo uma operação mercantil, daí a impossibilidade de ser tributada pelo ICMS. Entretanto, em sentido oposto, o art. 12, I da Lei complementar nº 87/96 define expressamente tal situação como hipótese de incidência do ICMS, tratando como fato gerador do ICMS "a saída de mercadoria de estabelecimento de contribuinte, ainda que para outro estabelecimento do mesmo titular".

Ressalte-se que, recentemente, o Governador do Estado do Rio Grande do Norte ajuizou Ação Declaratória de Constitucionalidade (ADC 49) no sentido de ver apreciada a constitucionalidade dos arts. 11, § 3º, II e 12, I, no trecho "ainda que para outro estabelecimento do mesmo titular" e art. 13, § 4º, da Lei Complementar Federal nº 87, de 13 de setembro de 1996 (Lei Kandir). Tal situação reacende o problema da distância entre as metodologias de interpretação, ou seja, se devem os Agentes Fiscais e Julgadores Administrativos atender à literalidade do dispositivo ou, ao contrário, se ao precedente cuja constitucionalidade atualmente se questiona.

No relatório e voto do *leading case*, Recurso Especial nº 1.125.133-SP, justificador da tese, o Ministro Luiz Fux expôs que, inexistindo o ato de mercancia, ou seja, a circulação jurídica da mercadoria com a transferência de propriedade, não haveria que se falar em incidência do imposto.

Essa seria, em suma, a razão de decidir que justificou a tese.

A decisão paradigma, entretanto, é omissa acerca de outras peculiaridades do tributo. Nada fala sobre a não-cumulatividade do imposto (art. 155, §2º, I da CF/88), ou seja, como fica a situação do imposto da operação anterior que não será transferido para a operação subsequente. Com a aplicação da referida tese, há quebra na cadeia de circulação econômica da mercadoria e a sua incidência em cascata após o momento da transferência, uma vez que o imposto dantes aproveitado pelo estabelecimento transferidor da mercadoria não poderá ser compensado em etapa posterior de circulação da mercadoria, que, não raro, acontecerá em outra unidade da Federação. O aresto também é silente a respeito do comprometimento do pacto Federativo (arts. 145 a 162 da CF/88), porquanto a mercadoria transferida para estabelecimento do mesmo titular, situado no território de outra unidade da Federação, fará com que o Estado de destino receba todo o imposto da cadeia produtiva, locupletando-se às custas do Estado de origem.

O quadro abaixo, compilado a partir de pesquisa nos Conselhos e Tribunais administrativos Tributários, expõe, com maior precisão, o grau de resistência e afastamento entre as decisões administrativas e o verbete nº 166, editado pelo STJ:

Conselho/ Tribunal	sigla	lei autorizativa/ impositiva para precedentes (art. 927 CPC)?	Aplica a súmula nº 166/STJ (Tema repetitivo 259)?	desempate Presidência?	julgamentos
Tribunal Administrativo Tributário	TAT/SC	autorizativa	não	sim	processos 1470000000711/ 2016 1470000000687/2016, câmara especial de recursos
Tribunal Administrativo de Recursos Fiscais	TARF/DF	autorizativa	não	não	Processo nº: 040.000.960 /2008, Tribunal Pleno
Conselho de Contribuintes e Recursos Fiscais	CCRF/PR	autorizativa			
Tribunal de Impostos e Taxas	TIT/SP	não	não	não	AIIM' nºs. 4.027.367-2, 4.014.070-2, 4.013.575-5 e 4.065.011-0.
Conselho de Recursos Tributários	CRT/CE	não	não		RES. 142/2017 -4a câmara.
Conselho Tributário Estadual	CTE/AL	não	não	sim	Processo nº 1500-020030/2012. Acórdão CTE-2C nº 315/2016
Conselho Administrativo Tributário	CAT/GO	impositiva	não	sim	Processo nº 3020636706860, Conselho Pleno. Acórdão IIICJUL nº 106/18
Tribunal Administrativo-Tributário do Estado	TATE/PE	não	não	não	Tribunal Pleno - Reunião dia 04.03.15. Rec. Ordinário ref. acórdão da 5ª TJ Nº0146/2014(03) AI SF Nº2011.000000994326-01.
Conselho de Contribuintes	CC/MG	não	não	não	acórdão n. 23.275/19/3ª câmara
Tribunal Administrativo de Recursos Fiscais	TARF/RS	não	não	sim	Processo nº 6928-1400/17-0, Pleno.

Elaboração: o próprio autor. O Conselho de Contribuintes do Paraná não disponibiliza as informações.[209]

Anote-se, ademais, que o Conselho Administrativo do Estado de Goiás sobrestou recentemente o julgamento de processos alusivos à matéria, por 180 (cento e oitenta) dias, para que se aguarde eventual desfecho da ADC nº 49/STF.

---

[209] Muito recentemente, o Estado de Goiás editou a Lei Estadual nº 20752, de 22 de janeiro de 2020, a qual alterou a redação do §5º do art. 6º da Lei nº 16469, de 19 de janeiro de 2009 e tornou, novamente, facultativa a observância de precedentes judiciais.

2. PRECEDENTES COMO ELEMENTO DE COERÊNCIA E PADRONIZAÇÃO NOS JULGAMENTOS...

Para agravar a celeuma, observe-se que os Tribunais de Justiça dos Estados do Rio Grande do Sul[210], do Paraná[211] e Bahia[212], possuem jurisprudência pela rejeição de aplicação da súmula sob questão. De outra monta, os Tribunais de Justiça dos Estados de Goiás[213], Minas Gerais[214], Sergipe[215], Distrito Federal[216] e São Paulo[217] possuem entendimento no sentido de sua aplicação.

A partir dos dados acima, extraídos tão-somente para evidenciar a cizânia instalada quanto à observância ou não do precedente do STJ e a recalcitrância da administração à adoção de precedentes, nota-se a relevância do tema e o longo percurso jurídico a que alguns contribuintes deverão se submeter, com todos os consectários e despesas daí decorrentes, caso optem pela não-tributação de suas transferências de mercadorias.

2.4.4. O problema do monopólio da interpretação do direito

A administração pública, enquanto participante do sistema jurídico e detentora da prerrogativa de acesso à justiça, também tem o direito de interpretar leis e de questionar precedentes reputados obrigatórios. Com efeito, não se pode dar ares de infalibilidade às decisões emanadas em sede de precedentes. Não raras as vezes em que o STJ alternou entre mais de uma posição, apresentando uma jurisprudência vacilante. O questionamento hermenêutico perene é salutar e consentâneo com uma "socie-

---

[210] TJRS – Agravo nº 70030888911, Relatora: Des. Maria Isabel de Azevedo Souza – 22ª Câmara Cível. 09 jul.2009.

[211] TJPR – Apelação 12270218. Relator: Salvatore Antonio Astuti. 1ª Câmara Cível. 10 fev.2015.

[212] TJBA – Apelação. Processo nº 0524431-38.2014.8.05.0001, Relator: Dr. Lidivaldo Reaiche Raimundo Brito. 1ª Câmara Cível. 10 out.2016.

[213] TJGO – MS 596959720168090000 – Relator: Dr. Marcus Da Costa Ferreira, 4ª Câmara Cível. 24 nov.16.

[214] TJMG – Apelação Cível nº 1.0074.07.037191-4/001 – Relator: Des. Eduardo Andrade, 1ª Câmara Cível. 04 nov.08.

[215] TJSE – Incidente de Arguição de Inconstitucionalidade. Processo 201600116763 – Relator: Dr. Roberto Eugênio da Fonseca Porto. Tribunal Pleno, DJE 27 out.16.

[216] Remessa de ofício 2013011008016-RMO. Relator: Des. Sérgio Rocha. 2ª Turma Cível. 31 jul.2013.

[217] TJSP – Apelação 1052310-10.2017.8.26.0506. Relator: Dr. Fernão Borba Franco. 7ª Câmara de Direito Público. 18 fev.2019.

dade aberta de intérpretes", na expressão utilizada por HÄBERLE, típica de uma democracia amadurecida em uma sociedade pluralista. Discorre o filósofo alemão:

> Propõe-se, pois, a seguinte tese: no processo de interpretação constitucional estão potencialmente vinculados todos os órgãos estatais, todas as potências públicas, todos os cidadãos e grupos, não sendo possível estabelecer-se um elenco cerrado ou fixado com *numerus clausus* de intérpretes da Constituição.
>
> Interpretação constitucional tem sido, até agora, conscientemente, coisa de uma sociedade fechada. Dela tomam parte apenas os intérpretes jurídicos "vinculados às corporações" (*zünftmässige Interpreten*) e aqueles participantes formais do processo constitucional. A interpretação constitucional é, em realidade, mais um elemento da sociedade aberta.[218]

De fato, a manutenção ou a alteração de precedentes pelos Tribunais superiores deve estar amalgamada à observação dos fenômenos sociais, à evolução da tecnologia, ao surgimento de novas minorias, à mutação dos valores e costumes, ao aprimoramento da doutrina, ao aparecimento de circunstâncias fáticas passíveis de desnaturar o precedente até então aplicável. Para tanto, uma atividade observadora e dialética, de retroalimentação, entre o Poder Judiciário e a sociedade, se faz imprescindível.

Uma das argumentações em desfavor dos precedentes é justamente o temor de que, a se dar guarida à possibilidade de uma interpretação cerrada, feita pelos Tribunais superiores, chegar-se ao extremo oposto do atual contexto de multiplicidade de teses que hoje impera nos órgãos de julgamento, qual seja, o de perenidade e engessamento do próprio sistema jurídico por via de teses estanques, firmadas pelos Tribunais superiores. O contínuo aperfeiçoamento e mutação, ínsitos ao direito, poderiam ser afetados por um *stabilishment* jurisprudencial, marcado por uma desacoplagem entre a dinâmica social e a dicção dos Tribunais. Quanto a essa tese, obtempera MARINONI que o argumento parte da premissa

---

[218] HÄBERLE, Peter. Hermenêutica Constitucional – A Sociedade Aberta dos Intérpretes da Constituição: Contribuição para Interpretação Pluralista e "Procedimental" da Constituição. Tradução: Gilmar Ferreira Mendes. Revista de Direito Público, v. 11, nº 60, 2014, p. 25-50. Disponível no sítio: https://www.portaldeperiodicos.idp.edu.br/direitopublico, acesso em 02 out. 2019.

2. PRECEDENTES COMO ELEMENTO DE COERÊNCIA E PADRONIZAÇÃO NOS JULGAMENTOS...

de que os precedentes não seriam passíveis de revisão, o que não corresponde à verdade. Mesmo no berço da *common law* –pondera o autor – tal imutabilidade não ocorre.[219] Sobre o assunto, discorre que

> A ausência de precedente com força obrigatória torna impossível a coerência das decisões judiciais – e, assim, do direito –, mas a evolução da doutrina pode demonstrar que o precedente, cuja força dava coerência ao sistema e ao direito, deve ser revogado para permitir a constituição de uma coerência capaz de espelhar o novo ou, em outros termos, um horizonte redefinido. De modo que respeitar precedentes não significa absolutizar a estabilidade e a certeza do direito.[220]

Com efeito, ainda que haja risco de que tal fenômeno ocorra, com possibilidade mínima de engessamento[221], o maior problema contemporâneo do sistema jurídico nacional é justamente o que caminha em sentido oposto, qual seja, o de instabilidade e imponderabilidade nas questões hermenêuticas afetas à interpretação dos Tribunais judiciais e administrativos.

Sem embargo disso, e conforme o abordado no capítulo I, o princípio da legalidade em um contexto de uma sociedade de riscos não pode ser entendido como uma fórmula para se auferir, da norma, um único mandamento. Ao discorrer sobre os métodos alternativos de solução de conflitos, Rocha apresenta o princípio – visto sob sua forma pré-positivista, ainda dominante no Brasil – como um dos óbices a que se utilize métodos alternativos para a solução de controvérsias tributárias. Discorre o autor que

> Do contrário, mesmo a utilização de termos relativamente determinados dá azo por vezes a mais de uma interpretação legítima do texto legal, dentro dos marcos de sua moldura linguística. É exatamente nesse âmbito que se tem discutido quanto à utilização de técnicas arbitrais e da transação como

---

[219] MARINONI, Luiz Guilherme. *Precedentes Obrigatórios*. 5ª edição. São Paulo: Editora RT, 2016, p. 141.

[220] MARINONI, Luiz Guilherme. Op. cit., p. 144.

[221] ALENCAR, Mário Soares de. Jurisprudência e Racionalidade: o precedente judicial como elemento de coerência do sistema jurídico brasileiro. 1ª edição. Curitiba: Juruá, 2018, p. 116.

meios alternativos para a terminação de disputas entre a Fazenda e os contribuintes.

Tais instrumentos teriam lugar, por exemplo, na fase de determinação da norma jurídica aplicável a determinado caso, nas situações em que for evidentemente possível a extração de comandos distintos de um mesmo texto legal, ou quando da apreciação de determinados fatos, cuja subsunção à norma não seja evidente.[222]

Com efeito, não representa afronta à legalidade ou à indisponibilidade do crédito tributário a possibilidade de a administração perfilhar determinada interpretação da norma, em benefício do contribuinte, em um contexto de pacificação e redução da litigiosidade fiscal por meio de mecanismos alternativos, como as técnicas arbitrais e a transação.

---

[222] ROCHA, ROCHA, Sérgio André. *Processo Administrativo Fiscal:* controle administrativo do lançamento tributário. São Paulo: Almedina, 2018, p. 486.

3. Conselhos e tribunais administrativos tributários: propostas de racionalidade institucional e de julgamento

3.1. Introdução

A análise das estruturas e formações dos Conselhos e Tribunais administrativos tributários das unidades Federadas revela uma profunda dissociação técnica e normativa entre as legislações de tais órgãos de julgamento, sob todos os aspectos observados, fruto do vácuo normativo no Código Tributário Nacional e de normas complementares aptas a veicularem minimamente normas gerais sobre a matéria[223].

Tem-se, a começar pela abordagem semântica, uma multiplicidade de nomenclaturas para a qualificação dos órgãos de julgamento; outras tantas denominações para as impugnações e recursos; os julgadores, por seu turno, ora são denominados juízes administrativos, ora conselheiros ou julgadores tributários; pode haver, em tais órgãos, câmaras, juntas, seções ou turmas, responsáveis pelo mesmo tipo de julgamento colegiado.

As representações fazendárias podem ser compostas de Auditores fiscais ou de Procuradores. As primeiras instâncias podem ser ou não centralizadas, havendo, em algumas unidades Federadas, primeiras instâncias singulares, em outras, colegiadas. Há superestruturas de julga-

---

[223] Houve uma tentativa, ainda em 1964, de se editar uma lei orgânica do processo tributário administrativo e judicial, idealizada por Gilberto de Ulhôa Canto, por meio de estudos doutrinários do direito comparado. Entretanto, o anteprojeto não seguiu adiante. Pode-se conferir a íntegra do anteprojeto de lei no sítio https://bibliotecadigital.fgv.br/dspace/bitstream/handle/10438/12764/00319359_29.pdf?sequence=1&isAllowed=y. Acesso em 05 nov.2019.

mento em primeiro grau, como é o caso do Rio de Janeiro, ao passo que outras, como a de Pernambuco, são compostas por 10 (dez) julgadores singulares, conforme se verá. Há, de igual forma, assimetrias de utilização do processo administrativo tributário pelo contribuinte, como é o caso do Tribunal de Impostos e Taxas de São Paulo (TIT-SP), no qual entraram 4.641 processos em 2018, e o Conselho Administrativo Tributário de Goiás (CAT-GO), onde adentraram, no mesmo período, 9.238 processos, não obstante o PIB de São Paulo tenha sido 11 (onze vezes) maior do que o de Goiás, no ano de 2018. Tais fatores sinalizam para um grau distorcido de acesso ao devido processo legal, no âmbito administrativo, entre as diversas unidades da Federação, em franca oposição ao princípio da igualdade e da isonomia processual.

Dessa forma, em situação semelhante a *Janus*, o deus bifronte da mitologia romana, as unidades federadas, em matéria de processo administrativo, possuem várias faces e olham para vários lados, o que inevitavelmente lança maior confusão ao já fragmentado processo administrativo tributário.

Tal realidade problematiza ainda mais a homogeneização de sua jurisprudência à luz das decisões que emanam dos Tribunais Superiores, além de afetar a consistência do sistema jurídico vigente, gerando injustiças ante o tratamento eventualmente desigual conferido a situações idênticas.

Enfim, o que caracteriza a estrutura e o processo administrativo contencioso tributário no Brasil não é nada menos do que o caos estrutural e sistêmico, uma absoluta ausência de qualquer padronização, fruto do pouco préstimo ou validade que se dá ao contencioso administrativo no Brasil e ao disposto no art. 199 do CTN[224], que impõe a prestação mútua de informações entre os entes federados, em benefício da assistência e da fiscalização de tributos.

---

[224] Art. 199. A Fazenda Pública da União e as dos Estados, do Distrito Federal e dos Municípios prestar-se-ão mutuamente assistência para a fiscalização dos tributos respectivos e permuta de informações, na forma estabelecida, em caráter geral ou específico, por lei ou convênio.
Parágrafo único. A Fazenda Pública da União, na forma estabelecida em tratados, acordos ou convênios, poderá permutar informações com Estados estrangeiros no interesse da arrecadação e da fiscalização de tributos.

3. CONSELHOS E TRIBUNAIS ADMINISTRATIVOS TRIBUTÁRIOS...

Em harmonia com os capítulos predecessores, o presente módulo almeja apontar que a realidade hobbesiana de *estado de natureza*[225] advinda da lacuna de leis disciplinadoras de normas gerais de processo, inclusive quanto à possibilidade de harmonização das decisões dos Tribunais e Conselhos com os precedentes dos Tribunais Superiores, termina por instituir maior insegurança jurídica, levando à desigualdade em matéria processual, à crescente judicialização das causas tributárias e ao assoberbamento do Judiciário.

Também se faz necessária a concepção de um processo administrativo que seja dotado de maior homogeneidade e eficiência, garantidor de direitos iguais de acesso aos Conselhos e Tribunais, com o estabelecimento de uma quantidade e padrão objetivos de recursos, prazos processuais, pressupostos de admissibilidade, valores de alçada e instâncias administrativas. Para tanto, mister que a União exerça sua competência para legislar sobre normas gerais e estabeleça, por meio de lei complementar, uma "Lei Geral do Processo Administrativo"[226].

Conforme asseverado alhures, já se cogitou, em meados dos anos 60, da criação de Tribunais Judiciais Fiscais no Brasil, como revisores das decisões administrativas, conforme proposta de Anteprojeto de lei do processo tributário, idealizada por Gilberto Ulhôa Canto, e que fora revisada por uma comissão de especialistas. Tais esforços, entretanto, não lograram êxito.[227]

---

[225] A expressão é extraída da obra "Leviatã", de Thomas Hobbes, e faz alusão ao temível monstro, citado no livro de Jó, capítulo 41, um ser inconquistável e o mais poderoso das criações divinas. Em sua obra, Hobbes o compara ao Estado, um "homem artificial, onde a sua soberania é uma alma artificial", fruto de um pacto social, onde os direitos individuais são limitados em prol da ordem, defesa e da sobrevivência humana. No "estado de natureza", os homens, sem governo algum, podem todas as coisas, por todos os meios possíveis. O homem, mau por essência, não pode extrair desse ambiente de estado de natureza quaisquer resultados bons (HOBBES, Thomas. *Leviatã*: Matéria, forma e Poder de Um Estado Eclesiástico e Civil. Domínio público).

[226] A expressão é utilizada na obra do Professor Cleucio Santos Nunes, a quem devemos o remodelamento do presente capítulo, frente às suas valiosas ponderações por ocasião do processo de qualificação. (NUNES, Cleucio Santos. Curso Completo de Direito Processual Tributário. 3ª edição. São Paulo: Saraiva, 2019. Capítulo IX – Propostas básicas para um novo processo tributário).

[227] TEODOROVICZ, Jefferson. *História Disciplinar do Direito Tributário Brasileiro*. Série Doutrina Tributária vol. XXI. São Paulo: Quartier Latin, 2017, p. 177.

PRECEDENTES VINCULANTES EM MATÉRIA TRIBUTÁRIA

Todas essas constatações apontam para a premência de se retornar as atenções a uma das finalidades primordiais do contencioso administrativo tributário, que figura como "caminho de passagem" para o Judiciário, e que deve ter justamente a finalidade de reduzir a participação da Administração Pública nas demandas judiciais.

3.2. Estudo comparativo dos conselhos e tribunais administrativos tributários

Tem-se, a seguir, um breve escorço da realidade das estruturas e legislações processuais dos Tribunais e Conselhos Administrativos tributários no País. Para a finalidade da presente obra, foram selecionadas as 10 (dez) maiores unidades Federadas, de acordo com o Produto Interno Bruto – PIB[228] do ano de 2018, dispostos em ordem decrescente. Pela sua relevância, também fora incluído na pesquisa o Conselho Administrativo de Recursos Fiscais – CARF.

3.2.1. São Paulo[229-230-231]

História: criado pelo Decreto nº 7.184, de 5 de junho de 1935.

Legislação: Lei 13.457/09 – Dispõe sobre o processo administrativo tributário decorrente de lançamento de ofício, e dá outras providências.

---

[228] Disponível no sítio: www.ibge.gov.br/explica/pib.php, acessado em 21 out.2019.

[229] Fonte: https://portal.fazenda.sp.gov.br/servicos/tit/Paginas/Sobre.aspx. Acesso em 05 nov.2019.

[230] Observações: Segundo dados do próprio sítio, em setembro de 2019, o TIT contava com 121(cento e vinte e um) julgadores de primeira instância e 80 julgadores de 2ª instância. O juízo de admissibilidade do recurso especial compete diretamente ao Presidente do TIT (art. 19 §6º do Regimento Interno). As súmulas do TIT, tomadas por ¾ da Câmara Superior, não vinculam a Administração Tributária (art. 23 do Regimento Interno). Os votos divergentes devem ser fundamentados, sob pena de serem considerados nulos (art. 25 §6º do Regimento Interno). Há sessões temáticas, extraordinariamente convocadas, para o estabelecimento de teses jurídicas (art. 68-A da Lei nº 13457/09), que permitem julgamentos em bloco.

[231] Juristas de renome, como Rubens Gomes de Sousa, Ruy Barbosa Nogueira, Paulo Celso Bergstrom Bonilha, Alcides Jorge Costa e Gama e Silva, já foram membros do Tribunal Paulista. *In*, MARTINS, Ives Gandra da Silva. *O Tribunal de Impostos e Taxas e a Justiça Fiscal*. Matéria publicada no jornal "Folha de São Paulo", em 05 de julho de 1997. Disponível no sítio: https://www1.folha.uol.com.br/fsp/1997/7/05/cotidiano/9.html. Acesso em 04 nov.2019.

3. CONSELHOS E TRIBUNAIS ADMINISTRATIVOS TRIBUTÁRIOS...

Decreto nº 54.486/09 – Regulamento. Portaria CAT nº 141/09 – Regimento Interno.

Nomenclatura: Tribunal de Impostos e Taxas – TIT/SP.

Estrutura: A Câmara Superior será composta por 16 (dezesseis) juízes, sendo 8 (oito) juízes servidores públicos e 8 (oito) juízes contribuintes (art. 57 da Lei nº 13457/09). Entretanto, esse número pode ser ampliado para até 24 (vinte e quatro) juízes, observada a paridade (art. 57 §5º). Os juízes que atuam na Câmara Superior são distintos dos que atuam nas Câmaras Julgadoras, sendo integrada por juízes que componham o Tribunal por, pelo menos, 2 (dois) mandatos (art. 57 §§ 2º e 3º da Lei nº 13.457/09).

As Câmaras Julgadoras, em número de até 20 (vinte), compõe-se, cada uma delas, de 2 (dois) juízes servidores públicos e 2 (dois) juízes contribuintes. Em caso de empate, prevalecerá o voto do presidente (art. 59 e 61 da Lei nº 13457/09).

1ª instância: descentralizada, nas Delegacias Tributárias de Julgamento (art. 36 e 37 §3º da Lei nº 13457/09). Cabe recurso de ofício ou recurso voluntário dessa decisão, a ser apreciado pelo Delegado Tributário de Julgamento, quanto a débitos fiscais de até 20.000 (vinte mil) UFESPs[232] (art. 39 e 40 da Lei nº 13.457/09).

Mandato: Os juízes exercerão o mandato por período de 2 (dois) anos, permitida a recondução (art. 63 da Lei nº 13.457/09).

Indicação/Nomeação dos Juízes:[233] Os juízes servidores públicos, todos portadores de título universitário, serão nomeados pelo Governador do Estado, dentre servidores da Secretaria da Fazenda e Procuradores do Estado, especializados em questões tributárias, indicados pelo Secretário da Fazenda. O número de Procuradores do Estado, escolhi-

---

[232] O valor da UFESP para 2019 é de R$ 26,53. Dessa forma, são apreciados pelas Delegacias os débitos fiscais cujo valor exigido na data da lavratura do auto de infração forem de até R$ 530.600,00. No sítio: https://portal.fazenda.sp.gov.br/Paginas/Indices.aspx. Acesso em 17 out.2019.

[233] O processo seletivo de candidatos representantes dos contribuintes para o biênio 2020/2021 é disciplinado pela Portaria CAT nº 47/19. Por seu turno, o processo seletivo para representantes da Fazenda, para o mesmo período, é tratado na Portaria CAT nº 48/19. Os normativos não disciplinam limites quantitativos de candidatos para comporem a lista a ser enviada ao Governador. Previamente, a regularidade da inscrição passa por uma comissão, constituída pelo Tribunal.

dos dentre os integrantes da Procuradoria Geral do Estado, será de 1/6 (um sexto) do número total dos juízes servidores públicos (art. 64 da Lei nº 13.457/09).

Os juízes contribuintes, todos portadores de título universitário, de reputação ilibada e reconhecida especialização em matéria tributária, com mais de 5 (cinco) anos de efetiva atividade profissional no campo do Direito, inclusive no magistério e na magistratura, serão nomeados pelo Governador do Estado, dentre os indicados pelas entidades jurídicas ou de representação dos contribuintes. (art. 65).

Requisitos de formação acadêmica: Os juízes servidores públicos, todos portadores de título universitário, especializados em questões tributárias.

Os juízes contribuintes, todos portadores de título universitário, de reputação ilibada e reconhecida especialização em matéria tributária, com mais de 5 (cinco) anos de efetiva atividade profissional no campo do Direito, inclusive no magistério e na magistratura.

Indicação/nomeação da presidência: O Presidente e o Vice-Presidente do Tribunal de Impostos e Taxas, bem como os Presidentes e Vice-Presidentes das Câmaras Julgadoras, serão designados por ato do Coordenador da Administração Tributária, referendado pelo Secretário da Fazenda (art. 56 da Lei nº 13.457/09).

Voto de qualidade? Não.

Representação Fazendária: Auditores fiscais (art. 73 da Lei nº 13.457/09).

Há impugnação realizada diretamente em 2ª instância? Não.

Processo eletrônico? Sim (art. 74 da Lei nº 13.457/09).

Recursos: Recurso de ofício, recurso ordinário, recurso especial (art. 3º do Regimento Interno).

Quantidade de processos que deram entrada no Tribunal em 2018: 4641.

Quantidade de decisões com acórdão em 2018: 6593.

Estoque em dezembro de 2018: 9337

Prazo médio de tramitação processual em 2018: 29,4 meses.

3.2.2. Rio de Janeiro[234-235]

História: não informa.

Legislação: Decreto nº 2.473 de 6 de março de 1979 – dispõe sobre o processo administrativo-tributário. Resolução SEFCON nº 5.927 de 21 de março de 2001 – aprova o Regimento Interno. Decreto-lei nº 5 de 15 de março de 1975 – Institui o Código Tributário do Estado.

Nomenclatura: Conselho de Contribuintes do Estado do Rio de Janeiro – CCERJ.

Estrutura: é formado por 16 (dezesseis) conselheiros, sendo 8 (oito) representantes do Estado, dentre o quadro de Fiscais de Rendas, e 8 (oito) representantes dos contribuintes (art. 2º do Regimento Interno). Todas as representações possuem igual número de suplentes. Organicamente, compõe-se de um Conselho Pleno, do qual participam todos os conselheiros efetivos nas 4 (quatro) câmaras existentes (art. 5º e 7º do Regimento Interno). Os processos de contribuintes de grande porte serão julgados pelas 1ª e 3ª câmaras (art. 9º do Regimento Interno). Pode haver a criação de até 4 (quatro) câmaras suplementares, por autorização do Secretário da Fazenda (art. 10º).

As câmaras são formadas por 4 (quatro) conselheiros. O Pleno e a 1ª câmara são presididos pelo Presidente do Conselho (art. 21 do Regimento Interno).

O Secretário da Fazenda pode revisar, em instância especial, as decisões do Conselho de Contribuintes, podendo inclusive avocar processos

---

[234] Em nota relativamente recente, o Governador Wilson Witzel sinalizou que planeja extinguir o Conselho de Contribuintes do Estado, com vistas a acelerar a tramitação dos processos administrativos tributários. Tal medida provocou fortes reações de tributaristas e outros setores da sociedade, os quais asseveram que a medida, ao contrário do pretendido, incrementará a insegurança jurídica, além de onerar o já assoberbado Judiciário Fluminense. Fonte: https://oglobo.globo.com/economia/wilson-witzel-planeja-extinguir-conselho-de-contribuintes-do-estado-do-rio-23770003, acesso em 20 out.2019. Em contato telefônico com o Secretário-Geral do Conselho de Contribuintes do Estado do Rio de Janeiro, Dr. Victor Hugo Silva do Amaral (vhamaral@fazenda.rj.gov.br), realizado em 23 out.2019, o mesmo asseverou que o assunto ainda permanece em discussão, perdurando a intenção do governador em formalizar o pleito junto à Assembleia legislativa.

[235] O acesso às informações pode ser obtido no sítio www.fazenda.rj.gov.br, no caminho "menu" – "portais" – "Conselho". Acesso em 23 out.2019.

PRECEDENTES VINCULANTES EM MATÉRIA TRIBUTÁRIA

administrativo-tributários para a restauração da legalidade e da justiça fiscal (art. 124 do Decreto nº 2.473/79)[236].

1ª instância: descentralizada, realizada pelos Titulares das Inspetorias de fiscalização Especializadas, das Inspetorias Seccionais de Fiscalização e do Departamento de Operações Especiais; pelos Auditores fiscais da Junta de Revisão fiscal, pelo Subsecretário Adjunto da

---

[236] Essa atribuição, que ainda sobrevive na legislação do processo administrativo Fluminense, constitui um resquício da antiga legislação federal, reguladora do processo administrativo fiscal, Decreto nº 20350/31, o qual previa, em seu art. 9º parágrafo único, um recurso hierárquico em favor da Fazenda Pública, dirigido ao Ministro da Fazenda, em decisões que fossem manifestamente contrárias à lei ou à prova dos autos ou, ainda, quando a decisão não houver sido unânime. Tal disposição fora revogada pelo Decreto nº 83304/79, que instituiu uma Câmara Superior de Recursos Fiscais, competente para o julgamento do recurso especial, em situações semelhantes às previstas no antigo Decreto federal. Entretanto, sobre o assunto, já se manifestou o STJ no sentido de que tais recursos dirigidos a órgãos singulares não configuram violação aos princípios da isonomia processual, do devido processo legal e da ampla defesa (Recurso Ordinário em MS nº 11920/RJ, julgado em 20/09/01, 1ª Turma, Ministro Garcia Vieira). Dessa posição discorda XAVIER, por entender que não há relação hierárquica entre os Conselhos de Contribuintes e o Ministro da Fazenda, no que toca à atividade de julgamento administrativo, havendo, no máximo, uma subordinação organizacional (XAVIER, Alberto. *Princípios do Processo Administrativo e Judicial Tributário*. Rio de Janeiro: Forense, 2005, p. 105). De fato, como argumenta XAVIER, outras decisões do STJ vão em sentido oposto, como é o caso do acórdão unânime da 1ª seção no MS nº 8810/DF, em agosto de 2002, de relatoria do Ministro Humberto Gomes de Barros. Asseverou o ministro (em aditamento ao voto) que "seria melhor desconstituir ou extinguir completamente os Conselhos de contribuintes, que são órgãos parajudiciais, que atuam dentro de um procedimento e custam caro. Se tais decisões não valem nada, se podem ser desconstituídas, melhor seria entregar ao Fisco". Deve-se ponderar, entretanto, que o acórdão permite o referido recurso hierárquico nas hipóteses de flagrante e inequívoca ilegalidade. Ricardo Lobo Torres também discorre sobre o assunto, asseverando que a medida do recurso hierárquico desaparecera do processo tributário federal, havendo sido substituído pelo recurso à Câmara Superior de Recursos Fiscais. Entretanto, alguns Estados mantêm o recurso hierárquico sob a justificativa de que os julgamentos contrários à lei ou à prova dos autos que prejudicam a Fazenda Pública ficariam sem solução, uma vez que não se poderia recorrer ao Judiciário. In, TORRES, Ricardo Lobo. *Curso de Direito Financeiro e Tributário*. 17ª edição. Rio de Janeiro: Renovar, 2010, p. 350.

3. CONSELHOS E TRIBUNAIS ADMINISTRATIVOS TRIBUTÁRIOS...

Receita Estadual e pelo Presidente da Junta de Revista Fiscal (art. 105 do Decreto nº 2.473/79).[237]

Mandato: 02 (dois) anos, permitida a recondução (art. 260 do Decreto-lei nº 5/75).

Indicação/Nomeação: Os representantes do Estado serão escolhidos pelo Governador, por indicação do Secretário de Estado de Economia e Finanças, entre os integrantes da carreira de Fiscal de Rendas daquela Secretaria (art. 257 do Decreto-lei nº 5/75). Os representantes dos contribuintes serão escolhidos pelo Governador do Estado, em lista tríplice, por entidades representativas dos contribuintes dos impostos estaduais; 03 (três) representantes das indústrias – Federação das Indústrias do Estado do Rio de Janeiro, 02 (dois) representantes dos comerciantes – Federação do Comércio do Estado do Rio de Janeiro, 01 (um) representante dos produtores agrícolas – Federação da Agricultura do Estado do Rio de Janeiro, 01 (um) representante dos prestadores de serviço de transporte interestadual e intermunicipal e 01 (um) representante dos serviços de comunicação (art. 258 do Decreto-lei nº 5/75).

Requisitos de formação acadêmica: Não regulamenta. Apenas é exigido dos conselheiros dos contribuintes "conhecimento da Legislação Tributária" (art. 258 do Decreto-lei nº 5/75).

Indicação/nomeação da presidência: O Presidente do Conselho será nomeado pelo Governador do Estado, por indicação do Secretário de Estado de Fazenda (art. 19 do Regimento Interno). Se a Presidência recair em conselheiro de uma representação, a vice-presidência será exercida por conselheiro de outra (art. 23 §1º do Regimento Interno). O mandato é de 1 (um) ano (art. 261 do Decreto-lei nº 5/75).

Voto de qualidade? Sim.

Representação Fazendária: Procuradores do Estado (art. 263 do Decreto-lei nº 5 de 15 de março de 1975).

---

[237] A primeira instância Fluminense é marcada por uma complexidade e estrutura peculiares frente às demais Unidades da Federação. As juntas de Revisão fiscal são formadas por 42 (quarenta e dois) Auditores Tributários, distribuídos em 14 (quatorze) Turmas, organizadas em colegiados de 3(três) julgadores e respectivos suplentes. As sessões de julgamento são públicas.
Fonte: http://www.fazenda.rj.gov.br/sefaz/faces/oracle/webcenter/portalapp/pages/navigation-renderer.jspx?_afrLoop=848028577798225&datasource=UCMServer%23dDocName%3A108791&_adf.ctrl-state=jlm84bm8t_500. Acesso em 20 out.2019.

Há impugnação realizada diretamente em 2ª instância? Não (art. 91 do Regimento Interno).

Processo eletrônico?[238] Não.

Recursos: impugnação, recurso voluntário, recurso ao Pleno.[239]

Quantidade de processos que deram entrada no Tribunal em 2018[240]: 3.648.

Quantidade de decisões com acórdão em 2018: 4.010.

Estoque em dezembro de 2018: não informado.

Prazo médio de tramitação processual em 2018[241]: 85 dias.

3.2.3. Minas Gerais[242]

História: Criado em 8 de janeiro de 1946 pelo Decreto-lei 1.618.

Legislação: Lei nº 6.763/75, arts. 131 a 200. Decreto nº 4.4747/08 – Regulamento do Processo e dos Procedimentos Tributários Administrativos.

Nomenclatura: Conselho de Contribuintes de Minas Gerais – CC/MG

---

[238] Em contato telefônico com o Secretário-Geral do Conselho, Dr. Victor Hugo Silva do Amaral (vhamaral@fazenda.rj.gov.br), realizado em 23 out.2019, fora-nos informado que o processo eletrônico está em fase de implementação.

[239] Conforme mencionado alhures, o Conselho de Contribuintes do Rio de Janeiro prevê, de forma bastante atípica em relação às demais Unidades da Federação, um recurso para o Secretário da Fazenda, a ser interposto em face de decisão cameral ou plenária, desfavorável à Fazenda, que seja contrária à legislação tributária ou à evidência das provas (art. 105, II do Regimento Interno). Também é prevista a possibilidade de revisão de decisões plenárias ou camerais, em caráter excepcional, para a correção de lapsos materiais, saneamento de dúvidas, omissões ou contradições. A representação, entretanto, dirigida ao Conselho, é de iniciativa exclusiva da Administração (art. 268 do Decreto-lei nº 5/75)

[240] Relatório disponível no sítio: http://www.fazenda.rj.gov.br/sefaz/faces/menu_structure/portais?_afrLoop=120559 3879666565&datasource=UCMServer%23dDocName%3AWCC211990&_adf.ctrl- -state=13yv0tirk2_167, acesso em 23 out.2019.

[241] Segundo informações do relatório, "O prazo médio foi obtido através do seguinte cálculo: entre a "Data de entrada do processo nas Câmaras/Pleno" até a data do Julgamento dos processos."

[242] Fonte: http://www.fazenda.mg.gov.br/secretaria/conselho_contribuintes/resultado/ prazos.html. Acesso em 10 dez.2019.

3. CONSELHOS E TRIBUNAIS ADMINISTRATIVOS TRIBUTÁRIOS...

Estrutura: Formação paritária de representantes da Fazenda Pública Estadual e de Entidades de classe de contribuintes (FIEMG, FECO-MÉRCIO, FAEMG, FEDERAMINAS E FETCEMG).

Formado por três câmaras de julgamento, com 4 (quatro) conselheiros; câmara especial, composta de até 8 (oito) conselheiros e conselho pleno, cuja reunião, para assuntos administrativos, impõe a presença de todos os 12 (doze) conselheiros efetivos. Também possui 12 (doze) conselheiros suplentes, 6 (seis) de cada representação. Há possibilidade de criação de câmaras suplementares, formada por membros suplentes (art. 187 a 190 da Lei nº 6.763/75).

1ª Instância: descentralizada, nas unidades Fazendárias (art. 120 do Regimento Interno).

Mandato: dois anos (art. 187 do Regimento Interno), permitida a recondução.

Indicação/nomeação: por lista sêxtupla, para representação dos contribuintes. Para a representação fiscal, por indicação do Secretário da Fazenda, a partir de lista com 24 (vinte e quatro) funcionários da ativa, elaborada pelo subsecretário da receita.

Requisitos de formação acadêmica: avaliação prévia de conhecimentos e experiência em matéria fiscal-tributária, realizada pelo próprio Conselho, sob coordenação do Secretário da Fazenda, com análise curricular, simulação de julgamento, entrevista, bem como outros testes inerentes à função (art. 177 do Regimento Interno).

Indicação/nomeação da Presidência: Dentre os membros da Representação fiscal (art. 178 do Regimento interno).

Voto de qualidade? Sim. (Art. 192 lei nº 6.763/75).

Representação Fazendária: feita pela Advocacia do Estado, apenas em processos nos quais houver inscrição do sujeito passivo para sustentação oral; em matérias complexas ou de elevado valor; em recursos de ofício para a câmara especial (art. 113 do Regimento Interno). A manifestação fiscal, por escrito, pode ser exigida (arts. 113-A e 120 do Regimento).

Há impugnação em 2ª instância? Não (art. 163 da lei nº 6765/75).

Processo eletrônico? Sim (art. 131 da Lei nº 6.763/75).

Recursos: impugnação (art. 117 a 120 do Regimento Interno), reclamação (art. 121 a 124 do Regimento Interno), recurso de revisão (art. 163 a 170 do Regimento Interno).

Quantidade de processos que deram entrada no Conselho em 2018: 1440.

Quantidade de decisões com acórdão em 2018: 1014.

Estoque em dezembro de 2018: 244.

Prazo médio de tramitação processual em 2018: 213 dias.

3.2.4. Rio Grande do Sul[243]

História: criado pela Lei nº 973, de 16 de janeiro de 1950, com o nome de Conselho Estadual de Contribuintes.

Legislação: Lei nº 6.537/73; Resolução TARF nº 1 de 19/12/16 – Regimento Interno.

Nomenclatura: Tribunal Administrativo de Recursos Fiscais (TARF/RS).

Estrutura: Composto por duas câmaras e um Tribunal Pleno. O Tribunal Administrativo de Recursos Fiscais (TARF) compõe-se de 8 Juízes, com os respectivos suplentes, todos bacharéis em Ciências Jurídicas e Sociais, e 1 Presidente, com três Vice-Presidentes, nomeados pelo Secretário de Estado da fazenda, sendo que 4 (quatro) Juízes representam a Fazenda Estadual e os outros 4 (quatro) os contribuintes. A câmara é composta por quatro juízes e um presidente. (art. 97 da Lei nº 6.537/73). Pode haver o funcionamento de câmara suplementar, transitória.

1ª instância: descentralizada, realizada nas unidades administrativas (art. 24 da Lei nº 6.537/73).

Mandato: O mandato dos Juízes e de seus suplentes tem duração de 4 (quatro) anos, admitida uma recondução por igual período, ficando automaticamente prorrogado o último mandato com duração de 2 (dois) anos.

Indicação/Nomeação dos Juízes: A nomeação dos Juízes representantes da Fazenda e dos seus suplentes recairá em Fiscais de Tributos Estaduais. Os juízes representantes dos contribuintes e seus suplentes serão indicados, em listas de seis nomes, no mínimo, pelas Federações das Associações Comerciais, Industriais, Agricultura e Cooperativas do Estado.

---

[243] Disponível no sítio: https://fazenda.rs.gov.br. Acesso em 05 nov.19.

Requisitos de formação acadêmica: todos bacharéis em Ciências Jurídicas e Sociais.

Indicação/nomeação da presidência: O Presidente e os Vice-Presidentes são de livre escolha e demissão do Secretário da Fazenda, dentre bacharéis em Ciências Jurídicas e Sociais, de reconhecida competência e idoneidade e equidistantes dos interesses da Fazenda Estadual e dos contribuintes.

Voto de qualidade? Não.

Representação Fazendária: 8 (oito) Auditores Fiscais, bacharéis em ciências jurídicas e sociais (art. 108 da Lei nº 6.537/73). São autorizados à realização de diligências (art. 13, IV do Regimento).

Há impugnação realizada diretamente em 2ª instância? Não.

Processo eletrônico? Sim (art. 136-J a 136-O da Lei nº 6.537/73)[244].

Recursos: impugnação, recurso de ofício e voluntário, pedido de esclarecimento, pedido de reconsideração, recurso extraordinário.

Quantidade de processos que deram entrada no Tribunal em 2018: 952.

Quantidade de decisões com acórdão em 2018: 662.

Estoque em dezembro de 2018: 508.

Prazo médio de tramitação processual em 2018: 6,6 meses.[245]

3.2.5. Paraná

História: não informa.

Nomenclatura: Conselho de Contribuintes e Recursos Fiscais – CCRF.

Legislação: Lei nº 18.877/16 – dispõe sobre o processo administrativo fiscal, o Conselho de Contribuintes e Recursos Fiscais e adota outras providências. Resolução SEFA nº 610/17 – Regimento Interno.

Estrutura: Composto por doze Conselheiros titulares (6 da Fazenda, 6 dos contribuintes), um Presidente, um 1º Vice-Presidente, um 2º Vice-

---

[244] Segundo informações obtidas via telefone com o Secretário Geral do Tribunal, Sr. Agostinho Toniolo (agostinhoto@sefaz.rs.gov.br), os autos do processo são apenas digitalizados, o que corresponde à etapa preliminar de instauração do processo eletrônico, a ser instituído em breve.

[245] Informações estatísticas no endereço: http://www.legislacao.sefaz.rs.gov.br/Site/Document.aspx?inpKey=260376&inpCodDispositive=&inpDsKeywords= acesso em 21 out.2019.

-Presidente e um 3º Vice-Presidente. Os conselheiros são distribuídos em duas Câmaras julgadoras, compostas por três conselheiros representantes do Estado, dentre os quais será nomeado o presidente, e três conselheiros classistas (art. 4º do Regimento interno). O conselho Pleno funciona com 12 (doze) conselheiros titulares, em sessões com a presença mínima de 2/3 dos conselheiros, observada a paridade (art. 73 da Lei nº 18.877/16).

1ª instância: descentralizada, Coordenação da Receita do Estado (art. 47 da Lei nº 18.877/16).

Mandato: um ano, admitida a recondução (art. 21 do Regimento interno).

Indicação/Nomeação: indicação dos representantes da Fazenda Pública feita pelo Secretário da Fazenda. Os representantes dos contribuintes são indicados em lista tríplice pelas Federações do Comércio, Empresas de Transporte de Cargas, Associações comerciais, das Indústrias, da Agricultura e Organização das cooperativas do Estado. A nomeação é feita pelo Governador em ambos os casos (art. 19 do Regimento Interno). Os Conselheiros representantes do Estado serão Auditores fiscais (quatro ou cinco) e Procuradores do Estado (até dois), em um total de seis representantes (art. 18 do Regimento interno).

Requisitos de formação acadêmica: formação de nível superior, idoneidade e competência em matéria tributária, financeira e econômica.

Indicação/nomeação da presidência: O Presidente, nomeado dentre os Auditores da Secretaria da Fazenda e os Vice-Presidentes do CCRF, escolhidos dentre os conselheiros representantes do Estado, são escolhidos pelo Governador do Estado, entre pessoas cuja formação seja de nível superior, de reconhecida idoneidade e competência em matérias tributária, financeira e econômica, sendo livremente demissíveis pelo Governador.

Voto de qualidade? Sim, apenas nas câmaras (art. 11 e 52 do Regimento Interno).

Representação Fazendária: os representantes fiscais serão indicados dentre os Auditores fiscais, pelo diretor da Coordenação da Receita Estadual (art. 82 da Lei nº 18.877/16).

Há impugnação realizada diretamente em 2ª instância? Não.

Processo eletrônico? Não.

3. CONSELHOS E TRIBUNAIS ADMINISTRATIVOS TRIBUTÁRIOS...

Recursos: reexame necessário, recurso ordinário, recurso de revisão, pedido de reforma de decisão, pedido de esclarecimento (art. 53 da Lei nº 18.877/16 e art. 26 do Regimento interno).

Quantidade de processos que deram entrada no Tribunal em 2018: não informa.

Quantidade de decisões com acórdão em 2018: não informa.

Estoque em dezembro de 2018: não informa.

Prazo médio de tramitação processual em 2018: não informa.

3.2.6. Bahia[246-247]

História: não informa.

Legislação: Decreto 7.592, de 4 de junho de 1999 – aprova o Regimento Interno do Conselho de Fazenda Estadual – CONSEF. Decreto nº 7629, de 9 de julho de 1999 – aprova o Regulamento do Processo Administrativo Fiscal.

Nomenclatura: Conselho de Fazenda Estadual – CONSEF.

Estrutura: Composto por 6 (seis) Juntas de julgamento fiscal (JJF), 2 (duas) Câmaras de Julgamento fiscal (CJJ) e uma Câmara Superior (art. 4º do Decreto nº 7.592/99), composta pelos integrantes das duas CCJ (art. 8º). Podem ser criadas Juntas e Câmaras provisórias, por proposta do Presidente (art. 5º do Decreto nº 7.592/99). Cada JJF é composta por 3 (três) Auditores fiscais, além de suplentes (art. 6º do Decreto nº 7592/99). As CJJ são compostas de 6 (seis) membros efetivos e igual número de suplentes.

---

[246] Fonte: www.sefaz.ba.gov.br. Acesso em 19 out.2019.

[247] Na Bahia, a Jurisprudência pacífica dos Tribunais Superiores autoriza a Procuradoria Estadual a não inscrever débitos em dívida ativa ou a ajuizar débitos em execução fiscal que versem sobre a referida jurisprudência, conforme art. 116-A do Decreto nº 7629/99. Verifica-se daí a necessidade de que as atividades de fiscalização e julgamento administrativo estejam em harmonia com as premissas expostas no decorrer do presente trabalho, sob pena de se atentar contra a eficiência na Administração Pública na medida em que se lavram autos de infração que sequer passarão à fase de inscrição na dívida ativa. Confira-se a respectiva redação "Art. 116-A. Fica a Procuradoria Geral do Estado autorizada a não permitir a inscrição em Dívida Ativa, a não ajuizar a respectiva execução fiscal, a não interpor recurso ou a desistir do que tenha sido interposto, desde que inexista outro fundamento relevante para seu prosseguimento, na hipótese de matérias que tenham sido objeto de reiteradas decisões contrárias à Fazenda Pública Estadual, em virtude de jurisprudência pacifica do Supremo Tribunal Federal ou do Superior tribunal de Justiça."

PRECEDENTES VINCULANTES EM MATÉRIA TRIBUTÁRIA

1ª instância: centralizada e colegiada, de competência das Juntas de Julgamento fiscal (art. 23 do Decreto nº 7.592/99 e 137 do Decreto nº 7.692/99).

Mandato: 3 (três) anos, admitida uma recondução (art. 7º do Decreto nº 7.592/99).

Indicação/Nomeação: 6 (seis) representantes da fazenda estadual e seus suplentes indicados pelo Secretário da Fazenda dentre os Auditores Fiscais. Lista tríplice para a representação dos contribuintes, elaborada pelas Federações. Nomeação por Decreto do Governador (art. 7º do Decreto nº 7.592/99).

Requisitos de formação acadêmica: Representantes da Fazenda Estadual: Auditores fiscais que demonstrem bom conhecimento da legislação tributária, preferencialmente graduados em Direito ou que exerçam ou tenham exercido a função de Julgador de primeira instância (art. 7º §1º do Decreto nº 7.592/99).

Representantes dos Contribuintes: deverão ser graduados preferencialmente em Direito e precisam demonstrar bom conhecimento da legislação tributária, apurado através de prévia avaliação a ser efetuada por Comissão designada pelo Presidente do Conselho, que consistirá na análise do currículo e em entrevista de cada candidato, individualmente (art. 7º §2º do Decreto nº 7.592/99).

Indicação/nomeação da presidência: o Presidente será designado pelo Governador do Estado dentre os representantes efetivos da fazenda estadual, e acumulará as funções de Presidente da Primeira Câmara e da Câmara Superior. Os Presidentes da Segunda Câmara e das Câmaras Suplementares serão designados pelo Secretário da Fazenda dentre os representantes da fazenda estadual, sem prejuízo das atribuições dos cargos efetivos. A Vice-Presidência da Câmara Superior e os Vice-Presidentes das Câmaras serão eleitos dentre os representantes dos contribuintes, anualmente, sendo permitida a recondução, procedendo-se à eleição em escrutínio secreto, na primeira reunião do Colegiado efetuada no exercício (art. 9º do Decreto nº 7.592/99).

Voto de qualidade? Sim (art. 27, III do Decreto nº 7.592/99).

Representação Fazendária: Procuradoria do Estado (art. 10 do Decreto nº 7.592/99).

Há impugnação realizada diretamente em 2ª instância? Não.

Processo eletrônico? Não.

3. CONSELHOS E TRIBUNAIS ADMINISTRATIVOS TRIBUTÁRIOS...

Recursos: impugnação (art. 123 do Decreto nº 7.629/99); recurso de ofício, recurso voluntário, pedido de reconsideração de decisão de Câmara (art. 169, I do Decreto nº 7.629/99); recurso extraordinário[248] (art. 169, II do Decreto nº 7.629/99), pedido de dispensa ou redução de multa ao apelo de equidade (art. 176, III, "c" do Decreto nº 7.629/99)

Quantidade de processos que deram entrada no Tribunal em 2018: 1247.

Quantidade de decisões com acórdão em 2018: 1.946.

Estoque em dezembro de 2018: 2.892.

Prazo médio de tramitação processual em 2018: 78.

3.2.7. Santa Catarina[249]

História: A lei nº 2.825/61 criou o Conselho Estadual de Contribuintes, incumbido dos recursos das decisões singulares, promovidas pelos Inspetores de Fiscalização e Arrecadação de Rendas.

Legislação: Lei Complementar nº 465, de 3 de dezembro de 2009 – cria o Tribunal Administrativo Tributário do Estado de Santa Catarina; Decreto Nº 3.114, de 16 de março de 2010 – Aprova o Regimento Interno.

Nomenclatura: Tribunal Administrativo Tributário do Estado de Santa Catarina – TAT/SC.

Estrutura: O colegiado é constituído por três câmaras paritárias de julgamento, com seis conselheiros, além do respectivo presidente (art. 10 da Lei Complementar nº 465/09). As sessões da câmara Especial, constituída por doze conselheiros, em critério de rodízio, exigem a presença de, no mínimo, dez conselheiros e o presidente, mantida a paridade, para mandato de um ano (art. 30 §1º da Lei Complementar nº 465/09).

1ª instância: centralizada, composta por até 12 (doze) Auditores Fiscais designados pelo Secretário da Fazenda.

Mandato: dois anos.

---

[248] O referido recurso é reservado apenas ao Procurador do Estado, quando a decisão contrariar a legislação, as provas dos autos ou o entendimento manifestado em decisões reiteradas do CONSEF. Dessa forma, o contribuinte somente tem duas instâncias – as CJJ e CCJ – para discutir seu débito.

[249] Fonte: http://www.tat.sc.gov.br/index.php?option=com_docman&view=list&layout=ta ble&slug=estatisticas-processos-julgados&Itemid=162. Acesso em 08 dez. 2019.

Indicação/Nomeação: Nove Conselheiros e seus suplentes serão indicados pelo Secretário de Estado, escolhidos dentre os integrantes da carreira de Auditor Fiscal (art. 13, II da Lei Complementar nº 465/09). Nove Conselheiros, indicados em lista tríplice para cada vaga e suplência, sendo quatro para cada Câmara de julgamento, respectivamente, pela Federação das Indústrias do Estado de Santa Catarina, Federação do Comércio do Estado de Santa Catarina, Federação da Agricultura e Pecuária do Estado de Santa Catarina, Federação das Câmaras de Dirigentes Lojistas de Santa Catarina, Federação das Associações de Micro e Pequenas Empresas de Santa Catarina, Federação das Associações Comerciais e Industriais de Santa Catarina, Federação dos Contabilistas do Estado de Santa Catarina, Federação das Empresas de Transportes de Cargas do Estado de Santa Catarina e Federação de Hotéis, Restaurantes, Bares e Similares (art. 13, I da Lei Complementar nº 456/09).

Requisitos de formação acadêmica: Os conselheiros serão nomeados, juntamente com os respectivos suplentes, pelo Chefe do Poder Executivo, escolhidos entre pessoas de ilibada reputação e reconhecido saber jurídico tributário, com formação superior em Direito, Ciências Contábeis, Ciências Econômicas ou Administração de Empresas (art. 13 da Lei Complementar nº 465/09).

Nomeação da presidência: O Presidente e o Vice-Presidente do TAT/SC serão livremente escolhidos e nomeados pelo Chefe do Poder Executivo entre pessoas equidistantes da Fazenda Pública e dos contribuintes, bacharéis em Direito e de reconhecido saber jurídico tributário (art. 11 da Lei Complementar nº 465/09).

Voto de qualidade? Não.

Representação Fazendária: Procurador do Estado (art. 16 da Lei Complementar nº 465/09).

Há impugnação realizada diretamente em 2ª instância? Não.

Processo eletrônico? Sim (art. 39 da Lei Complementar nº 465/09).

Recursos: Reclamação (art. 20 da Lei Complementar nº 465/09), Recurso ordinário, Recurso Especial e Pedido de esclarecimento (art. 28 da Lei Complementar nº 465/09), pedido administrativo de cancelamento de notificação.[250]

---

[250] O procedimento extraordinário de revisão fora extinto pelo artigo 25 Lei Complementar nº 465/09. Era cabível em face de decisões definitivas do Conselho que violassem lite-

3. CONSELHOS E TRIBUNAIS ADMINISTRATIVOS TRIBUTÁRIOS...

Quantidade de processos que deram entrada no Tribunal em 2018: 3.424

Quantidade de decisões com acórdão em 2018: 2870

Estoque em dezembro de 2018: 3092

Prazo médio de tramitação processual em 2018: 1.168 dias (considerando o tempo médio das reclamações iniciais, recursos ordinários e recurso especial).

3.2.8. Distrito Federal[251-252]

História: o órgão foi originariamente criado sob a denominação de Junta de Recursos Fiscais, pela Lei nº 4.191 de 24 de dezembro de 1962, transformado em Tribunal Administrativo de Recursos Fiscais com a edição da Lei nº 657 de 25 de janeiro de 1994. A primeira sessão de instalação da Junta de Recursos Fiscais ocorreu em 14 de maio de 1964.

Legislação: Lei nº 4.567, de 9 de maio de 2011 – Dispõe sobre o processo administrativo fiscal, contencioso e voluntário, no âmbito do Distrito Federal e dá outras providências. Decreto 3.3269/11 – Regulamento.

Nomenclatura: Tribunal Administrativo de Recursos Fiscais –TARF.

Estrutura: integrado por 14 (quatorze) conselheiros efetivos e igual número de suplentes, sendo 7 (sete) representantes do Distrito Federal e 7 (sete) representantes dos contribuintes. É constituído de duas Câmaras e um Pleno (art. 88 da Lei nº 4.567/11).

O Pleno é formado pela totalidade dos Conselheiros, sendo vedado ao vice-presidente o direito a voto. A Primeira Câmara funciona com o Presidente do Tribunal, três representantes do Distrito Federal e três dos contribuintes. A Segunda Câmara é formada pelo Vice-presidente, três representantes do Distrito Federal e três dos contribuintes.

1ª instância: descentralizada, ao Subsecretário da Receita, sendo delegável (art. 43, I da Lei nº 4.567/11).

---

ral disposição de lei; fossem contrárias às provas dos autos; contrariassem jurisprudência assente do STJ ou STF; fossem fundadas em prova falsa ou em erro de fato.

[251] Fonte: www.fazenda.df.gov.br. Acesso em 06 nov. 2019.

[252] Como característica peculiar quanto aos demais conselhos e tribunais, utilizam, para julgamento, a denominada "teoria da causa madura", prevista no art. 1013 §3º, I do novo CPC (Art. 93 da lei nº 4567/11). As súmulas são aprovadas por maioria simples no Pleno (Art. 99).

Mandato: três anos, que poderá ser renovado, por uma única vez (art. 86 da Lei nº 4567/11).

Indicação/nomeação: Os representantes dos contribuintes e respectivos suplentes serão escolhidos dentre lista tríplice apresentada pelas entidades representativas do comércio, da indústria, dos proprietários de imóveis, dos transportes, das instituições de ensino, dos serviços, da comunicação e da agricultura (art. 86 §1º da Lei nº 5.647/11).

Os representantes do Distrito Federal serão escolhidos dentre servidores integrantes da carreira de Auditoria Tributária do Distrito Federal, com, no mínimo, cinco anos de efetivo exercício, mediante lista tríplice resultante de processo seletivo interno (art. 86 §2º da Lei nº 4.567/11).

Requisitos de formação acadêmica: Reconhecida competência e possuidores de conhecimentos especializados em assuntos tributários (art. 86 da Lei nº 4.567/11)

Indicação/nomeação da presidência: O Presidente e Vice-Presidente terão mandato de um ano e serão eleitos entre os Conselheiros efetivos, observado que o Presidente será escolhido entre os Conselheiros representantes do Distrito Federal e o Vice-Presidente entre os Conselheiros representantes dos contribuintes (art. 87 da Lei nº 4.567/11).

Voto de qualidade? Não (na formação Plenária, o vice-presidente não tem direito a voto, conforme art. 88 §1º da Lei nº 4.567/11).

Representação Fazendária: Procuradoria do Distrito Federal, de presença não obrigatória às sessões de julgamento (art. 91 da Lei nº 4.567/11).

Há impugnação realizada diretamente em 2ª instância? Não.

Processo eletrônico? Não.

Recursos: impugnação, recurso voluntário, reexame necessário, embargos de declaração, recurso extraordinário ao Pleno, processos administrativos de jurisdição voluntária de reconhecimento de benefícios fiscais de caráter não-geral, de autorização de adoção de regime especial de interesse do contribuinte e de restituição[253].

Quantidade de processos que deram entrada no Conselho em 2018: 1.103.

Quantidade de decisões com acórdão em 2018: 711.

---

[253] O referido procedimento, não contencioso, está previsto no art. 89, II da Lei nº 4567/11.

Estoque em dezembro de 2018: 1.040.
Prazo médio de tramitação processual em 2018: não informa.

3.2.9. Goiás

História: Instituído como Conselho de Contribuintes pela Lei nº 6.860 de 15 de setembro de 1967.

Legislação: Lei nº 16.469/09 – Regula o processo administrativo tributário e dispõe sobre os órgãos vinculados ao julgamento administrativo. Decreto nº 6.930/09 – Regimento Interno.

Nomenclatura: Conselho Administrativo Tributário – CAT/GO.

Estrutura: é composto por 21 (vinte e um) conselheiros efetivos, sendo 11 (onze) representantes do Fisco e 10 (dez) representantes dos contribuintes.

1ª instância: centralizada.

As Câmaras Julgadoras, em número de 4 (quatro), são compostas por 5 (cinco) conselheiros efetivos, sendo a Primeira e Terceira Câmaras integradas majoritariamente por membros da representação do Fisco e a Segunda e Quarta Câmaras integradas majoritariamente por membros da representação dos Contribuintes (art. 57 da Lei nº 16.469/09). Os coordenadores somente votam em caso de empate.

O Conselho Superior, integrado pelo Presidente do CAT e por mais 10 (dez) conselheiros efetivos, atuará em duas Câmaras Superiores de Julgamento, funcionando uma de cada vez, alternadamente, com 10 (dez) conselheiros e o Presidente (art. 58 da Lei nº 16.469/09).

Mandato: 4 (quatro) anos, permitida uma recondução.

Indicação/Nomeação: nomeados pelo Chefe do Poder Executivo, dentre brasileiros maiores de 25 (vinte e cinco) anos de idade, de ilibada reputação e de notórios conhecimentos jurídicos e fiscais.

Os representantes da Fazenda são escolhidos dentre o quadro do Fisco. Os representantes dos contribuintes são indicados pela Federação de Agricultura, pela Federação do Comércio e pela Federação da Indústria, cabendo a cada Federação a indicação de 2 (dois) representantes; os Conselhos Regionais de Economia, Contabilidade e Administração indicarão, cada um, 1 (um) representante; a Ordem dos Advogados do Brasil, Seção Goiás, indicará 1 (um) representante (art. 55 da Lei nº 16.469/09).

A indicação de nomes para a função de conselheiro será precedida de processo seletivo de caráter eliminatório a ser realizado no âmbito da Secretaria de Estado da Economia e das entidades representativas dos contribuintes, no qual será aferido o atendimento aos requisitos de idade mínima, diplomação em curso superior, ilibada reputação e notórios conhecimentos jurídicos e fiscais (art. 55, §6-A da Lei nº 16.469/09 e art. 55-B do Decreto nº 6.930/09).

Requisitos de formação acadêmica: portadores de diploma de curso superior reconhecido pelo Ministério da Educação.

Indicação/nomeação da presidência: O Presidente e o Vice-Presidente do CAT são escolhidos e nomeados pelo Chefe do Poder Executivo, dentre os membros efetivos da representação do Fisco (art. 56 da Lei nº 16.469/09).

Voto de qualidade? Não.

Representação Fazendária: Auditores fiscais (art. 62 da Lei nº 16.469/09).

Há impugnação realizada diretamente em 2ª instância? Não.

Processo eletrônico? Não.

Recursos: impugnação[254], recurso à Câmara Julgadora, Recurso para o Conselho Superior, Pedido de revisão extraordinária[255], Pedido de restituição[256].

Quantidade de processos que deram entrada no Tribunal em 2018: 9.238.

Quantidade de decisões com acórdão em 2018: 4.508.

Estoque em dezembro de 2018: não informa.

Prazo médio de tramitação processual em 2018: não informa.

---

[254] O Contencioso Tributário goiano prevê a possibilidade de que a impugnação seja apresentada diretamente em 2ª instância, conforme art. 35, II da Lei nº 16469/09. Tal previsão não encontra precedentes nas demais Unidades da Federação pesquisadas.

[255] O pedido de revisão extraordinária é procedimento que também não encontra precedentes nas Unidades da Federação pesquisadas, pelo menos no que tange à iniciativa deferida ao contribuinte. Com ele, permite-se o retorno a julgamento de processos que ultrapassaram a fase contenciosa e já se encontram em fase de dívida ativa ou mesmo de ajuizamento de execução. Pode ser apresentado pelo sujeito passivo ou por iniciativa da administração, sempre em benefício do contribuinte, de forma que o procedimento não pode ser utilizado para que a administração reveja lançamento que tenha culminado em benefício indevido ao contribuinte. No Estado de Goiás, o alto fluxo de tais pedidos é um dos responsáveis pelos vultosos estoques apresentados e pela quantidade de processos que dá entrada no Conselho. Art. 43 da Lei nº 16469/09.

[256] O reconhecimento do direito à restituição decorrente de lançamento fiscal é feito pelo Conselho Superior, em instância única. Art. 42 da Lei nº 16469/09.

3.2.10. Pernambuco

História: Criação do Tribunal do Tesouro do Estado, pela Lei nº 31, de 18 de dezembro de 1891.

Legislação: Lei nº 10.654, de 27 de novembro de 1991 – Dispõe sobre o processo administrativo tributário. Lei nº 15.683/15 – dispõe sobre a organização e o funcionamento do Contencioso Administrativo-Tributário do Estado.

Nomenclatura: Tribunal Administrativo-tributário do Estado – TATE/PE

Estrutura: três turmas julgadoras e um Tribunal Pleno. O Tribunal Pleno será constituído por 10 (dez) julgadores. Cada Turma Julgadora é constituída por 03 (três) julgadores Tributários, sendo presidida por um deles (art. 6º e 7º da Lei nº 15.683/15).

1ª instância: centralizada, composta por 13 (treze) julgadores de carreira (art. 16 da Lei nº 15683/15).

Mandato: cargo de carreira.

Indicação/Nomeação: O provimento do cargo Julgador Tributário do Estado será feito mediante a nomeação de candidato aprovado em concurso público de provas e títulos. O cargo de julgador encontra-se dentro da carreira, por promoção do julgador tributário de primeira instância.

Requisitos de formação acadêmica: cargo privativo de bacharel em direito (art. 4º da Lei nº 15.683/15).

Indicação/nomeação da presidência: O Presidente e o Vice-Presidente do TATE serão designados pelo Secretário da Fazenda dentre os Julgadores Tributários do Estado efetivos.

Voto de qualidade? Não

Representação Fazendária: Procuradores do Estado (art. 19 da Lei nº 15.683/15).

Há impugnação realizada diretamente em 2ª instância? Não
Processo eletrônico? Não.

Recursos: impugnação, recurso ordinário, reexame necessário, recurso especial, processo de consulta, de competência do Pleno[257].

---

[257] O Tribunal Pleno se reúne, em média, duas vezes ao mês, de acordo com a demanda de processos, conforme informações obtidas por meio de contato telefônico realizado com o Presidente do Tribunal, Dr. Marco Antônio Mazzoni, em 21 out.2019. Email: marco.mazzoni@sefaz.pe.gov.br

Quantidade de processos que deram entrada no Tribunal em 2018: 1.157
Quantidade de decisões com acórdão em 2018: 808
Estoque em dezembro de 2018: 4.072.
Prazo médio de tramitação processual em 2018: sem informação.

3.2.11. Receita Federal – CARF[258-259]

História: O Conselho de Contribuintes, na forma como é conhecido atualmente, fora criado ao final de 1924. O primeiro Conselho instalado foi o do Imposto de Renda, em 1925. Seu sucesso levou à formação

---

[258] Conforme exposto em compêndio sobre os 85 anos do CARF (MARTINS, Ana Luísa. *Conselho Administrativo de Recursos Fiscais*: 85 anos de imparcialidade na solução dos litígios fiscais. Rio de Janeiro: Capivara, 2010, p. 121. Disponível no sítio: http://idg.carf.fazenda. gov.br/publicacoes/arquivos-e-imagens-pasta/livro-85-anos-carf.pdf/view, acesso em 21 out.2019), a uniformização das decisões é uma preocupação crescente daquele órgão, com vistas à redução dos litígios judiciais. Sobre o assunto, afirma que "Com o poder judiciário abarrotado de ações referentes a questões tributárias (em 2008, apenas no Supremo Tribunal Federal, 21% dos processos referiam-se a direito tributário), o principal objetivo do CARF hoje é contribuir para o aperfeiçoamento da legislação e para a redução dos litígios na área, tanto no âmbito administrativo quanto judicial. Tendo em vista as frequentes alterações legislativas, as divergências interpretativas e a rapidez cada vez maior com que a Receita Federal, dado o seu avanço tecnológico, emite seus lançamentos, a primeira impressão que se tinha era de que esses percentuais só poderiam crescer. E, no entanto, é voz corrente entre tributaristas e profissionais do judiciário que o papel do CARF tem sido fundamental para que ocorra o contrário.

Um dos grandes instrumentos para a redução dos litígios tributários tem sido a utilização de jurisprudência uniforme, baseada nas súmulas da Câmara Superior de Recursos Fiscais. Não à toa, essas súmulas são citadas constantemente por tributaristas de reconhecimento nacional e internacional em suas publicações; e juízes, inclusive os dos Tribunais Superiores, têm se valido delas para embasar suas decisões.

A uniformidade de decisões é tão importante para a redução de litígios que, após a regulamentação da lei que instituiu a figura da súmula vinculante na Constituição Federal, em 2004, o percentual de processos relacionados a direito tributário caiu dos 21% acima citados para cerca de 12%, em 2009, e 8%, em 2010. Daí também a relevância da inovação trazida pelo Regimento Interno de 2009, no que se refere às súmulas vinculantes do CARF."

[259] A título de informação, já houve a pretensão de se extinguir o Conselho de Contribuintes, no âmbito federal, conforme projeto de Lei nº 4530-A de 1998, apresentado pelo então deputado Federal Luiz Carlos Hauly. O projeto foi ao Plenário da Câmara dos Deputados em 20/05/1998, havendo sido arquivado em 21/05/2002. O relator do projeto, Deputado Armando Monteiro Neto, afirmou, *in verbis*: "Não faz sentido destruir uma estrutura que

de outros Conselhos, para julgamento das causas relativas aos demais tributos. Em 1934, houve uma reestruturação dos Conselhos, onde ao primeiro e segundo Conselhos se incumbiu o julgamento de processos alusivos aos tributos internos e a Câmara Superior de Tarifa, posteriormente qualificada de Terceiro Conselho, com a incumbência de julgar as questões aduaneiras.

Após migrarem por diversos prédios na cidade do Rio de Janeiro, os Conselhos de Contribuintes foram transferidos para Brasília, em 1973. Em 2009, a sua estrutura se alterou sensivelmente, oportunidade em que os Conselhos foram agrupados em um único órgão, que passou a ser denominado de Conselho Administrativo de Recursos Fiscais, composto por 3 (três) seções e da Câmara Superior de Recursos Fiscais. Tudo com vistas à racionalização das atividades administrativas.[260]

Em março de 2015, fora deflagrada a operação Zelotes, cujo objeto era a investigação, pela Polícia Federal e pelo Ministério Público, acerca de um esquema fraudulento de redução ou anulação de créditos tributários. Diante das irregularidades apontadas, o TCU promovera a fiscalização do órgão e, ao final, propusera uma série de sugestões para o aprimoramento e segurança dos julgamentos do CARF. Tais sugestões foram consubstanciadas no Acórdão nº 1076/2016 – Pleno, no relatório de Auditoria constante do processo nº 011.645/2015-6.[261] Desde então, o CARF tem empregado esforços, por meio de várias alterações em seu Regimento Interno, com vistas à melhoria e à celeridade da atividade de julgamento.

As verificações do TCU foram consubstanciadas no seguinte quadro, elaborado a partir do Acórdão nº 1076/2016:

---

funciona bem, e presta relevantes serviços de interesse coletivo, apenas para satisfazer algum capricho destroçador, sem oferecer um substitutivo à altura". No sítio: https://www.camara.leg.br/proposicoesWeb/fichadetramitacao?idProposicao=20944, acesso em 26 out.2019.

[260] MARTINS, Ana Luísa, op. cit., p. 11.

[261] Disponível no sítio: www.tcu.gov.br. Acesso em 26 out.2019.

Principais achados do TCU

Achados	Detalhamento
1. Falta de tempestividade nos julgamentos	Para eliminar o estoque de processos seriam necessários 77 anos
2. Utilização de procedimentos manuais para a realização de sorteios	A adoção de procedimentos manuais nos sorteios de processos distribuídos a conselheiros eleva os riscos de distribuição direcionada
3. Ausência de planejamento estratégico e monitoramento de resultados	A ausência de planejamento estratégico favorece a tomada decisão em desacordo com os objetivos do órgão, prejudicando o cumprimento de sua missão institucional
4. Precariedade da estrutura de controles internos	A estrutura de controle interno do órgão está em estágio inicial de implantação. Apenas recentemente foi criada unidade de auditoria interna.
5. Deficiência nos controles das mudanças de configuração do sistema e-Processo	Foram concedidas atribuição para configuração do sistema a três servidores sem atividades de controle adequadas, deixando o sistema suscetível, inclusive, a direcionamentos de processos
6. Ausência de formalização dos procedimentos de distribuição de processos	Em virtude da cultura da organização, não existem normas ou manuais com a descrição dos procedimentos e rotinas de formação de lotes e distribuição de processos
7. Deficiências no planejamento e monitoramento da força de trabalho	O Carf não possui ações que identifiquem as competências necessárias para a execução de suas atividades e as detidas pelo o órgão. Também não há avaliação de desempenho dos servidores
8. Fragilidades estruturais na paridade estabelecida pelo Carf	81% das vagas de conselheiros destinadas aos contribuintes são distribuídas a 3 das 10 confederações a serem representadas. Para os representantes da Fazenda, todos são originários da RFB
9. Ausência de transparência no processo de seleção dos conselheiros	As listas tríplices e os currículos resumidos dos candidatos a vagas no Carf não estavam sendo divulgados, contrariando seu próprio regimento interno
10. Fragilidades na gestão do conhecimento no que tange ao capital intelectual dos conselheiros	Não há políticas adequadas de recrutamento, mapeamento de competências, treinamentos e retenção/disseminação do conhecimento
11. Deficiências no processo de responsabilização de infrações disciplinares	De 2009 a 2014 não ocorreram atividades correcionais por parte do Carf, não houve comunicação de indícios de infrações à Corregedoria do MF, nem acompanhamento de processos instaurados
12. Insuficiência de mecanismos relacionados à gestão da ética	Embora constituída, a comissão de ética não foi efetivamente instalada, não existindo, portanto, código de ética ou de conduta
13. Deficiências nos instrumentos disponibilizados pelo Carf com vistas a fomentar o controle social	Constam para o Carf apenas 5 denúncias na ouvidoria do MF (2009 a 2014). Ademais, o Carf não conta com ouvidoria própria, nem canal para denúncias
14. Ausência de Política de Segurança da Informação e Comunicação no âmbito do Carf	Embora transitem informações das mais relevantes para o julgamento de processos fiscais, o Conselho não conta com uma Política de Segurança da Informação

Esse diagnóstico deflagrou uma política de reestruturação do CARF. Em matéria publicada no próprio sítio, o órgão dispôs que

> Dentre as medidas adotadas, voltadas especificamente para a celeridade processual, destacam-se a intensificação do julgamento de processos na sistemática de recursos repetitivos, o que já permitiu que o CARF julgasse simultaneamente até 900 processos administrativos, e a criação de turmas extraordinárias, voltadas para o julgamento de processos de até 60 salários mínimos.

> Essas medidas, e a adoção de diversas outras práticas de gestão, permitiram ao CARF rever sua estimativa de tempo de julgamento do estoque, ainda não distribuído para relatoria, de 77 anos para cerca de 6 anos.[262]

---

[262] Disponível no sítio: http://idg.carf.fazenda.gov.br/noticias/situacao-do-atual-estoque-do-carf, acesso em 27 out.2019.

Desde a edição de seu novo Regimento Interno, em junho de 2015, todas as cinco alterações regimentais que se sucederam o foram no sentido de se aprimorar o julgamento de processos, com esforço preponderante para a técnica de julgamento de processos sob a sistemática de recursos repetitivos, em clara reprodução ao que já ocorre no Poder Judiciário, privilegiando a homogeneização e a celeridade das decisões, além da melhoria nos critérios de escolha dos conselheiros classistas, tornando-os mais objetivos. A se tomar por acurados os dados apresentados, somente pelas alterações normativas operadas, o prazo para julgamento do estoque atualmente existente fora reduzido de 77 (setenta e sete) anos para 6 (seis) anos, o que já representa relevante melhora na eficiência do órgão.

Pode-se afirmar, com razoável certeza, que as medidas adotadas pelo CARF nos últimos 4 (quatro) anos, sob orientação do TCU, em maior ou menor grau, servem de parâmetro para a otimização dos julgamentos realizados em sede de contencioso administrativo nas demais unidades Federadas.

Legislação: O Conselho Administrativo de Recursos Fiscais – CARF foi criado pela Medida Provisória nº 449, de 2008, convertida na Lei nº 11.941, de 27 de maio de 2009[263], e instalado pelo Excelentíssimo Senhor Ministro de Estado da Fazenda em 15/2/2009, mediante a Portaria MF nº 41, de 2009. A Portaria MF nº 343, de 9 de junho de 2015, aprova o Regimento Interno do CARF.

Nomenclatura: Conselho Administrativo de Recursos Fiscais – CARF.

Estrutura: É composto de 3 (três) seções de julgamento (Sejul), especializadas por matéria. Cada Sejul é composta por 3 (três) Turmas Extraordinárias de Julgamento (TE) e 4 (quatro) câmaras de Julgamento (CAM) (art. 2º, II, itens 1, 1.1 e 1.2; art. 1º, §2º, art. 21 e 22 do Anexo II).

---

[263] Dispõe o art. 48 da mencionada lei: "Art. 48. O Primeiro, o Segundo e o Terceiro Conselhos de Contribuintes do Ministério da Fazenda, bem como a Câmara Superior de Recursos Fiscais, ficam unificados em um órgão, denominado Conselho Administrativo de Recursos Fiscais, colegiado, paritário, integrante da estrutura do Ministério da Fazenda, com competência para julgar recursos de ofício e voluntários de decisão de primeira instância, bem como recursos especiais, sobre a aplicação da legislação referente a tributos administrados pela Secretaria da Receita Federal do Brasil."

Os presidentes das Seções de Julgamento são nomeados dentre os Presidentes das Câmaras a ela vinculadas (art. 42). A presidência de Câmara é exercida por conselheiro representante da Fazenda Nacional (art. 44).

Para cada 4(quatro) Câmaras de Julgamento há 2 (dois) Serviços de Assessoria Técnica de Câmaras (Astec) e 5 (cinco) Turmas Ordinárias de Julgamento (TO) (art. 2º, II, itens 1.2.1 e 1.2.2).

Há uma Câmara Superior de Recursos Fiscais – CSRF, formada por 3 (três) turmas e um Plenário. As turmas têm competência para julgar o recurso especial descrito no art. 67 do Anexo II. Ao Pleno compete uniformizar as decisões divergentes, em tese, entre as suas Turmas, por meio de resolução (art. 2º, II, 2 e art. 9º do Anexo II).

As seções possuem competência para julgar recursos de ofício e voluntário de decisões de 1ª instância, que versem sobre aplicação da legislação (art. 2º a 4º do Anexo II).

As Turmas de Julgamento são integradas por 8 (oito) conselheiros, quatro de cada representação (art. 23 do Anexo II).

As turmas da CSRF são constituídas pelo presidente e vice-presidente do CARF e pelos presidentes e vice-presidentes das Câmaras da respectiva seção (art. 26 do Anexo II). O Pleno da CSRF é composto pelo presidente e vice-presidente do CARF e pelos demais membros das turmas da CSRF, reunindo-se por convocação do presidente do CARF para tratar de matéria previamente indicada (art. 27 do Anexo II).

1ª instância: descentralizada. Competência das Delegacias da Receita Federal de Julgamento (art. 25, I do Decreto nº 70235/72).

Mandato: 2 (dois) anos. É permitida a recondução de conselheiros, desde que o tempo total de exercício nos mandatos não exceda ou venha exceder 6 (seis) anos, ressalvada a hipótese em que o conselheiro exerça encargo de Presidente de Câmara, de Vice-Presidente de Câmara, de Presidente de Turma ou de Vice-Presidente de Turma, cujo prazo máximo será de 8 (oito) anos (art. 40 e §2º do Anexo II).

Indicação/Nomeação: A escolha de conselheiro representante da Fazenda Nacional recairá dentre os nomes constantes de lista tríplice elaborada pela Receita Federal do Brasil, e a de conselheiro representante dos contribuintes recairá dentre os nomes constantes de lista tríplice elaborada pelas confederações representativas de categorias econômicas e pelas centrais sindicais (art. 28 do Anexo II).

Requisitos de formação acadêmica: no caso de representantes da Fazenda Nacional, devem ser Auditores-Fiscais da Receita Federal do Brasil, em exercício no cargo há pelo menos 5 (cinco) anos (art. 29, I do Anexo II). No caso de representantes dos contribuintes, devem ser brasileiros natos ou naturalizados, com notório conhecimento técnico, registro no respectivo órgão de classe há, no mínimo, 3 (três) anos e efetivo e comprovado exercício de atividades que demandem conhecimento nas áreas de direito tributário, de processo administrativo fiscal e tributos federais (art. 29, II do Anexo II).

Indicação/nomeação da presidência: A presidência do CARF será exercida por conselheiro representante da Fazenda Nacional. A vice-presidência será exercida por conselheiro representante dos contribuintes (art. 11 do Anexo II).

A presidência das seções e câmaras será exercida por conselheiro representante da Fazenda Nacional (art. 12), assim como as presidências das Turmas Ordinárias (art. 14). A presidência da CSRF, das respectivas turmas e do Pleno será exercida pelo Presidente do CARF (art. 15).

Voto de qualidade? Sim.

Representação Fazendária: Procuradoria da Fazenda Nacional.

Há impugnação realizada diretamente em 2ª instância? Não.

Processo eletrônico? Sim.

Recursos: recurso voluntário e de ofício, Embargos de declaração, Recurso Especial, Agravo.[264-265]

---

[264] Segundo o Relatório de Gestão – ano 2018 – do Ministério da Economia, no ano de 2018 foram aprovadas 21 (vinte e uma) novas súmulas do CARF, e foi atribuído efeito vinculante a toda a Administração Tributária Federal, por meio de 65 (sessenta e cinco) súmulas, com vistas a garantir a segurança jurídica e proporcionar a redução de litígios tributários. Fonte: Relatório de Gestão – Ministério da Economia. Ano 2108. P. 48. Disponível no sítio: http://www.economia.gov.br/acesso-a-informacao/auditorias/arquivos/relatorio-de-gestao-2018--mf.pdf. Acesso em 26 out.2019.

[265] O art. 26 do Decreto nº 70236/72 dispõe que "Compete ao Ministro da Fazenda, em instância especial: I – julgar recursos de decisões dos Conselhos de Contribuintes, interpostos pelos Procuradores Representantes da Fazenda junto aos mesmos Conselhos". Tal competência, entretanto, restou esvaziada com a criação da CSRF, a quem compete a apreciação do recurso especial, conforme art. 37 do referido Decreto, de redação posterior. Remanesce, ainda, a possibilidade de recurso hierárquico impróprio ao Ministro da Fazenda, a ser interposto pelo Procurador da Fazenda, quanto às decisões com manifesta ilegalidade, excesso de exação ou abuso de poder. A questão fora tratada MS 8810/DF, de

Quantidade de processos que deram entrada no Tribunal em 2018: não informado.
Quantidade de decisões com acórdão em 2018: 67.628.[266]
Estoque em dezembro de 2018: 123.000.[267-268]
Prazo médio de tramitação processual em 2018: Turmas CSRF–um ano e dois meses; Turmas Ordinárias – dois anos e dez meses; Turmas Extraordinárias – seis anos e um mês.[269]

3.2.12. Breve Análise

De todo o exposto, percebe-se um acúmulo – eminentemente desorientado – de normas que dispõem sobre o processo administrativo tributário, fruto de nosso sistema federativo e da repartição dos tributos entre os entes da Federação. Tal ambiente de heterogeneidade enfraquece a exigibilidade do crédito tributário, uma vez que dá azo a uma série de questionamentos jurídicos que terminam por desaguar no Judiciário, além de

---

relatoria do Ministro Humberto Gomes de Barros, 1ª seção, em 13/08/03. O aresto dispôs no sentido de que "[...]O controle do Ministro da Fazenda (Arts. 19 e 20 do DL 200/67) sobre os acórdãos dos conselhos de contribuintes tem como escopo e limite o reparo de nulidades. Não é lícito ao Ministro cassar tais decisões, sob o argumento de que o colegiado errou na interpretação da Lei. " Sobre o assunto, vide nota, exposta alhures, quanto a semelhante recurso, vigente no Conselho de Contribuintes do Rio de Janeiro.

[266] O número fora extraído do Relatório de Gestão – ano 2018 – do Ministério da Economia e representa a quantidade de processos administrativos fiscais julgados, compreendendo acórdãos e resoluções. Fonte: Relatório de Gestão – Ministério da Economia. Ano 2108. P. 47.

[267] Os dados são extraídos a partir de relatório gerencial, disponível no sítio do CARF. Os dados estatísticos também informam que, desse total, aproximadamente 119.000 processos tratam de créditos tributários de valor inferior a R$ 15 milhões. Disponível no sítio: http://idg.carf.fazenda.gov.br/dados-abertos/relatorios-gerenciais/dados-abertos-janeiro2019-v2.pdf, acesso em 26 out.2019.

[268] O número total de processos em fase contenciosa – 1ª e 2ª instância – é de 257.935 conforme Relatório de Gestão – ano 2018 – do Ministério da Economia. Segundo informações do relatório, o elevado acervo representou um aumento de 3,5% em relação ao ano anterior. Fonte: Relatório de Gestão – Ministério da Economia. Ano 2108. P. 48.

[269] Segundo referências feitas no Acórdão nº 1076/2016 – Pleno do TCU, o tempo médio de julgamento vinha crescendo anualmente, sendo superior a 5 (cinco) anos em 2014. À época, 11% do acervo estava há mais de 10 (dez) anos aguardando julgamento. As ações advindas das recomendações feitas pelo TCU produziram significativa melhora nos processos de julgamento.

3. CONSELHOS E TRIBUNAIS ADMINISTRATIVOS TRIBUTÁRIOS...

comprometer a adequada aplicação do princípio da legalidade, aí inserido o sistema de precedentes.

Os dados coletados acima são de difícil parametrização e comparação. Os Conselhos que mantêm uma primeira instância centralizada tendem a possuir um estoque maior de processos do que os que não a possuem; de igual forma, o prazo de tramitação do processo, para os que centralizam a primeira instância, certamente será maior. Há Conselhos Administrativos, como o do Estado de Goiás, que oferecem ao sujeito passivo o direito a uma revisão extraordinária do lançamento, dedicada à correção de erros de fato, mesmo que o crédito tributário já esteja em fase de inscrição ou execução fiscal, fator que aumenta sensivelmente a demanda de processos para julgamento no Conselho, e que representa a maior parte de seu estoque de processos para julgamento.[270] Goiás também possui o único Conselho, dentre os pesquisados, que permite que a impugnação seja apresentada diretamente em 2ª instância, fator que também onera o julgamento Colegiado.[271]

A maior ou menor quantidade de recursos disponíveis, a quantidade de julgadores, os prazos processuais, a existência de processo eletrônico etc., constituem variáveis que impactam na eficiência e celeridade dos julgamentos.

Os pontos de vulnerabilidade que afligem o processo administrativo tributário devem ser atacados com soluções normativas de homogeneização e de racionalidade para as decisões dos Conselhos e Tribunais, no escopo de se resolver as causas tributárias com a máxima segurança jurídica e com vistas a tornar minimamente necessária a participação do Poder Judiciário. Os tópicos a seguir constituem proposições para a

---

[270] Lei nº 16469/09: Art. 43. Compete ao Presidente do CAT o juízo de admissibilidade de pedido de Revisão Extraordinária apresentado fora do último prazo para defesa previsto nesta Lei, relativo a crédito tributário ajuizado ou não: II – pelo sujeito passivo, referente a: a) apreciação extraordinária de lançamento, desde que: 1. fundamentado em prova inequívoca de erro de fato substancial que implique alteração total ou parcial do lançamento, inclusive quanto à sujeição passiva; [...] disponível no sítio: http://www.gabinetecivil.goias. gov.br/leis_ordinarias/2009/lei_16469.htm. Acesso em 31 out.2019.
[271] Lei nº 16469/09: Art. 35. A impugnação deve ser apresentada: I – em primeira instância, ao NUPRE encarregado do preparo do processo; II – em segunda instância, à GEPRO [...]. Disponível no sítio: http://www.gabinetecivil.goias.gov.br/leis_ordinarias/2009/lei_16469. htm. Acesso em 31 out.2019.

melhoria da efetividade das decisões em matéria de processo administrativo tributário.

3.3. Propostas para racionalização e eficiência das atividades de julgamento nos tribunais e conselhos administrativos tributários
3.3.1. Uma lei geral do processo administrativo tributário

Discorre a Constituição Federal que compete à União legislar concorrentemente sobre *"procedimentos em matéria processual"* (art. 24, XI), sendo de sua competência o estabelecimento de normas gerais. Na seara tributária, o art. 146, III da Magna Carta assevera caber à lei complementar "estabelecer normas gerais em matéria de legislação tributária". Com efeito, na lição de Ribas, o processo administrativo-tributário demanda um tratamento científico e sistemático que lhe confira uma maior organicidade, que confira a devida tutela dos direitos dos contribuintes, dentre eles, o de um direito subjetivo à legalidade dos atos administrativos.[272] De outro lado, mister que também seja um instrumento apto a prover ao Estado meios para combater a elisão fiscal.

TORRES noticia a tentativa, ainda em 1964, de se editar uma lei orgânica do processo tributário administrativo e judicial, idealizada por Gilberto de Ulhoa Canto, por meio de estudos doutrinários do direito comparado. Entretanto, o anteprojeto não seguiu adiante.[273]

Segundo o anteprojeto, as decisões administrativas seriam revistas por um tribunal judicial competente em 2ª instância. TORRES informa que tal medida "esbarrou na dificuldade incontornável de se suprimir a 1ª instância judicial". Entretanto, embora não convertido em lei, o anteprojeto influenciou toda a legislação da União, Estados e Municípios sobre a matéria.[274]

Volvendo-nos ao presente, a única proposta existente para uma lei geral sobre a matéria é a inserta no projeto de Lei Complementar nº

---

[272] RIBAS, Lidia Maria Lopes Rodrigues. *Processo Administrativo Tributário.* 3ª edição. São Paulo: Malheiros, 2008, p. 123.

[273] Pode-se conferir a íntegra do anteprojeto de lei no sítio https://bibliotecadigital.fgv.br/dspace/bitstream/handle/10438/12764/00319359_29.pdf?sequence=1&isAllowed=y. Acesso em 05 nov.2019.

[274] TORRES, Ricardo Lobo. *Curso de Direito Financeiro e Tributário.* 17ª edição. Rio de Janeiro: Renovar, 2010, p. 346.

381/14, de origem no Senado Federal, exposta a seguir. Sobre a gravidade do assunto, NUNES aponta que

> Atualmente, em tese, têm-se o Decreto nº 70.235, de 1972 como "lei" do processo administrativo fiscal federal e mais vinte e seis leis estaduais e uma distrital, bem como cinco mil, quinhentos e setenta leis municipais sobre processo administrativo tributário.

Ainda que o Decreto federal haja inspirado, em maior ou menor grau, uma série de legislações processuais sobre o mesmo assunto, tal realidade demonstra a necessidade premente de uma lei geral do processo administrativo tributário.

3.3.1.1. Projeto de lei complementar nº 381/14 – uma tentativa cautelosa de padronização

Encontra-se, atualmente, em tramitação na Câmara dos Deputados, projeto de lei originado do Senado Federal, cujo escopo é estabelecer normas gerais sobre o processo administrativo fiscal, no âmbito das administrações tributárias da União, dos Estados, do Distrito Federal e dos Municípios. O Projeto, de nº 381, de 2014, de autoria do Senador Vital do Rêgo, encontra-se, atualmente, na Comissão de Constituição de Justiça e Cidadania da Câmara (CCCJ)[275].

No projeto inicial do Senado, de nº 222/13[276], previam-se 6 (seis) espécies de recursos administrativos. Atualmente, na Câmara, as possibilidades se encontram reduzidas a 3 (três), sem prejuízo de que as unidades federadas venham a dispor sobre outros instrumentos processuais (art. 2º).

Cabe especial atenção ao art. 4º do projeto original, que, em seu art. 4º, estabelecia:

---

[275] Disponível no sítio:
https://www.camara.leg.br/proposicoesWeb/prop_pareceres_substitutivos_votos;jsessionid=6E82D82E78A57928FE157D61F457C789.proposicoesWebExterno2?idProposicao=611441. Acesso em 22 out.2019.

[276] Disponível no sítio:
https://legis.senado.leg.br/sdleg-getter/documento?dm=2933071&ts=1567535262749&disposition=inline. Acesso em 22 out.2019.

Art. 4º No âmbito do processo administrativo fiscal, fica vedado aos órgãos de julgamento afastar a aplicação ou deixar de observar tratado, acordo internacional, lei ou decreto, sob fundamento de inconstitucionalidade, salvo quando amparado em decisão definitiva plenária do Supremo Tribunal Federal ou em outras hipóteses previstas na legislação específica do ente tributante.

O mencionado dispositivo restara suprimido na redação substitutiva na Câmara e que prevalece atualmente. Nos pareceres apresentados, em momento algum se justificou, *in concreto*, o motivo da referida exclusão, ainda que se deva reconhecer que a redação deixara a desejar, uma vez que nada dizia respeito às decisões do STJ. Mais provável que a razão de sua exclusão – assim como a de outros dispositivos não mencionados expressamente nos pareceres – tenha sido o zelo daquela Casa para que, sob o pretexto de se editar normas gerais, a União não avançasse sobre as competências legitimamente exercidas pelos demais Entes Federados. Com efeito, a definição do que se entende por "norma geral" sempre se mostrou problemática em termos doutrinários e jurisprudenciais[277]. Além disso, o projeto substitutivo resultou bem mais econômico e conservador, com poucas incursões em matéria de homogeneização do processo administrativo tributário.

Há, igualmente, de se sopesar a pressão feita pelos Estados e pelo CONFAZ, no sentido de que todos os pontos duvidosos ou controvertidos fossem escoimados do projeto. De fato, o Parecer da Comissão de Finanças e Tributação da Câmara deixou isento de dúvidas que as propostas e críticas advindas do CONFAZ, apresentadas durante a tramitação do projeto, foram as que, ao final, prevaleceram no projeto substitutivo.[278]

---

[277] Ver, sobre o assunto, ADI nº 927 – STF, Ministro Carlos Veloso.

[278] Discorre o Parecer: "Todas essas preocupações ecoaram entre os representantes dos Estados e do DF, no CONFAZ, assim como em instituições associativas de Municípios. Dos estudos então formulados, surgiu proposta de Substitutivo, que contempla o núcleo do Projeto, escoimando-o dos pontos duvidosos já aqui relacionados, tomando por base proposta do CONFAZ." (Diário da Câmara dos Deputados do dia 30 de setembro de 2015. P. 393). No sítio: http://imagem.camara.gov.br/Imagem/d/pdf/DCD0020150930001660000.PDF#page=392. Acesso em 22 out.2019.

3. CONSELHOS E TRIBUNAIS ADMINISTRATIVOS TRIBUTÁRIOS...

Feitas tais considerações, o esboço do art. 4º do projeto original está, até o momento, substituído pelo do art. 6º do projeto atual, nos seguintes moldes:

Art. 6º Os julgamentos serão baseados na livre convicção do julgador, monocrático ou órgão colegiado, formada sobre o conjunto probatório do processo administrativo fiscal.

Verifica-se, do exposto, que as diretrizes de padronização estabelecidas pelo novo CPC, em especial o seu art. 927, dirigidas aos juízes e Tribunais, almejando uma maior padronização e segurança jurídica nas causas tributárias, continuarão a não alcançar as decisões proferidas em sede de contencioso administrativo tributário na maioria das Unidades Federadas, que seguem julgando segundo livre convicção, por ditames classicamente alinhavados ao art. 131 do antigo CPC de 1973[279], ainda que o preço a pagar seja, inexoravelmente, um eventual malogro no Poder Judiciário, frente a decisões já pacificadas no STJ e no STF.

De igual forma, o art. 6º, §3º previa um órgão colegiado formado pelas presidências dos órgãos de julgamento de todos os Conselhos e Tribunais, cujo escopo seria dirimir controvérsias de entendimento entre as Unidades Federadas acerca de questão de direito. Das decisões com quórum superior a 2/3 (dois terços) resultaria súmula vinculante para as administrações tributárias. Nesse sentido, dispunha o referido artigo:

Art. 6º [...]

§ 3º Para dirimir a controvérsia entre as administrações tributárias dos estados e do Distrito Federal, a súmula aprovada nos termos do caput, poderá ser submetida à apreciação de colegiado, especificamente formado para esta finalidade, composto pelos presidentes dos colegiados de instância superior a que se refere esta Lei Complementar de todos os estados e

---

[279] Discorre o art. 131 do Código de Processo Civil de 1973: "O juiz apreciará livremente a prova, atendendo aos fatos e circunstâncias constantes dos autos, ainda que não alegados pelas partes; mas deverá indicar, na sentença, os motivos que lhe formaram o convencimento." O Novo Código de Processo Civil, por seu turno, extraiu a palavra "livremente", constante da redação anterior. Discorre o seu art. 371: "o juiz apreciará a prova constante dos autos independentemente do sujeito que a tiver promovido, e indicará na decisão as razões da formação de seu convencimento."

do Distrito Federal, por provocação de Secretário Estadual ou Distrital de Fazenda, passando a ter efeito vinculante para as administrações tributárias de todos os estados e do Distrito Federal, a partir da sua aprovação mediante decisão de dois terços dos seus membros, nos termos de seu Regimento Interno.

Entretanto, tal dispositivo fora considerado inconstitucional pelo Parecer das comissões da Câmara por pretensamente ferir o pacto federativo, havendo, portanto, sido excluído no relatório da Comissão de Constituição e Justiça da Câmara. Não obstante a inexistência de maiores detalhes no motivo da referida exclusão, pode-se, hipoteticamente, imaginar que o motivo esteja relacionado à decisão por maioria, entre os Estados e o DF, que supostamente feriria a autonomia das Unidades da Federação que houvessem sido vencidas no pleito. De outro ponto de vista, poder-se-ia afirmar justamente o contrário, ou seja, o de que a implementação do referido dispositivo, na verdade, estaria a homenagear uma Federação cooperativa e solidária. Sobre o assunto, discorre Ferraz Jr. que

> Em termos de federalismo solidário, a Federação brasileira na CF de 1988 conhece, assim, dois mecanismos fundamentais: um voltado para o Estado como união indissolúvel (soberania), atribuído expressamente à ação da União (i); outro voltado à cooperação e à ação dos Estados-Membros mediante deliberação conjunta, esta não como sucedânea da União, mas como exercício de autonomia cooperativa (ii).[280]

Com efeito, se um órgão colegiado – formado, por exemplo, no âmbito do Conselho Nacional de Política Fazendária – fosse criado no intuito de homogeneizar as diferenças de tratamento tributário ocorridas entre os Tribunais e Conselhos das Unidades da Federação e o compartilhamento de informações e experiências, certamente tal iniciativa homenagearia a segurança jurídica e a igualdade material nas relações tributárias, com aptidão para evitar uma série de demandas jurídicas que

---

[280] FERRAZ JR, Tercio Sampaio. *Unanimidade ou maioria nas deliberações do CONFAZ* – Considerações sobre o tema a partir do princípio federativo. Revista Fórum de Direito Tributário – RFDT. Belo Horizonte, ano 10, nº 59, set/out. 2012.

3. CONSELHOS E TRIBUNAIS ADMINISTRATIVOS TRIBUTÁRIOS...

se iniciariam no Judiciário já com seu final prenunciado em decisões já pacificadas pelo STJ e STF.[281]

De todo o contexto, verifica-se que o projeto advindo do Senado restou bastante simplificado e reduzido na Câmara, resultando em apenas 11 (onze) artigos, pouco acrescentando em termos de padronização de ritos processuais e julgamentos.

3.3.2. Composição paritária e imparcialidade

Segundo a lição de TORRES, a imparcialidade deve ser um dos atributos inerentes ao que o mestre qualifica como "administração judicante". Ainda, discorre que a mesma

> Atua com as características e garantias semelhantes às dos órgãos do Poder Judiciário: imparcialidade, livre convencimento do julgador, ampla defesa do contribuinte, publicidade, recursos etc.[282]

---

[281] Em abordagem crítica acerca do quórum de unanimidade exigido nas decisões sobre benefícios fiscais no CONFAZ, em comentários ao art. 2º §2º da Lei Complementar nº 24/75, Ferraz Jr, op. cit., pondera que "Quando se pensa em convênio e unanimidade, pensa-se a Federação como um acordo ou um contrato, em que a união indissolúvel exige que seus membros estejam unidos por disposição voluntária, mas que, por uma suposta razão soberana, exclui todas as formas conflituais típicas de Estados autônomos, como a utilização diferente e unilateralmente adequada dos meios de fomento. Nesse quadro, a utilização de incentivos que instrumentalizem um imposto – ICMS – que é da autonomia de cada unidade, mas que repercute nas outras unidades, tomando-o por base e desonerando o beneficiário do respectivo ônus, acaba por assumir um caráter de abuso de autonomia (não importam as justificativas), gerando, de antemão, a possibilidade de um conflito político-institucional de conteúdo econômico que não encontra solução, salvo pela declaração a priori de nulidade e previsão de ineficácia ex tunc de todas as desonerações que não forem unânimes. Surge com isso uma função de bloqueio que se exerce antes, isto é, anteriormente a qualquer deliberação (convênio), o que praticamente inviabiliza as desonerações. Pois, afinal, a unanimidade, ao invés de estimular o concerto federado, torna-o impossível ao perverter o sentido da relação regra/exceção: torna – se regra excepcionar (vetar) o que contraria a adesão de todos; é o que acaba por fazer da deliberação conjunta uma espécie de regra sem exceção: ou é unânime ou não existe (é nula)." A análise também se faz pertinente no contexto do presente estudo.

[282] TORRES, Ricardo Lobo. Curso de Direito Financeiro e Tributário. 17ª edição. Rio de Janeiro: Renovar, 2010, p. 348.

Com exceção do Estado de Pernambuco, onde os julgadores pertencem a uma carreira específica[283], as demais Unidades da Federação pesquisadas mantêm órgãos paritários de julgamento administrativo tributário em segunda instância, em homenagem ao princípio da participação popular nas atividades de consecução dos atos emanados da Administração, corolário da ideia de Estado Democrático de Direito.

Nos itens 9.3.2, 167 e 168 do acórdão do TCU Nº 1076/2016, mencionado alhures, houve uma sinalização no sentido de ser o TATE de Pernambuco um referencial de estrutura para se tornar mais eficaz e imparcial a atividade de julgamento, de forma que se propôs ao Ministério da Fazenda a consecução de estudos que servissem de base à avaliação da conveniência e oportunidade de se manter o atual modelo de paridade na composição do CARF.[284]

O posicionamento da adoção de cargos de carreira para os conselheiros também é defendido por NUNES, no Capítulo IX de sua obra, que discorre sobre propostas básicas para um novo processo tributário. Nesse sentido, assevera o professor:

> Entendemos que a composição paritária é um modelo democraticamente aceitável, porque, em tese, viabiliza decisões mais dialéticas, contra-

---

[283] Segundo informações do sítio do TATE Pernambucano, a figura do Julgador de carreira, por concurso público, existe desde 1975. Após sucessivas alterações legislativas, em 1985 fora restaurada a coexistência entre julgadores de carreira e julgadores classistas, estes últimos em número de 3 (três). Com a Emenda Constitucional nº 19, de 16 de dezembro de 2000, a representação classista deixou de ser assegurada no Contencioso, que passou a ser integrado, exclusivamente, por concursados de carreira. A narrativa institucional transcreve a Mensagem nº 198/2000 enviada à Assembleia Legislativa pelo Governo do Estado, nos seguintes termos: *"[...] a atividade de lançamento de tributos, plenamente vinculada à lei que a disciplina e o julgamento das lides administrativas desta natureza, têm caráter estritamente técnico, não comportando juízo axiológico ou de conveniência e oportunidade, não sendo conveniente, por conseguinte, a representação de classe na apreciação desses feitos, dada a ausência de discricionariedade. Ademais, a participação de representantes classistas em órgão de julgamento vem sendo objeto de reexame em todo o País."* Disponível no sítio: https://www.sefaz.pe.gov.br/Servicos/TATE/Paginas/Institucional.aspx, acesso em 25 out.2019.

[284] Dispõe o acórdão: "9.3. Recomendar ao Ministério da Fazenda, com fulcro no art. 250, inciso III, do RI/TCU, que: [...]9.3.2. Elabore estudos que sirvam de base para avaliar a oportunidade e a conveniência de se manter o atual modelo paritário de composição do Carf, com o propósito de mitigar o risco de conflito de interesse inerente à atual estrutura;"

3. CONSELHOS E TRIBUNAIS ADMINISTRATIVOS TRIBUTÁRIOS...

pondo as tendências tanto dos contribuintes quanto da Fazenda. Na prática, entretanto, a composição paritária concentra mais problemas do que soluções práticas ao processo administrativo.[285-286]

De fato, é inegável que a independência advinda da estabilidade no cargo carrega consigo atributos caros à atividade de julgamento como a imparcialidade e a especialização quanto à matéria. Também é salutar que a proposta seja objeto de amplo debate, conforme o indicou a recomendação do TCU ao Ministério da Fazenda.

Ainda, as abordagens doutrinárias sobre a formação dos Conselhos e Tribunais se espraiam, basicamente, em três pontos de vista. O **primeiro**, defendido por NUNES[287] e ROCHA[288], é no sentido de se criar cargos de carreira específicos para a função de julgadores, nos moldes estabelecidos no Estado de Pernambuco. O **segundo**, defendido por SEIXAS FILHO[289], propõe que tais órgãos sejam formados, exclusivamente, por representantes da Fazenda Pública. Finalmente, o **terceiro**

---

[285] NUNES, Cleucio Santos. *Curso Completo de Direito Processual Tributário*. 3ª edição. São Paulo: Saraiva, 2019. P. 826. Nessa mesma linha de entendimento, confira-se: ROCHA, Sérgio André. *Processo Administrativo Fiscal:* controle administrativo do lançamento tributário. São Paulo: Almedina, 2018, p. 193.

[286] O Professor Aurélio Pitanga Seixas Filho também tece críticas à existência da composição paritária. Entretanto, defende um órgão julgador composto exclusivamente por representantes da Fazenda (cf. SEIXAS FILHO, Aurélio Pitanga. *Métodos Para Revisão do Lançamento Tributário*. In: ROCHA, Valdir de Oliveira (coord.). Grandes Questões Atuais do Direito Tributário. 13º volume. São Paulo: Dialética, 2009, p. 32-33.

[287] NUNES, Cleucio Santos. Op. cit., p. 826.

[288] ROCHA, Sérgio André. *Processo Administrativo Fiscal:* controle administrativo do lançamento tributário. São Paulo: Almedina, 2018, p. 436. O autor também entende que os agentes fiscais de carreira não detêm a necessária imparcialidade para julgar as causas fiscais. Assevera que "ao examinarem determinada situação concreta, não estão dispostos a abrirem-se às opiniões contrárias, fechando-se na cela de seus conceitos prévios". Notas de rodapé, p. 491.

[289] SEIXAS FILHO. Op. cit., p. 32-33.

ponto de vista, defendido por DE SANTI[290], MELO[291] e CARVALHO[292], é no sentido de se manter o sistema paritário, na forma como se encontra. Há, ainda, os que se posicionam contra o sistema paritário, mas não parecem abordar, especificamente, qual escolha política – no caso, a primeira ou segunda opções – seria a mais adequada. Nessa última se situa TORRES. Sobre a composição paritária, discorre o mestre que

> A representação paritária nos Conselhos de Contribuintes, a nosso ver, é arcaísmo que se precisa eliminar do direito brasileiro. Aqui penetrou por influência das ideias corporativas prevalecentes na Itália dos anos 30. A representação classista já vai desaparecendo até mesmo do Direito Trabalhista.

> A eficiência dos órgãos administrativos julgadores depende do conhecimento jurídico e técnico dos seus aplicadores, coisa que se não obtém com a paridade, salvo em raríssimos casos, como parece ser o do Tribunal de Impostos e Taxas de São Paulo. Seria necessário, portanto, que se criassem cargos para a nomeação de pessoas com sólidos conhecimentos da matéria tributária e reputação ilibada, funcionários públicos ou não. A matéria, não tendo raiz constitucional, poderia ser alterada pelos entes da Federa-

---

[290] Em artigo intitulado "Dez Sugestões Institucionais para o CARF", Eurico Diniz De Santi noticia que "Pesquisa empírica realizada pelo NEF/FGV em 2009, com suporte em entrevistas qualitativas, sugere que a excelência técnica do CARF decorre da sua especial composição paritária. Falta de informação sistematizada dificulta a comprovação da tese de fato que deve ser respondida pela própria administração pública. Reunião de julgadores com origens profissionais e formações acadêmicas distintas, que agem com independência em relação às entidades que representam (Fazenda Nacional ou contribuintes), é, possivelmente, um dos principais fatores que contribuem para o diferencial do CARF." SANTI, Eurico Marcos Diniz de; VASCONCELOS, Breno Ferreira Martins; SILVA, Daniel Souza Santiago da. *Dez Sugestões Institucionais para o CARF*. Disponível no sítio: https://www.jota.info/opiniao-e-analise/artigos/dez-sugestoes-institucionais-para-o-carf-22042015. Acesso em 19 nov.2019.

[291] MELO, José Eduardo Soares de. *Composição Paritária dos Órgãos Julgadores Administrativos*. In: Rocha, Valdir de Oliveira (coord.). *Processo Administrativo Fiscal*. Vol. 5. São Paulo: Dialética, 2000, p. 100-101.

[292] CARVALHO, Fábio Junqueira de; MURGEL, Maria Inês. *Órgão Julgador Administrativo – necessidade de o mesmo ser paritário*. In: ROCHA, Valdir de Oliveira (coord.). *Processo Administrativo Fiscal*. Vol. 5. São Paulo: Dialética, 2000.

ção que se sentissem prejudicados pelas insuficiências geradas pelo regime paritário.[293]

Em outra oportunidade, TORRES aponta que

Não há paralelo de monta na legislação estrangeira, ninguém pensa nisso, e tira-se a oportunidade de se ter um corpo de julgadores profissionalizados, um corpo de julgadores concursados, bem remunerados, mas com independência, com formação teórica – porque o Direito Tributário hoje é cada vez mais complicado, e se não se tiver formação, se não se tiver uma iniciação, não se consegue penetrar nas grandes questões que preocupam o segundo grau de solução de controvérsias na Administração Pública. Conselheiros mal preparados, que desconhecem o Direito Tributário, que desconhecem as noções de contabilidade, que não têm domínio da instrumentalidade do Direito Tributário, infelizmente não podem julgar a contento.[294]

ROCHA, em posição particular, defende, ademais, a criação de uma Agência como órgão administrativo de decisão no processo administrativo (no caso, o Federal). Entende o autor que o contribuinte deveria, de antemão, escolher entre interpor recurso administrativo ao referido órgão ou questionar judicialmente, funcionando a Agência como uma espécie de Tribunal arbitral, com decisão definitiva, o que aproxima-ria o sistema brasileiro de um verdadeiro "contencioso administrativo", porém não obrigatório.[295] Defende o professor:

[...] o ideal seria que se estabelecesse regra determinando a obrigatoriedade da discussão administrativa da legalidade do ato de exigência fiscal como requisito de admissibilidade da discussão judicial, nos moldes do que foi estabelecido no passado pela Emenda Constitucional nº 7/77.[296]

---

[293] TORRES, Ricardo Lobo. *Processo Administrativo Fiscal*: Caminhos Para o Seu Desenvolvimento. São Paulo: Revista Dialética de Direito Tributário nº 46. Julho, 1999, p. 79.

[294] TORRES, Ricardo Lobo. *O Papel dos Conselhos de Contribuintes na Redução da Litigiosidade*. Revista Internacional de Direito Tributário. v. 8. Jul-dez de 2007, p. 284-285.

[295] ROCHA, Sérgio André. *Processo Administrativo Fiscal*: controle administrativo do lançamento tributário. São Paulo: Almedina, 2018, p. 464.

[296] ROCHA, Sérgio André. Op. cit., p. 463.

Entretanto, verifica-se, das estatísticas dos Tribunais e Conselhos, apresentadas no item dois do presente capítulo, que os Conselhos e Tribunais paritários, tais como os de Minas Gerais, Bahia e São Paulo, apresentam performances em gestão superiores ao do TATE de Pernambuco. No caso de Minas Gerais, cujo PIB é cerca de 3 (três) vezes maior, a quantidade de processos em estoque, o grau de transparência das informações disponíveis ao público e o prazo médio de tramitação são bem mais aprimorados que os do Estado Pernambucano, o que, *a priori*, coloca em xeque qualquer afirmação de que a adoção de um outro sistema, a exemplo do TATE pernambucano, seria a solução dos problemas que atualmente afligem o processo administrativo tributário como um todo.

No que toca à imparcialidade das decisões advindas de um órgão composto por integrantes de carreira específica, verifica-se que o cargo de carreira instituído no Estado de Pernambuco também é jungido à Administração Tributária do Estado, em situação análoga à carreira dos Auditores fiscais, que costuma compor os demais Conselhos e Tribunais no país, de forma que, a rigor, conselheiros provenientes das funções de auditoria ou de uma carreira específica se encontram alojados, indistintamente, dentro da mesma estrutura do Poder Público. Todos estão, indistintamente, submetidos a uma conduta funcional "conforme a lei e o direito"[297]. Na lição de RIBAS,

> Os órgãos de julgamento do Fisco, além da imparcialidade material (atuação com aplicação objetiva e vinculante à lei), comum também aos órgãos de lançamento, atuam com imparcialidade orgânica (não mantêm vínculos diretos de subordinação hierárquica).

> Para agir com imparcialidade, e só assim cumprir o desiderato do controle da legalidade, os órgãos julgadores administrativos, no tocante às fun-

---

[297] Discorre a lei nº 9784/99, que regula o processo administrativo no âmbito da Administração Pública Federal: "Art. 2º A Administração Pública obedecerá, dentre outros, aos princípios da legalidade, finalidade, motivação, razoabilidade, proporcionalidade, moralidade, ampla defesa, contraditório, segurança jurídica, interesse público e eficiência. Parágrafo único. Nos processos administrativos serão observados, entre outros, os critérios de: I – atuação conforme a lei e o Direito; (...)".

3. CONSELHOS E TRIBUNAIS ADMINISTRATIVOS TRIBUTÁRIOS...

ções de julgamento, não estão integrados na hierarquia administrativa. Não seguem, portanto, orientações, nem ordens.[298]

Sob essa mesma tônica, Paulo César Conrado defende que a noção de imparcialidade se liga mais propriamente à atividade jurisdicional, não à posição dentro da estrutura do Poder Público em que se encontra alojado o julgador. Assevera o autor o caráter subjetivo da imparcialidade, observando que a mesma

> [...] é inerente à atividade jurisdicional, não é auferida em função da instituição a que pertence o julgador. Não é porque o julgador pertence ao Poder Judiciário que haverá imparcialidade. O julgador não pertence ao Poder Judiciário, o julgador pertence à Administração Pública; logo, não há imparcialidade.[299]

Também há que se diferenciar – como de fato o faz toda a legislação existente sobre o processo administrativo tributário – as atividades de lançamento das atividades julgamento, que constituem funções totalmente estanques na atividade administrativa. Ao tratar do processo administrativo tributário Federal, XAVIER expõe que

> No processo administrativo federal procedeu-se a uma rigorosa separação de funções dos órgãos de lançamento – os Auditores Fiscais da Receita Federal – dos órgãos de julgamento, a quem cabe apreciar o processo.[300]

Há, nas palavras do autor, uma imparcialidade orgânica (desinteresse ou *terzietà*), verificada de plano pela mera diferenciação de funções na administração[301].

Ademais, de acordo com o art. 116, III da Lei nº 8112/90, que dispõe sobre o regime jurídico dos servidores públicos civis da União, é dever

---

[298] RIBAS, Lidia Maria Lopes Rodrigues. *Processo Administrativo Tributário*. 3ª edição. São Paulo: Malheiros, 2008, p. 148.

[299] CONRADO, Paulo César, in *"Oficina: Processo Administrativo"*, RD Tributário, 98/142 (Anais do XX Congresso Brasileiro de Direito Tributário) *apud* RIBAS, Lidia Maria Lopes Rodrigues. *Processo Administrativo Tributário*. 3ª edição. São Paulo: Malheiros, 2008, p. 149.

[300] XAVIER, Alberto. Princípios do Processo Administrativo e Judicial Tributário. Rio de Janeiro: Forense, 2005, p. 38.

[301] XAVIER, Alberto. Op. cit., p. 45.

do Servidor Público "observar as normas legais e regulamentares", de forma que a sua atuação parcial já corresponderia, em si, transgressão ao dispositivo sob comento. Na lição de BARBOSA, tal situação corresponderia a uma antinomia, uma vez que a imparcialidade já é um dever intrínseco à atividade do Servidor Público. Dito isso, entende haver, inclusive, contradição terminológica na expressão "representante da fazenda pública", que deveria ser reservada, exclusivamente, ao Procurador do Estado ou Auditor-Fiscal que promove a defesa do lançamento no Tribunal.[302]

XAVIER também tece estrita diferenciação entre "órgãos de justiça", "órgãos judicantes" e "órgãos jurisdicionais", no sentido de que os primeiros, de abrangência mais genérica, seriam todos os órgãos que têm por função a aplicação objetiva e vinculada da lei, de forma imparcial, visando à realização do interesse público da justiça e não o interesse meramente formal do Estado. Nesse sentido, qualquer autoridade administrativa – inclusive a que promove o lançamento fiscal –, ao aplicar a lei, seria um "órgão de justiça".[303] "Órgão judicante", por seu turno, é de abrangência mais restrita, compreendendo aqueles que, dotados de imparcialidade material, detêm especialização funcional para reapreciar os atos de outros agentes, ainda que integrados na mesma estrutura hierárquica. Nessas espécies se enquadram os Tribunais e Conselhos de Contribuintes. Por fim, a expressão "órgão jurisdicional" é reservada àqueles dotados de independência orgânica e integrados ao Poder Judiciário. O autor arremata, concluindo que não se deve negar o caráter jurídico dessas relações intraorgânicas, advindas da atividade de julgamento administrativo.[304]

Quanto à participação popular no controle do ato administrativo, a questão se faz mais sensível. DI PIETRO sintetiza uma série de concre-

---

[302] DE OLIVEIRA, Francisco Marconi; GOMES, Lívio; VALADÃO, Marcos Aurélio Pereira (coordenadores). *Estudos Tributários do II Seminário CARF*: Aspectos Relevantes do Processo Administrativo Fiscal. Demora na Solução dos Litígios Administrativos – Reflexões Sobre a Estrutura Atual do Contencioso Administrativo Fiscal Federal. BARBOSA, Ricardo Antonio Carvalho. Brasília: CNI, 2017, p. 78. Disponível no sítio http://idg.carf.fazenda.gov.br/noticias/2017/confira-publicacao-do-livro-estudos-tributarios-do-ii-seminario-carf-2016. Acesso em 01 nov.2019.

[303] XAVIER, Alberto. Op. cit., p. 50.

[304] XAVIER, Alberto. Op. cit., p. 50.

3. CONSELHOS E TRIBUNAIS ADMINISTRATIVOS TRIBUTÁRIOS...

tizações constitucionais do art. 1º da Constituição Federal[305], pela participação dos diversos setores representativos da sociedade civil na gestão pública, em homenagem ao princípio da participação popular, nos seguintes moldes:

> Na ideia de participação inserem-se, por exemplo:
>
> 1. participação dos trabalhadores e empregadores nos colegiados dos órgãos públicos em que seus interesses profissionais ou previdenciários sejam objeto de discussão e deliberação (art. 10);
>
> 2. participação do produtor e trabalhador rural no planejamento e execução da política agrícola e art. 187);
>
> 3. participação da sociedade e dos Poderes Públicos nas iniciativas referentes à seguridade social (art. 194);
>
> 4. caráter democrático e descentralizado da gestão administrativa, com participação da comunidade, em especial de trabalhadores, empresários e aposentados na seguridade social (art. 194, VII), reafirmado com relação à saúde (art. 198, III) e à assistência social (art. 204, II);
>
> 5. gestão democrática do ensino público (art. 206, VI);
>
> 6. colaboração da comunidade na proteção do patrimônio cultural (art. 216, § 1º).[306]

A autora também noticia uma série de normas infraconstitucionais elaboradas no intuito de garantir a efetividade de tal princípio. No caso da participação dos contribuintes no processo administrativo tributário, suas reminiscências se situam nas décadas de 20 e de 30, com a criação do Conselho de Contribuintes pelo Decreto nº 20.350/31[307], estrutura que, em maior ou menor grau, fora mantida até o momento.

Do exposto, sendo opção da administração que se mantenha o atual modelo paritário, é imprescindível que se aprimore a participação do

---

[305] Art. 1º [...] Parágrafo único. Todo o poder emana do povo, que o exerce por meio de representantes eleitos ou diretamente, nos termos desta Constituição.

[306] DI PIETRO, Maria Sylvia. *Direito Administrativo*. 27ª edição. São Paulo: Atlas, 2014, p. 709.

[307] Dispunha o art. 1º: Art. 1º É criado, nesta Capital, o Conselho de Contribuintes, constituído, em partes iguais, de funcionários da Fazenda e de contribuintes. § 1º O Conselho se comporá de 12 membros que a Governo Federal nomeará dentre os funcionários da Fazenda de maior idoneidade moral e profissional e os contribuintes para tal fim indicados pelas principais associações de classe.

cidadão na atividade de controle de legalidade do lançamento tributário, mediante a utilização de mecanismos que alijem dos processos de
escolha quaisquer critérios subjetivos antidemocráticos, facilitadores de
seleções meramente políticas, utilitaristas ou de cooptação de julgadores, de forma que a transparência e a meritocracia venham a prevalecer
e assegurar a qualidade técnica dos conselheiros. *Pari passu*, há que se
primar por uma legislação que persiga a manutenção da imparcialidade
– um dos princípios regentes da administração, descrito no art. 37 da
Constituição Federal – e da qualidade técnica dos conselheiros.

Há que se reconhecer que, do ponto de vista ideológico, as Federações dos contribuintes podem tender a servir a uma ideologia liberal
clássica, rousseaniana, típica de uma política de ódio ao tributo,[308] fator
que, inevitavelmente, influenciaria nas indicações de seus representantes.[309]

De outro lado, a adoção de julgadores de carreira poderia aumentar o
grau de distanciamento entre contribuinte e Estado e o nível de institucionalização e estagnação do órgão, retirando dos Conselhos a participação popular que lhe confere a heterogeneidade típica da atual sociedade
pluralista. Os Conselhos e Tribunais, estruturalmente próximos do Fisco
e dos contribuintes, ainda que venham a manter o mesmo nível e conhecimento técnico com uma eventual migração para estrutura de carreira,
perderiam em representação social e pluralidade de ideias.

Paralelamente a tais pontos de vista quanto à estrutura dos Tribunais e Conselhos– o de estrita paridade e o de cargos de carreira –
Koch obtempera ser a formação paritária facultativa, uma vez que nada
impede que se tenha um órgão formado exclusivamente por compo-
nentes da Fazenda Pública, desde que os tais assumam a imparcialidade
requisitada aos julgadores e que a Administração conceda ao Tribunal a

---

[308] Torres, Ricardo Lobo. *Legalidade Tributária e Riscos Sociais*. In: Revista de Direito Proc.
Geral. (n. 53). Rio de Janeiro. 2000, p. 178.

[309] Um levantamento realizado no CARF entre 01/01/2004 e 01/05/2013, entabulado pela
Associação Brasileira de Jurimetria, apontou que a margem de divergência entre conselheiros da Fazenda e dos Contribuintes seria mínima. De acordo com o levantamento
na 1ª seção de julgamento, de 877 julgamentos, 733 (83,5%) foram por unanimidade de
votos. Na 2ª seção, de 364 julgamentos, 316 (86,8%) foram por unanimidade de votos. Na 3ª
seção, a proporção fora de 83,5%. Disponível no sítio: https://abj.org.br/wp-content/uplo-
ads/2018/01/cni_carf_book.pdf. Acesso em 31 out.2019.

3. CONSELHOS E TRIBUNAIS ADMINISTRATIVOS TRIBUTÁRIOS...

necessária autonomia para exercer a atividade de julgamento.[310] Ainda, acrescenta o autor, quanto aos representantes da Fazenda Pública, que

> O julgador que pretende beneficiar o Estado mantendo um lançamento improcedente está equivocado na sua avaliação, pois o contribuinte recorrerá ao Poder Judiciário e derrotará o Estado na pretensão de cobrar o crédito, condenando-o ao pagamento da sucumbência [...] O julgador, tolerante demais com as imperfeições nas ações fiscais, assumindo uma posição fiscalista, defendendo lançamentos desprovidos de méritos, pode prestar um desserviço à Administração Pública, não permitindo que o sistema se aprimore.

De outra monta, quanto aos representantes dos contribuintes, discorre que

> [...] o julgador representante dos segmentos dos contribuintes, ao julgar de forma tendenciosa, favorável ao sujeito passivo notificado, estará contribuindo para a falência do sistema, dando razões para o surgimento de opiniões favoráveis à composição da câmara de julgamento exclusivamente por funcionários da Fazenda Pública.

Nessa mesma linha, ROCHA discorre sobre a inexistência de qualquer previsão constitucional que obrigue a presença de representantes dos contribuintes em tais órgãos de decisão, constituindo mais uma opção política do que propriamente uma imposição à Administração.[311] Entretanto, o autor defende a criação de cargos de carreira específicos.

Uma vez mantida a opção que atualmente prevalece nos Conselhos e Tribunais administrativos, mostra-se, portanto, imprescindível se estabelecer requisitos mínimos de seleção, competência, formação e independência funcional dos julgadores para que se possa estabelecer um julgamento imparcial e um adequado controle de legalidade do ato administrativo do lançamento.

De todo o exposto, não havendo, de todo, soluções morfologicamente completas, deve-se buscar, dentre o rol de alternativas disponí-

---

[310] KOCH, Deonísio. *Processo Administrativo Tributário e Lançamento*. 2ª edição. São Paulo: Malheiros, 2012, p. 168.

[311] ROCHA, Sérgio André. *Processo Administrativo Fiscal*: controle administrativo do lançamento tributário. São Paulo: Almedina, 2018, p. 434.

veis a que melhor se adequa ao sistema democrático vigente, no qual se pressupõe a coexistência de opiniões contrapostas, fruto de valores culturais e ideológicos diferentes, mas que devem coexistir em um mesmo ambiente de tensões, a partir do qual se deve extrair a solução para os conflitos em matéria tributária. Assumindo a lição de ROCHA, é preciso "lutar por um processo administrativo fiscal possível, o qual certamente não equivale ao processo administrativo fiscal ideal".[312]

3.3.3. O conflito de interesses advindo das reconduções
Nas Unidades da Federação onde se verifica a possibilidade de recondução, a mesma somente se faz possível mediante assentimento da respectiva Federação dos contribuintes ou do órgão Fazendário, o que torna a imparcialidade do conselheiro mais vulnerável a eventuais cooptações de reciprocidade. Tal advertência fora devidamente tratada no Acórdão nº 1076/16-TCU, nos seguintes moldes:

144. Quanto à vinculação, decorrente do processo de seleção, verifica-se no artigo 28 do Anexo II do Regimento Interno do Carf (Portaria MF 343, de 9 de junho de 2015) que os conselheiros representantes dos contribuintes são indicados pelas confederações e centrais sindicais, já os representantes da Fazenda Nacional são sempre servidores da RFB. O artigo 33 do Regimento Interno, por sua vez, dispõe sobre as reconduções, sendo que para sua ocorrência, é necessário que o representante público ou privado se manifeste previamente, optando ou não pela recondução, para posterior avaliação do Carf, o que fortalece o vínculo do representante com sua origem ao invés de fortalecer seu vínculo com o Carf.

145. Considerando que, para o ingresso e a recondução no cargo, há necessidade da indicação e aprovação da entidade de origem, existe uma inclinação para julgar conforme sua procedência para manter-se no mandato e garantir a recondução, além do fato de que o vínculo com o Carf se limita ao período do mandato.

Com efeito, a experiência tem mostrado que a possibilidade de recondução dá azo à afetação da imparcialidade do julgador, fortale-

---

[312] ROCHA, Sérgio André. Op. cit., p. 131.

cendo seus vínculos com seu órgão de origem, em prejuízo de seu vínculo com o Conselho ou Tribunal.

Vigora para o Poder Executivo Federal a Lei nº 12.813/13, que dispõe sobre o conflito de interesses no exercício de função pública. Discorre o art. 3º.[313]

> Art. 3º Para os fins desta Lei, considera-se:
>
> I – conflito de interesses: a situação gerada pelo confronto entre interesses públicos e privados, que possa comprometer o interesse coletivo ou influenciar, de maneira imprópria, o desempenho da função pública;[314]
>
> [...]

Dos dez Conselhos e Tribunais pesquisados, São Paulo, Rio de Janeiro, Minas Gerais, Paraná e Santa Catarina possuem a possibilidade de recondução por mais de um mandato. Por seu turno, Goiás, Distrito Federal, Bahia e Rio Grande do Sul limitam a possibilidade de recondução, em regra, a mais um mandato. No caso do CARF, o tempo total de exercício do mandato, somadas as reconduções não pode exceder a 6 (seis) anos. Caso o conselheiro exerça a presidência ou vice-presidência de Câmara ou Turma, o tempo é de 8 (oito) anos (art. 40 §2º da Portaria MF nº 343/15).

Entretanto, pela análise do TCU, parece mais adequado, em benefício da independência e imparcialidade dos julgadores, que tais possibilidades sejam retiradas das referidas legislações.

3.3.4. Adoção de critérios objetivos de aferição da qualidade técnica dos julgadores

As cláusulas gerais, na visão de NEUMANN, são "normas morais externas às normas jurídicas que prevalecem na comunidade"[315]. Possuem, dessa forma, potencial para desvirtuar o direito na medida em que o vinculam a uma livre vontade do administrador. O jurista alemão, dada a sua profunda

---

[313] No Estado de Goiás, o conflito de interesses é disciplinado pela Lei nº 18846/15, cuja definição, em seu art. 2º, I, é idêntica à da lei Federal.

[314] Disponível no sítio: http://www.planalto.gov.br/ccivil_03/_ato2011-2014/2013/lei/l12813.htm, acesso em 29 out.2019.

[315] NEUMANN, Franz. *O Império do Direito*: Teoria política e sistema jurídico na sociedade moderna. São Paulo: Quartier Latin, 2013, p. 481.

experiência com o nazismo, também adverte que o regime se estabeleceu por meio da infusão, no ordenamento jurídico alemão, de uma série de cláusulas gerais, "desformalizando" o direito vigente, ainda que reconheça que as necessidades da sociedade demandem a existência legítima de tais cláusulas.[316]

Quanto à aferição da qualidade técnica dos conselheiros, verifica-se que algumas legislações sobre processo administrativo tributário dão ampla margem de discricionariedade nas escolhas, com limitações abertas e imprecisas – tornando-as, não raro, escolhas políticas ou clientelistas –, uma vez que se valem de conceitos jurídicos indeterminados, que podem ser interpretados em qualquer direção, para qualificar a experiência requerida dos julgadores. As expressões utilizadas são geralmente vagas, tais como a exigência de "reputação ilibada e reconhecida especialização em matéria tributária" (SP), ou de "conhecimento da Legislação Tributária" (RJ), ou "notórios conhecimentos jurídicos e fiscais" ou, ainda, apenas requisitos formais como "bacharelado em ciências jurídicas e sociais" (PR).

É inevitável que tais imprecisões e omissões (e aqui, reporta-se novamente à definição de HOBBES, de *estado de natureza*[317] advinda da lacuna de normas gerais disciplinadoras do processo administrativo tributário) terminem por repercutir na forma como são julgados os lançamentos fiscais em alguns Conselhos e Tribunais, não raro com sessões ordinárias emperradas com votações que ora cancelam ou anulam créditos tributários em fundamentações que não primam por qualquer técnica jurídica, ora amparadas por razões mais empíricas ou ideológicas que propriamente jurídicas. Em outras situações, cancelam-se lançamentos com fundamento em teses minoritárias ou isoladas, não confirmadas nos Tribunais. Em quaisquer desses casos, depender-se-á da reforma do acórdão, a ser feita no Conselho Superior do órgão, com voto de desempate do Presidente (geralmente, um representante da Fazenda Pública). Há que se reconhecer que o maior prejuízo advindo das arguições de nuli-

---

[316] NEUMANN, Franz. Op. cit. Prefácio de José Rodrigo Rodriguez, p. 23.

[317] Em sua obra, HOBBES entende que os homens, sem governo algum, podem todas as coisas, por todos os meios possíveis. Entretanto, o homem, mau por essência, não extrairá desse ambiente de estado de natureza quaisquer resultados bons (HOBBES, Thomas. *Leviatã*: Matéria, forma e Poder de Um Estado Eclesiástico e Civil. Domínio público).

3. CONSELHOS E TRIBUNAIS ADMINISTRATIVOS TRIBUTÁRIOS...

dades inúteis que protelam a dicção do direito e que emperram o andamento dos processos termina por ser imposto à sociedade, destinatária e beneficiária última da atividade financeira do Estado, que tem como uma de suas ferramentas mediatas a atividade de fiscalizar e arrecadar tributos, desenvolvida pelo Fisco. Tal conduta implica franco atentado ao princípio constitucional da duração razoável do processo administrativo (art. 5º, LXXVIII da CF/88).

Tais distorções podem ser corrigidas a começar por indicações de nomes, pelas Entidades dos contribuintes, norteadas por critérios mais objetivos de qualificação, que eliminem qualquer relação de servilismo e dominação entre os que são indicados e os que indicam.

Ao discorrer sobre as diversas formas de dominação, WEBER tece um perfil da espécie qualificada como "dominação tradicional", na qual o dominador não se enquadra, hierarquicamente, como um "superior", mais se aproximando de um "senhor". Assevera, em sua obra,

> O dominador não é um "superior" mas *senhor* pessoal; seu quadro administrativo não se compõe primariamente de "funcionários" mas de "servidores" pessoais, e os dominados não são "membros" da associação, mas 1) "companheiros tradicionais" ou 2) "súditos". Não são os deveres objetivos do cargo que determinam as relações entre o quadro administrativo e o senhor: decisiva é a fidelidade pessoal de servidor.
>
> Não se obedece a estatutos mas à pessoa indicada pela tradição ou pelo senhor tradicionalmente determinado.[318]

O poder político de nomear pessoas a cargos e funções públicas (no presente caso, o de indicação e de nomeação de conselheiros) não pode ser firmado em vínculos de solidariedade ou fidelidade entre Associações e associados, não podendo tal *múnus* público se degenerar em propriedade privada dos entes envolvidos no processo de indicação/nomeação, no caso, Federações ou Governo. Com efeito, ao discorrer sobre os danos do patrimonialismo no sistema democrático, MODESTO assevera:

> Não há impessoalidade (exercício do poder *sine ira et studio*, sem ódio e paixão, elementos essenciais para o conceito objetivo de dever impessoal).

---

[318] WEBER, Max. *Economia e Sociedade* – Fundamentos da sociologia compreensiva. Tradução: Regis Barbosa e Karen Elsabe Barbosa. Vol. 1. Brasília, DF: UNB editora, 2004, p. 148.

O poder é exercido como propriedade pessoal do governante, extensão do seu domínio privado, sem realizar-se a distinção entre esfera pública e a esfera privada. Os cargos são vendidos ou concedidos como prebendas ou sinecuras, sendo utilizados para cooptação e favorecimento. O poder é concebido como um bem privado e apropriado por seus exercentes, sempre atentos à proteção de seus dependentes ou afilhados. O governante é o *pater famílias* supremo.[319]

Portanto, a aferição mais adequada dos candidatos a uma vaga de julgador administrativo somente se faria possível mediante um processo seletivo interno, no âmbito dos respectivos Conselhos e Tribunais, procedimento de caráter objetivo, que deve preceder ao encaminhamento dos nomes dos indicados para respectiva escolha ou nomeação pelos Governadores ou Ministro da Fazenda (no caso do CARF).

Da análise realizada no item 2 do presente trabalho, chama a atenção, de forma positiva, o critério utilizado pelo Conselho de Contribuintes de Minas Gerais, o qual previamente ao envio dos nomes ao Governador, promove uma avaliação prévia de conhecimentos e experiência em matéria fiscal-tributária, realizada pelo próprio Conselho, sob coordenação do Secretário da Fazenda, com análise curricular, simulação de julgamento, entrevista e outros testes inerentes à função (art. 177 do Regimento Interno), de forma que o órgão encaminha à escolha do Governador uma lista sêxtupla de candidatos dos contribuintes que preencham um padrão mínimo de reputação, tecnicidade e competência exigidos para o cargo.

O CARF, por seu turno, possui em sua composição um comitê de acompanhamento, avaliação e seleção de conselheiros, cujas funções vêm descritas no art. 1º do Anexo III da Portaria MF nº 343/15 – Regimento Interno. Dentre elas, destaca-se a de

> [...] definir as diretrizes do processo de seleção e selecionar conselheiro, dentre os nomes constantes de lista tríplice encaminhada pela Secretaria da Receita Federal do Brasil (RFB), pelas Confederações representativas de

---

[319] MARQUES NETO, Floriano de Azevedo; ALMEIDA, Fernando Menezes de; NOHARA, Irene Patrícia; MARRARA, Thiago (organizadores). *Direito e Administração Pública* – MODESTO, Paulo: Nepotismo em Cargos Político-administrativos. São Paulo: Atlas, 2013, p. 264.

3. CONSELHOS E TRIBUNAIS ADMINISTRATIVOS TRIBUTÁRIOS...

categorias econômicas de nível nacional e Centrais Sindicais para exercer mandato no CARF;

Os artigos do Anexo III do Regimento interno almejam, mediante uma seleção heterogênea dos membros do comitê e o estabelecimento de diretrizes claras para a avaliação dos conselheiros, tornar o processo de seleção dotado de maior objetividade possível. Após a avaliação, os candidatos pré-selecionados comporão lista tríplice, a ser submetida à avaliação e à deliberação do Ministro de Estado da Fazenda.[320]

Dada a necessidade de prevalência do interesse público sobre o particular, as funções no serviço público não podem prescindir de uma qualificação técnica mínima para seu exercício, ainda que, eventualmente, a conveniência e a oportunidade sejam elementos que lhe sejam inerentes, como de fato sói acontecer no âmbito dos Estados e do Distrito Federal, onde, linhas gerais, uma lista (tríplice, quíntupla ou sêxtupla) é encaminhada ao Governador, para livre nomeação. O ideal, portanto, em homenagem ao caráter impessoal com que se deve revestir as decisões da administração – nesse particular, quanto à lisura no processo de escolha de conselheiros – seria que se inserisse na Lei Geral do Processo Administrativo Tributário requisitos objetivos mínimos de qualificação para o preenchimento das vagas de conselheiros nos Conselhos e Tribunais administrativos, com a prévia participação crítica dos órgãos julgadores quanto à lista a ser enviada ao Governador.

Há, igualmente, que se dar transparência ao referido processo seletivo, mediante a ampla divulgação, por edital, das vagas disponíveis, da mencionada lista a ser encaminhada para escolha governamental e, ao

---

[320] Segundo informações do Sítio, "O Comitê de Acompanhamento, Avaliação e Seleção de Conselheiros – CSC tem por missão contribuir para o aperfeiçoamento da atividade judicante do Conselho Administrativo de Recursos Fiscais – CARF, mediante criteriosa seleção dos candidatos indicados pelas entidades integrantes do CARF, bem assim, por meio do acompanhamento e da avaliação qualitativa e quantitativa de seu desempenho institucional." Até a presente data, o comitê é formado pelo Presidente do CARF, dois Auditores-fiscais representantes da Secretaria da Receita Federal, dois Procuradores da Fazenda Nacional, representantes da Procuradoria Geral, um juiz federal, representante das Confederações representativas das Categorias Econômicas de Nível Nacional, com um suplente, dois juízes federais representantes da sociedade civil e dois representantes da OAB. Disponível no sítio: http://idg.carf.fazenda.gov.br/acesso-a-informacao/institucional/comite-de--acompanhamento-avaliacao-e-selecao-de-conselheiros-csc. Acesso em 01 nov.2019.

final do processo, dos nomes e currículos dos escolhidos para a vaga. Essa também é a posição de SANTI, VASCONCELOS e SILVA, no sentido de se dar a devida publicidade

> A democracia é fundamental no CARF. O problema não é o órgão mas a falta de transparência do CARF. Para que haja segurança jurídica, não basta conhecermos o que diz a lei abstrata, temos o direito de conhecer (*"Right to Know"* é a expressão utilizada por JOSEPH STIGLITZ) o conteúdo de decisões concretas.[321]

Dentre outras medidas – e em sintonia com as orientações do TCU – os autores também sugerem a transmissão e a gravação das sessões de julgamento. Também é exigido que os conselheiros fundamentem detalhadamente seus votos, em especial, quando divergirem do relator.

Nesse ponto, relevantes as recomendações feitas pelo TCU ao CARF, no campo B.1.2, itens 173 e 174, ao criticar a ausência de transparência daquele órgão ao não conferir ao cidadão acesso pleno às listas tríplices e aos currículos mínimos dos candidatos e dos aprovados no processo seletivo:

> 173. Além de um mero cumprimento de norma, a publicação da lista tríplice e dos currículos dos candidatos e, consequentemente, dos selecionados ao cargo de Conselheiro é instrumento de fomento ao controle social, portanto, direito do cidadão. Nesse sentido, o cidadão passa a ser um parceiro no processo de seleção, mesmo que a competência de avaliar e eliminar candidatos ao cargo de Conselheiro seja do Comitê de Acompanhamento, Avaliação e Seleção de Conselheiros (CSC).

> 174. Cabe ressaltar que o disposto no regimento interno do Carf vai ao encontro dos dispositivos da Lei 12.527, de 16 de maio de 2012, Lei de Acesso a Informação (LAI), a qual contém comandos que fazem referência à obrigatoriedade de órgãos e entidades públicas, por iniciativa própria,

---

[321] SANTI, Eurico Marcos Diniz de; VASCONCELOS, Breno Ferreira Martins; SILVA, Daniel Souza Santiago da. *Dez Sugestões Institucionais para o CARF*. Disponível no sítio: https://www.jota.info/opiniao-e-analise/artigos/dez-sugestoes-institucionais-para-o-carf-22042015. Acesso em 19 nov.2019.

3. CONSELHOS E TRIBUNAIS ADMINISTRATIVOS TRIBUTÁRIOS...

divulgarem informações de interesse geral ou coletivo. Tal obrigatoriedade é conhecida atualmente como Princípio da Transparência Ativa.[322]

Ao final do Acórdão, a determinação do TCU ao CARF fora no sentido de que se

> 9.2.7 divulgue as listas tríplices elaboradas pela Receita Federal do Brasil e pelas Entidades e os respectivos currículos mínimos dos candidatos e dos aprovados no processo de seleção de conselheiros no sítio do Carf, com o propósito de atender ao disposto em seu Regimento Interno, Portaria MF 343/2015, e promover a transparência ativa prevista na Lei de Acesso à Informação, Lei 12.527/2012;

Com efeito, o controle social por meio do acesso à informação, direito e garantia fundamental do cidadão, insculpido no inciso XXXIII do art. 5º[323] e no inciso II do parágrafo 3º do art. 37,[324] ambos da Constituição Federal, representa um poderoso instrumento de combate contra os atos administrativos desprestigiadores dos princípios impostos ao administrador, em especial os de provimento de funções para acomodar apadrinhados, nepotismos e favoritismos sob todas as suas formas.

Sob tais fundamentos, conclui-se que ainda vigora no Brasil uma visão provincial de apropriação patrimonialista das funções públicas, em prejuízo dos princípios da supremacia do interesse público, da moralidade, da eficiência e de outros princípios de valorização constitucional. O vácuo legislativo quanto à adoção de critérios mais rígidos e objetivos para a nomeação de conselheiros favorece, em maior ou menor grau, a eventual infusão, em alguns Conselhos e Tribunais, de quadros técnicos

---

[322] Acórdão nº 1076/2016 – Pleno – TCU. Relatório de Auditoria. Relator: Raimundo Carneiro. Data da sessão: 04/05/16. Disponível no sítio: www.tcu.gov.br. Acesso em 29 out.2019.

[323] Art. 5º [...] XXXIII – todos têm direito a receber dos órgãos públicos informações de seu interesse particular, ou de interesse coletivo ou geral, que serão prestadas no prazo da lei, sob pena de responsabilidade, ressalvadas aquelas cujo sigilo seja imprescindível à segurança da sociedade e do Estado.

[324] Art. 37 [...] § 3º A lei disciplinará as formas de participação do usuário na administração pública direta e indireta, regulando especialmente: [...] II – o acesso dos usuários a registros administrativos e a informações sobre atos de governo, observado o disposto no art. 5º, X e XXXIII.

advindos de escolhas clientelistas e de conveniência utilitarista ou militante do trabalho desempenhado nos Conselhos, tudo isso em franco prejuízo ao interesse público.

3.3.5. Responsabilização administrativa dos conselheiros representantes dos contribuintes

A função exercida pelos conselheiros classistas constitui um *munus* público, uma prestação de serviço relevante à Potestade Pública de forma imediata e, mediatamente, à sociedade como um todo.

Em sentido amplo, na definição tradicionalmente aceita, os conselheiros dos contribuintes são considerados agentes públicos, uma vez que exercem "uma função pública como prepostos do Estado"[325]. A definição também é legal, encontrada no art. 2º da Lei nº 8.429/92, que trata das sanções aplicáveis aos agentes públicos nos casos de enriquecimento ilícito no exercício de mandato, cargo, emprego ou função na administração pública direta, indireta ou fundacional, nos seguintes termos:

> Art. 2º Reputa-se agente público, para os efeitos desta lei, todo aquele que exerce, ainda que transitoriamente ou sem remuneração, por eleição, nomeação, designação, contratação ou qualquer outra forma de investidura ou vínculo, mandato, cargo, emprego ou função nas entidades mencionadas no artigo anterior.

Tais conselheiros recebem, normalmente, uma gratificação (denominada, em alguns casos, Jeton), conforme sua participação em sessões de julgamento, e que constitui verba pública. Há, entretanto, distinção entre o regime jurídico aplicável aos conselheiros fiscais e o aplicável aos conselheiros das representações classistas, de forma que os primeiros são servidores públicos de carreira, pertencentes à classe de Auditor-fiscal ou de Procurador do Estado. Na concepção de CARVALHO FILHO, servidores públicos

> [...] são todos os agentes que, exercendo com caráter de permanência uma função pública em decorrência de relação de trabalho, integram o quadro

---

[325] CARVALHO FILHO, José dos Santos. *Manual de Direito Administrativo*. 27ª edição. São Paulo: Atlas, 2014, p. 593.

3. CONSELHOS E TRIBUNAIS ADMINISTRATIVOS TRIBUTÁRIOS...

funcional das pessoas federativas, das autarquias e das fundações públicas de natureza autárquica.[326]

Tal condição de "permanência" exclui, de plano, a possibilidade de se incluir os conselheiros classistas em tal categoria. Também não constituem cargo em comissão, uma vez que os tais são de "livre nomeação e exoneração" (art. 37, II da Constituição Federal), incompatível com um mandato.

Na verdade, a função por eles desempenhada melhor se enquadra na função *honoris causa*[327], na qual prestam serviços de relevante valor, geralmente não remunerados, devendo tais conselheiros manter outras fontes de renda para seus orçamentos particulares. A par disso, tais conselheiros costumam ser ressarcidos com diárias, jetons ou verbas de representação, de natureza indenizatória e circunstancial, geralmente mensurados por comparecimento às sessões de julgamento, para atendimento de despesas. Tal verba não configuraria, propriamente, salário ou subsídio[328]. Na lição de MEIRELLES, tais agentes honoríficos

> São cidadãos convocados, designados ou nomeados para prestar, transitoriamente, determinados serviços ao Estado, em razão de sua condição cívica, de sua honorabilidade ou de sua notória capacidade profissional, mas sem qualquer vínculo empregatício ou estatutário e, normalmente, sem remuneração. Tais serviços constituem o chamado *múnus público*, ou *serviços públicos relevantes*, de que são exemplos a função de *jurado*, de *mesário eleitoral*,

---

[326] CARVALHO FILHO, José dos Santos. Op. cit., p. 598.

[327] Classificação também compartilhada pelo Professor Cleucio Santos Nunes, muito embora ressalte que tal função não seja condizente com o nível de conhecimentos técnicos exigidos dos conselheiros. Op. cit., p. 826.

[328] Recentemente, a Senadora Soraya Thronicke propôs emenda parlamentar à medida provisória nº 893/19, no escopo de se equiparar salários entre os representantes do Fisco e dos Contribuintes no CARF, de forma que esses últimos recebam, de fato, remuneração. A medida também previa uma série de outros direitos, tais como licença-maternidade, férias remuneradas, dentre outras possibilidades de afastamento, sem perda de remuneração. Um dos argumentos justificadores da emenda seria que a ausência de tais equiparações tem tornado a função de conselheiro dos contribuintes pouco atrativa e suscetível a muitas renúncias. Entretanto, a comissão mista do Senado rejeitou a referida emenda, ao argumento de que a matéria é estranha à Medida Provisória original. Disponível no sítio: https://legis.senado.leg.br/sdleg-getter/documento?dm=7997146&disposition=inline. Acesso em 05 nov.2019.

de *comissário de menores*, de *presidente* ou *membro de comissão de estudo ou de julgamento* e outros dessa natureza.

[...] tal serviço não gera vínculo empregatício, nem obrigações de natureza trabalhista, previdenciária ou afim entre prestador e tomador. A lei permite o ressarcimento das despesas comprovadamente realizadas pelo prestador, desde que estejam autorizadas pela entidade a que for prestado o serviço voluntário. Somente para fins penais é que esses agentes são equiparados a funcionários públicos quanto aos crimes relacionados com o exercício da função, nos expressos termos do art. 327 do CP.[329]

Disso decorre que os conselheiros da Fazenda Pública, enquanto servidores de carreira, são submetidos às respectivas corregedorias do órgão e ao processo disciplinar (do próprio Tribunal, das Secretarias de Fazenda ou do Ministério da Fazenda), ao passo que aos conselheiros dos contribuintes, por não serem servidores públicos, eventualmente não há previsão normativa específica.

Uma das orientações apontadas pelo TCU, no acórdão nº 1.076/16 fora justamente acerca da necessidade de submissão à correição administrativa dos conselheiros classistas, da mesma forma como ocorre com os representantes da Fazenda Nacional. Asseverou o aresto, em seu item nº 165:

A responsabilização administrativa dos conselheiros representantes dos contribuintes diferente daquela destinada aos fazendários possibilita riscos de corrupção, de desequilíbrio no clima organizacional e à imagem do órgão. Aos representantes da Fazenda Nacional, aplica-se o processo disciplinar e as penalidades da Lei 8.112/1990, bem como a penalidade de perda de mandato do RICarf. Enquanto, para os conselheiros dos contribuintes, aplicam-se somente a perda de mandato e os procedimentos da Lei 8.112/1990, naquilo que couber. A ausência de outras penalidades administrativas aos conselheiros dos contribuintes e um processo diferenciado provocam o risco de aumento da sensação de impunidade e, por isso, há o risco de corrupção.

---

[329] MEIRELLES, Hely Lopes. *Direito Administrativo Brasileiro*. 42ª edição. São Paulo: Malheiros, 2016, p. 85.

3. CONSELHOS E TRIBUNAIS ADMINISTRATIVOS TRIBUTÁRIOS...

Com efeito, se não há rotina específica para a detecção, denúncia e punição administrativa do agente público, as possibilidades de ocorrência de corrupção, tráfico de influência e advocacia administrativa tendem a aumentar. Ademais, as transgressões e penalidades administrativas previstas nos estatutos dos servidores públicos das Unidades Federadas – a maioria com redação aproximada da Lei nº 8.112/90 – não serão aplicáveis aos conselheiros classistas.

Atento a tais demandas, o CARF publicou recentemente seu código de ética, aplicável, indistintamente, a todos os agentes públicos que ali atuam. Consubstanciado na Portaria CARF nº 16, de 23 de abril de 2019, o instrumento veicula importantes determinações sobre zelo no trabalho, transparência e impessoalidade, dentre outros valores necessários ao aprimoramento da integridade do órgão. Sobre a responsabilização administrativa, assevera, em seu art. 43:

> Art. 43. A inobservância das normas estipuladas neste Código poderá acarretar ao agente público a aplicação da censura ética prevista no Código de Ética Profissional do Servidor Público Civil do Poder Executivo Federal, aprovado pelo Decreto nº 1.171, de 1994, ou a lavratura de Acordo de Conduta Pessoal e Profissional (ACPP), conforme rito previsto na Resolução nº 10 da CEP, de 29 de setembro de 2008, observado o princípio do contraditório e ampla defesa, de acordo com o disposto no Decreto nº 6.029, de 1º de fevereiro de 2007, que institui o Sistema de Gestão Ética (SGE) do Poder Executivo Federal.
>
> § 1º A Comissão de Ética do CARF, a fim de evitar ou corrigir desvios éticos, poderá adotar outras medidas, bem assim sugerir à autoridade competente, isolada ou cumulativamente, conforme o caso:
>
> I – a perda de mandato de Conselheiro;
>
> II – a exoneração de cargo ou função de confiança;
>
> III – o retorno do servidor ao órgão ou entidade de origem;
>
> IV – a remessa de expediente ao setor competente para exame de eventuais transgressões de naturezas diversas, inclusive disciplinares ou penais; e
>
> V – a não recondução de Conselheiro.[330]

---

[330] Disponível no sítio http://idg.carf.fazenda.gov.br/acesso-a-informacao/boletim-de--servicos-carf/portarias-carf-2019/portaria_carf-19-codigo-de-conduta-etica-dos-agentes--publicos-do-carf.pdf. Acesso em 05 nov.2019.

De fato, as diretrizes que foram tratadas no acórdão nº 1076/16 – TCU têm sido, paulatinamente, adotadas pelo CARF, com vistas ao saneamento das inconsistências apuradas e ao restabelecimento da dignidade, honra e decoro da função pública inerente ao julgamento administrativo, fator que o torna um padrão a ser seguido pelo demais Conselhos e Tribunais administrativos.[331]

Mister que as leis de organização e estrutura dos Conselhos e Tribunais administrativos prevejam, especificamente, as situações que configuram transgressões disciplinares, com a competência de apreciação e tramitação do processo disciplinar por meio das mesmas corregedorias a que são submetidos os conselheiros fiscais, evitando-se tratamento desigual entre agentes públicos que desempenham funções idênticas e zelando, ao mesmo tempo, pela integridade, credibilidade e excelência de suas atividades institucionais.

Também há que se fazer a devida justiça quanto aos direitos e remuneração de tais representantes classistas, questão também abordada no mencionado aresto do TCU. Direitos tais como o de licença-maternidade, férias remuneradas, dentre outras possibilidades de afastamento, sem perda de remuneração, mesmo porque a dedicação ao referido *múnus* público não deve estimular a fuga de capital intelectual do referido Tribunal. Segundo o apurado na operação Zelotes, fora justamente a representação dos contribuintes alvo de vários questionamentos, causando, inclusive, perplexidade o fato de que tais profissionais trabalhavam "de graça" por duas semanas do mês. Tal anomalia sistêmica também representa quebra de isonomia em relação aos conselheiros da representação fazendária, podendo dar azo a corrupções e a favorecimentos indevidos.[332]

---

[331] Em nota sobre o código de conduta ética, o sítio do CARF anota que "O Código de Conduta tem, entre outros, o objetivo de enaltecer o compromisso dos agentes públicos em exercício no Conselho Administrativo de Recursos Fiscais (CARF) com a dignidade, a honra e o decoro da função pública. A portaria está alinhada com a estratégia da organização de ser reconhecida pela excelência no julgamento dos litígios tributários e contribui para o fortalecimento da integridade organizacional." Disponível no sítio http://idg.carf.fazenda.gov.br/noticias/2019/codigo-de-conduta-etica-do-carf. Acesso em 05 nov.2019.

[332] Rocha, Sérgio André. Op. cit., p. 500.

3.3.6. Criação de órgãos administrativos de prevenção e solução de litígios tributários, com acompanhamento da evolução da jurisprudência e retroalimentação das atividades de fiscalização

O novo Código de Processo Civil – Lei nº 13.105, de 16 de março de 2015-, já em seu art. 3º, §2º, dispõe que "O Estado promoverá, sempre que possível, a solução consensual dos conflitos", sinalizando que, ainda que não se exclua ao contribuinte o poder de buscar as vias judiciais, outros métodos de solução de conflitos devem ser valorizados, reservando-se ao Judiciário apenas os litígios mais complexos, que não puderam ser administrativamente solucionados.

Uma das finalidades precípuas do julgamento administrativo deve ser justamente o de se evitar que a Fazenda Pública demande em juízo. O incentivo às conciliações no pós-lançamento, com possibilidade de pagamento do imposto tendo como contrapartida, v.g., a redução da multa pecuniária, demandaria a existência de órgãos leves, dinâmicos, flexíveis e seguros, que facultassem a presença de advogados, de fruição gratuita pelo sujeito passivo, com vistas à solução imediata das pendências fiscais. Se a atuação administrativa é obrigatória e vinculada à lei, conforme art. 142, parágrafo único do CTN[333], necessário que a norma preveja a possibilidade de eventual redução substancial no valor da multa, desde que haja a disposição em se pagar o valor do tributo, atendidas as condições preestabelecidas normativamente.

Dentre as proposições de melhoria para o processo administrativo fiscal, NUNES assevera que a transação em matéria tributária poderia ser melhor explorada, até mesmo preliminarmente à instrução do lançamento. Nesse sentido, discorre que

> [...] o contribuinte poderia oferecer contrapartidas para resolver suas pendências com a Fazenda. Por exemplo, para aderir a um programa de parcelamento proporia a desistência de processos administrativos ou de ações judiciais sobre a exigência do crédito tributário parcelável. A transação é um regime de negociação de concessões e vantagens mútuas, diferente dos programas atuais de parcelamento em que o contribuinte é "obrigado"

---

[333] Art. 142 [...]Parágrafo único. A atividade administrativa de lançamento é vinculada e obrigatória, sob pena de responsabilidade funcional.

a renunciar ao direito de ação e de recursos, como condição para o programa.[334]

A título de propostas de negociação mútua, discorre o professor que propostas como o parcelamento e taxas de juros diferenciadas poderiam ser aplicadas, tudo nos termos do art. 156, III do CTN. Poder-se--ia, igualmente, ao receber a impugnação, prever-se que a autoridade administrativa realize ofertas de conciliação, de forma que o processo somente seria instruído caso não houvesse acordo. Ressalva, entretanto, que quaisquer dessas medidas devem ser fixadas em lei de diretrizes gerais para todos os entes Federados.[335]

Paralelamente, poder-se-ia cogitar de uma conciliação, realizada diretamente com a Autoridade fiscal autora do lançamento, com vistas à correção de supostos vícios no lançamento, sob a supervisão do Delegado Regional da Receita.

Para que esse grau de conformidade do contribuinte em relação à pretensão fiscal atinja níveis de adesão satisfatórios, também é imprescindível que haja uma crescente harmonização entre as teses jurídicas já consolidadas nos Tribunais Superiores e o que se aplica, na prática, na atividade fiscal do lançamento. Tudo isso sempre com vistas a eliminar os riscos e incertezas que hoje impelem o contribuinte à judicialização de suas causas tributárias.

3.3.6.1. Necessidade de diálogo entre o processo administrativo e o judicial

Outro problema que marca as lides tributárias é a inexistência de qualquer vínculo ou diálogo entre o processo administrativo e o processo judicial. Na maioria das vezes, não há um trabalho de retroalimentação de informações entre as decisões tomadas no Poder Judiciário local e as práticas tributárias, que não raro perduram por anos, mesmo após reiteradas decisões judiciais em sentido oposto. Para tanto, seria conveniente a celebração de convênios de mútua cooperação entre órgãos da administração tributária e os Tribunais de Justiça com vistas ao compartilhamento de

---

[334] NUNES, Cleucio Santos. *Curso Completo de Direito Processual Tributário*. 3ª edição. São Paulo: Saraiva, 2019, p. 828.

[335] NUNES, op. cit., p. 828.

3. CONSELHOS E TRIBUNAIS ADMINISTRATIVOS TRIBUTÁRIOS...

informações e a um melhor acompanhamento da produção judiciária[336]. Seguramente, uma aproximação entre os processos administrativo e judicial poderia cooperar para o intuito de evitar ou extinguir os conflitos tributários, ainda em seu nascedouro.

De igual forma, o processo administrativo e suas peças técnicas são, em sua totalidade, desprezados no processo judicial, que costuma reiniciar, *ex nihilo*, a discussão. A crítica, alusiva à desarmonia entre o processo administrativo e o judicial, também é feita por ROCHA, no sentido de que

> [...] após pelo menos três longos anos de discussão administrativa, no caso de ulterior questionamento judicial, pode o contribuinte (e também a Fazenda) se desfazer dos arquivos referentes ao processo administrativo, já que não terão os mesmos qualquer valia no curso da discussão judicial.[337]

Sem embargo, tal proximidade também poderia permitir a quantificação dos custos da litigiosidade advinda dos atos da administração tributária e a sua judicialização, a fim de se ponderar sobre a viabilidade na insistência em teses.

---

[336] A Lei Federal nº 8666/93, que institui normas para licitações e contratos da Administração Pública e dá outras providências, disciplina, em seu art. 116 §1º, a possibilidade de celebração de convênio, acordo ou ajuste pelos órgãos ou entidades da Administração Pública. De igual forma, no Estado de Goiás, a Lei nº 17928/12, em seu capítulo 9, trata da forma como os convênios devem ser celebrados. Dispõe, em seu art. 57: "A celebração de convênio, acordo ou ajuste pelos órgãos ou pelas entidades da administração estadual depende de prévia aprovação do competente plano de trabalho proposto pelos órgãos ou pelas entidades interessadas, o qual deverá conter, no mínimo, as seguintes informações:
I – justificativa contendo a caracterização dos interesses recíprocos, a relação entre a proposta apresentada, os objetivos a serem alcançados, a indicação do público-alvo, do problema a ser solucionado e dos resultados esperados, além de informações relativas à capacidade técnica e gerencial do proponente para execução do objeto;
II – identificação do objeto a ser executado;
III – metas a serem atingidas; [...]"
[337] ROCHA, Sérgio André. Op. cit., p. 462.

3.3.6.2. O sistema paritário de julgamento administrativo em segundo grau enquanto modelo similar à arbitragem

Em regra, o contribuinte que se vê derrotado no processo administrativo, não raro após alguns anos de discussão, retoma a mesma discussão na sede judicial. Dessa forma, faz parte da proposta de ROCHA para a reestruturação do processo administrativo tributário que as decisões dos Tribunais sejam equivalentes às sentenças arbitrais, de forma que todos teriam direito à revisão do lançamento na primeira instância administrativa, ao passo que a instância recursal seria facultativa, podendo o contribuinte seguir diretamente ao Judiciário ou, ao contrário, aderir ao equivalente a uma cláusula compromissória.[338] O autor, na verdade, replica a lição de SEIXAS FILHO, com exceção do fato de que este último haver se posicionado a favor da manutenção das estruturas paritárias nos Conselhos e Tribunais administrativos. Em sua obra, afirma SEIXAS FILHO que

> Considerando, então, a existência antiga e com aceitação geral dos Conselhos de Contribuintes, cujo sistema paritário é um modelo similar à arbitragem, bastaria então a legislação conceder o efeito de coisa julgada a essas decisões, significando, assim, que o recurso dirigido aos mencionados colegiados administrativos teria o mesmo efeito da cláusula compromissória [...]
>
> Não tem sentido retirar da Administração fiscal o controle hierárquico do lançamento tributário, criando um colegiado paritário, um órgão administrativo mas não um órgão da Administração, conforme Carlos da Rocha Guimarães, com poderes de tomar uma decisão definitiva, exclusivamente, quando favorável ao recurso do contribuinte, permitindo-lhe, ainda, duplicar e prolongar o exame da legalidade do ato administrativo quando a decisão colegiada não atender aos seus interesses. [...]
>
> Portanto, o contribuinte, ao escolher um verdadeiro sistema de arbitragem, como numa cláusula compromissória, estará renunciando ao processo judicial. Se, por outro lado, preferir o processo do Judiciário, não poderá mais socorrer-se do sistema paritário, encolhendo, desta forma, o tempo par solucionar divergências tributárias.[339]

---

[338] ROCHA, Sérgio André. Op. cit., p. 464.

[339] SEIXAS FILHO, Aurélio Pitanga. *Arbitragem em Direito Tributário*. In: ROCHA, Valdir de Oliveira (coord.). *Grandes Questões Atuais do Direito Tributário*. 11º volume. São Paulo: Dialética, 2007, p. 21.

3. CONSELHOS E TRIBUNAIS ADMINISTRATIVOS TRIBUTÁRIOS...

Rocha também acrescenta que tal proposta não restringe o direito constitucional de acesso ao Poder Judiciário, uma vez que a revisão por um Tribunal Administrativo ficaria à sua escolha, podendo, livremente, optar pelas vias judiciais. Também ressalta que a escolha política de definitividade da decisão administrativa somente faria sentido se o Tribunal administrativo fosse transformado em uma Agência, na condição de Autarquia especial. É nesse último argumento que o mesmo diverge de Aurélio Pitanga Seixas Filho.[340]

Marins, por seu turno, ponderando pela inafastabilidade da apreciação das causas pelo Judiciário, externa uma posição intermediária, de aproveitamento judicial dos atos administrativos de julgamento. Para isso, mostra-se favorável a uma ação e rito específicos, mais céleres, diferenciados do rito ordinário.[341]

Sem embargo da necessidade de que alterações constitucionais e na Lei Complementar devam ser realizadas para os fins propostos, tais medidas poderiam diminuir a quantidade de instâncias – administrativas e judiciais – que as questões tributárias têm de percorrer até atingirem seu desiderato, fato que acontece, não raro, com mais de dez anos de tramitação, desde o nascedouro do auto de infração até o seu julgamento pelos Tribunais Superiores.

Na opinião de Becho, a facilidade de acesso aos Tribunais Judiciários e o amplo leque de recursos gerou uma desvalorização dos juízes de primeiro grau, de forma que a Justiça de Primeira Instância "torna-se, não raramente, apenas uma passagem para os Tribunais".[342] O que se poderia dizer, então, quanto à valorização das decisões administrativas do CARF e de outros Conselhos e Tribunais, que estão sujeitas à revisão em todas as instâncias no Poder Judiciário e, geralmente, têm suas peças processuais desprezadas *in totum* quando da reproposição, pelo contribuinte, da mesma causa nos fóruns e Tribunais? Posto isso, é de bom alvitre que se repense o papel de tais Conselhos, com vistas à redução

---

[340] Rocha, Sérgio André. Op. cit., p. 466.

[341] Marins, James. *Direito Processual Tributário Brasileiro: Administrativo e Judicial*. 12ª edição. São Paulo: Thomson Reuters Brasil, 2019, p. 435.

[342] Becho, Renato Lopes. *A Aplicação dos Precedentes Judiciais Como Caminho Para a Redução dos Processos Tributários*. Revista Fac. Direito UFMG, Belo Horizonte, nº 71, jul/dez. 2017, p. 499-530.

do tempo de tramitação das controvérsias tributárias e o alcance de uma legítima justiça fiscal.

3.3.7. A valorização de súmulas administrativas vinculantes e de técnicas de julgamento de recursos repetitivos

Sérgio André Rocha destaca que a massificação das relações tributárias tem transferido, paulatinamente, as atividades de apuração e recolhimento dos tributos aos contribuintes, aos quais incumbe a interpretação e a aplicação da legislação tributária no desempenho do referido mister. Tal realidade tem como um de seus efeitos colaterais o incremento das controvérsias entre Fisco e contribuintes.[343]

Também assevera o autor ser impossível, sob a dinâmica desse novo paradigma, que cada caso seja individualmente apreciado, ainda mais quando se leva em conta que, em matéria de direito tributário, "a repetição é a tônica".[344]

Levando-se em conta a necessidade de que a administração possua uma resposta unívoca às causas tributárias, a edição de súmulas pelos Conselhos e Tribunais, que tratem, inclusive, das matérias já debatidas e consolidadas nos Tribunais superiores do Poder Judiciário, homogeneizariam a atividade de fiscalização e de lançamento tributário, evitando-se, inclusive, a consecução de lançamentos dissociados das referidas teses. Tal técnica colaboraria, inequivocamente, para a duração razoável dos processos, os quais, em alguns casos, sequer chegariam a existir.

De igual forma, a sistemática de julgamento de recursos administrativos cuja questão de direito discutida seja idêntica, poderia ser implementada para os mesmos fins de celeridade, uniformização e objetividade do processo administrativo tributário. Sob essa perspectiva, tais julgamentos seriam efetuados "em lote", a partir do julgamento de um processo, tomado por paradigma. Tal medida de otimização de julgamentos fora implementada pelo CARF, conforme dispõe o art. 47 §§1º e 2º de seu Regimento Interno[345], advinda das orientações de governança e de integridade estabelecidas pelo TCU. O dispositivo assevera que:

---

[343] ROCHA, Sérgio André. Op. cit., p. 132.
[344] ROCHA, Sérgio André. Op. cit., p. 132.
[345] Portaria MF nº 343/15.

3. CONSELHOS E TRIBUNAIS ADMINISTRATIVOS TRIBUTÁRIOS...

Art. 47. Os processos serão sorteados eletronicamente às Turmas e destas, também eletronicamente, para os conselheiros, organizados em lotes, formados, preferencialmente, por processos conexos, decorrentes ou reflexos, de mesma matéria ou concentração temática, observando-se a competência e a tramitação prevista no art. 46.

§ 1º Quando houver multiplicidade de recursos com fundamento em idêntica questão de direito, o Presidente de Turma para o qual os processos forem sorteados poderá sortear 1 (um) processo para defini-lo como paradigma, ficando os demais na carga da Turma.

§ 2º Quando o processo a que se refere o § 1º for sorteado e incluído em pauta, deverá haver indicação deste paradigma e, em nome do Presidente da Turma, dos demais processos aos quais será aplicado o mesmo resultado de julgamento.

Segundo o Relatório de Decisões do CARF do ano de 2016, a 2ª Turma da Câmara Superior de Recursos Administrativos apreciou, ao todo, 533 recursos sob tal sistemática. Por seu turno, a 3ª Turma apreciara outros 607 recursos, totalizando, ambas, 1140 recursos. O relatório aponta que foram julgados, ao todo, 7.821 recursos pelo CARF.[346]

Ademais, as vantagens advindas do processo eletrônico – dentre elas, a de dispensa de deslocamento à repartição fiscal e horário facilitado para a realização e protocolização de atos processuais – já é uma realidade em várias Unidades Federadas, facilidades que naturalmente trazem consigo o incremento na quantidade de interposição de recursos administrativos. Necessário, pois, que a administração acompanhe, com as ferramentas processuais adequadas, tal dinâmica do fluxo de processos.

3.3.8. A importância funcional das representações fazendárias nos conselhos e tribunais administrativos

O direito tributário é, reconhecidamente, marcado pelo alto grau de especialização e de conhecimento técnico exigido de seus operadores. A complexidade imanente às legislações tributárias de cada tributo

---

[346] Relatório – Decisões do CARF, janeiro a dezembro de 2016. Disponível no sítio: https://carf.economia.gov.br/noticias/2017/relatorio-julgamento-2016-v3.pdf. Acesso em 12 nov.2019.

guarda, em cada uma delas, um vasto universo de normas jurídicas, atualizadas quase que diariamente. Basta citar a legislação do Imposto de Renda e do Imposto Sobre a Circulação de Mercadorias e Serviços (ICMS), para se ter um exemplo do amplo material normativo e técnico sobre o assunto. Mas talvez o que mais personalize o direito tributário – visto sob a dinâmica do lançamento fiscal, impugnações e recursos administrativos – é o seu diálogo profundo com as Ciências Contábeis e as técnicas de auditoria utilizadas nos demonstrativos fiscais que são, grosso modo, pouco dominados pelos operadores convencionais do Direito. Com efeito, na lição de ROCHA,

> A verdade é que o juiz médio não foi treinado e preparado, desde os bancos da graduação na Faculdade de Direito, para apreciar questões tributárias que fujam dos debates envolvendo princípios constitucionais e outras matérias de natureza essencialmente jurídica, normalmente radicadas na interpretação da Constituição Federal ou do Código Tributário Nacional.
>
> Nada obstante, sabe-se que a tributação vai muito além de tais tópicos, principalmente quando não se está discutindo teses jurídicas em ações ativas iniciadas pelos contribuintes, mas sim autos de infração lavrados considerando matérias concretas e a legislação especial de cada tributo.
>
> Nesses casos, que muitas vezes envolvem e requerem conhecimentos contábeis, tornados ainda mais intrincados com a adoção dos *International Financial Reporting Standards* – IFRS a partir da Lei nº 11.638/2007, o instrumental do juiz médio mostra-se insuficiente.[347]

É muito comum que a base de cálculo do imposto seja auferida por meio de técnicas apuradas de contabilidade e auditoria, a partir das quais se elaboram demonstrativos analíticos cuja apreensão demanda conhecimentos técnicos específicos. Não poderia ser diferente, visto que uma das etapas do procedimento administrativo do lançamento é necessariamente "calcular o montante do tributo devido", conforme disciplina o art. 142 do CTN.

Portanto, a especialização técnica do corpo de agentes públicos que atuam nos Tribunais e Conselhos Administrativos requer conhecimento que vá além do saber acadêmico-jurídico. Não se pode desconhecer que,

---

[347] ROCHA, Sérgio André. *Processo Administrativo Fiscal:* controle administrativo do lançamento tributário. São Paulo: Almedina, 2018, p. 497.

3. CONSELHOS E TRIBUNAIS ADMINISTRATIVOS TRIBUTÁRIOS...

em linhas gerais, o Poder Judiciário encontra dificuldades para analisar as matérias advindas do CARF e de outros Conselhos, uma vez que, além de não haver uma justiça especializada na área tributária, a produção legislativa sobre a matéria é extremamente intensa.

Das informações constantes do item 3.2 do presente estudo, percebe-se que a defesa da Fazenda Pública alterna entre duas espécies de formações, quais sejam, as compostas por integrantes da carreira fiscal e as integradas por Procuradores do Estado. Para promover a defesa do lançamento, os Estados de São Paulo, Rio Grande do Sul, Paraná e Goiás mantêm Auditores Fiscais. Por seu turno, o CARF, os Estados do Rio de Janeiro, Minas Gerais, Pernambuco, Bahia, Santa Catarina e o Distrito Federal possuem Procuradores Públicos em seus quadros de representação Fazendária.

Quanto à eventual vantagem de uma integração ou outra, cumpre observar, em um primeiro aspecto, que a defesa do lançamento tributário por servidores próprios da carreira fiscal, cuja atividade se dá em regime de dedicação exclusiva, apresenta-se mais eficaz e eficiente, primordialmente por se tratar de procedimento interno de revisão do ato administrativo, que, *a priori,* deve ser realizado pelo órgão específico do qual emanou o ato. A observação é necessária, uma vez que, na maioria dos Estados e no Distrito Federal, aos Procuradores é permitido o exercício da advocacia privada, com a exceção de não advogar privadamente contra o Estado, matéria que pode resultar em incompatibilidade de carga horária ou mesmo em conflito de interesses.[348]

Tal regime de dedicação não exclusiva pode, nos Conselhos e Tribunais, dar margem ao conflito de interesses[349] decorrentes da obtenção de informações privilegiadas, possibilitando a captação ilegal de clien-

---

[348] Sobre o assunto, confira-se a matéria intitulada "Procurador tem dupla jornada em 20 estados e no DF", publicada em "O Globo", em 24/05/15, disponível no sítio: https://oglobo.globo.com/brasil/procurador-tem-dupla-jornada-em-20-estados-no-df-16246695. Acesso em 01 nov.2019.

[349] A Lei Federal nº 12813/13 define o conflito de interesses como "a situação gerada pelo confronto entre interesses públicos e privados, que possa comprometer o interesse coletivo ou influenciar, de maneira imprópria, o desempenho da função pública". No Estado de Goiás, a matéria é tratada na Lei nº 18846/15. Em outros Estados, como São Paulo (Decreto nº 60428/14) e no DF (Decreto nº 37297/16), o assunto é tratado em um Código de Ética para a administração pública.

tes e ao denominado *crosselling* na advocacia, ou seja, a pulverização das demandas potenciais (administrativas e judiciais) em um mesmo escritório de advocacia ou entre parceiros ou terceirizados coligados.

Sem embargo, Unidades Federadas como o Estado de Goiás transferem aos Procuradores parcela dos valores oriundos de honorários das ações das quais o Estado faz parte, fator que pode configurar um estímulo financeiro à judicialização das causas tributárias, em prejuízo da solução administrativa de tais conflitos, o que também pode ser tido como conflito de interesses.[350]

Em outro aspecto, volve-se ao argumento inicial do presente subtópico, quanto à formação acadêmica dos juízes, no sentido de que a defesa do lançamento demanda, na prática dos Tribunais administrativos, conhecimentos não apenas jurídicos, mas de técnicas de Auditoria, análise de livros contábeis e contabilidade comercial e de custos, melhor dominadas pelos Auditores que, nas representações fazendárias, além de possuírem formação jurídica, quase sempre são egressos do trabalho prático de auditoria de campo. Tal fator reduz a demanda de se manter assessorias de contabilidade e auditoria exclusivamente para suprir deficiências de capacitação do setor de representação fazendária, ao mesmo tempo em que evita que a manifestação fiscal fique apequenada a teses acadêmicas (que serão inevitavelmente reproduzidas no Poder Judiciário, não se podendo dizer o mesmo das questões contábeis e de auditoria do processo), lançando-se fora a oportunidade de trazer aos autos todas as searas do conhecimento que integram o lançamento fiscal, inclusive com a possibilidade de se detectar vícios processuais intrínsecos nas auditorias, quase sempre em benefício do contribuinte.[351]

---

[350] Discorre o Decreto nº 7778/12 (Goiás): "art. 2º A Secretaria de Estado da Fazenda transferirá à Associação dos Procuradores do Estado de Goiás – APEG –, até o 20º (vigésimo) dia de cada mês, a importância referente a 50% (cinquenta por cento) do valor arrecadado no mês anterior, a título de honorários advocatícios pagos, em qualquer ação judicial, à Fazenda Pública Estadual."

[351] No Conselho Administrativo Tributário de Goiás, é comum o Representante Fazendário assentir com a nulidade ou cancelamento do lançamento, ou mesmo apontar, *ex officio*, vícios nas auditorias fiscais. A própria lei do processo administrativo goiano disciplina, como imposição funcional, que "Os servidores e agentes públicos envolvidos no Processo Administrativo Tributário têm o dever de zelar pela correta aplicação da legislação, pug-

3. CONSELHOS E TRIBUNAIS ADMINISTRATIVOS TRIBUTÁRIOS...

Mister, portanto, que no âmbito de padronização dos Conselhos e Tribunais, em homenagem ao princípio da eficiência, que se repense as composições de tais órgãos. Uma saída viável – e salutar para que haja a necessária uma participação cooperativa de compartilhamento de competências entre Procuradorias e Fisco nas Representações Fazendárias – seria uma composição mista, ou, ainda, a atuação específica dos Procuradores como *custos legis* na formação dos Órgãos Especiais (ou Conselhos Plenos, em algumas Unidades da Federação). Entretanto, como condição de assunção das referidas funções, deveria haver o licenciamento dos Procuradores ao exercício da Advocacia privada, nos termos do art. 12, II do Estatuto da OAB – Lei nº 8.906/94, dadas as incompatibilidades e conflitos de interesses expostos alhures.

nando pela defesa do interesse público, da legalidade e da preservação da ordem jurídica" (art. 2º da Lei nº 16469/09).

Conclusões

O direito se entrelaça e se mistura, como um amálgama, em todas as expressões da relação humana e se crava na história de forma paulatina, progressiva. Ele é, definitivamente, uma *ciência em movimento*, fruto da sobreposição ou superação de experiências jurídicas aplicadas ao fenômeno social, em um legítimo "jogo" de resolução de "quebra-cabeças" do viver em sociedade, dos conflitos que dela emanam, de forma que à medida que as anomalias e novidades exsurgem na complexidade das relações humanas e no mundo dos fatos, tais tempos de crise dão lugar a períodos de pesquisas, não raro, com extraordinários avanços e mesmo rupturas com o sistema anterior.

As transformações pelas quais a legalidade tributária passou no decorrer dos séculos demonstra que, se há de fato uma crise de legalidade, a ciência do direito sempre cumpriu o seu papel, esmiuçando fragilidades e deferindo progressivos desdobramentos com vistas à sua evolução, aprimorando-o à realidade moderna.

No trânsito entre o tributo enquanto "relação de poder", para torná-lo em "relação jurídica"; da tributação do cidadão tão-somente para satisfazer as finanças do Estado até o estabelecimento de direitos e garantias para essa relação; do primado da lei formal, do Estado Social ao Estado Constitucional de Direito. Em todas essas situações, se vislumbra a capacidade adaptativa do princípio da legalidade, que de uma forma ou de outra, com maior ou menor apreço pelos governos, sempre se encontrou pungente nos sistemas normativos.

Entretanto, a proteção advinda do princípio da legalidade tributária demanda mais do que um ato formal emanado do Legislativo, uma vez que a grande maioria dos projetos de lei em matéria tributária são de iniciativa do Executivo, gerados no ventre das Secretarias e Ministérios da Fazenda. A legalidade apenas formalmente considerada pode, muitas vezes, constituir um mero simulacro de garantia ao contribuinte, um "engano" aos ideais democráticos.

Uma ideia reducionista do princípio da legalidade também é fomentada entre os próprios servidores públicos, ante o temor de transpor suas fronteiras, fator que termina por ornar o ato administrativo de um *viés* de aplicação bastante conservador, em geral, *pro fiscum*. O limite da exatidão conferido pela letra da lei, uma vez transposto, pode gerar o entendimento de que o Servidor público incorreu em excesso de exação ou, ainda, que promoveu ato de improbidade, dispensando crédito tributário que a lei *stricto sensu* reputou devido. De outra monta, a insistência do administrador em se manter a legalidade vista sob o prisma tradicional e com âmbito de aplicação reduzido pode, linhas gerais, atentar contra o princípio da eficiência, uma vez que a última palavra caberá, inexoravelmente, ao Poder Judiciário, agente último da estabilização das relações sociais.

A complexidade crescente advinda das relações humanas modernas gera uma profusão de leis, decretos, instruções, resoluções, circulares, inclusive em matéria tributária, e que alcança, no Brasil, dimensões extraordinárias. O fenômeno demanda um pensamento crítico sobre a forma como o intérprete do direito deve se posicionar quanto à aplicação do princípio da legalidade.

A nossa atual sociedade é multifacetária, complexa e plural, constituindo, naturalmente, uma fonte crescente de conflitos sociais. Nesse contexto, há que se sopesar os papéis imbuídos a cada Poder, de forma que nenhum deles se sobrecarregue por funções que deveriam, ou pelo menos poderiam ser exercidas pelo outro.

A modernidade desafiadora da "ciência normal", ainda que seja por um tempo "resistida" pelos operadores do Direito, deve encontrar lugar nos estudos científicos do Direito e nas ações governamentais, principalmente quando se releva o fato de as estatísticas de julgamento de litígios tributários deporem contra os paradigmas vigentes, vistos enquanto proposta para uma duração razoável dos processos administrativos e judiciais.

A "sociedade de riscos", que corresponde àquela que é fruto da complexidade das relações advindas da modernidade, da diversidade do

CONCLUSÕES

avanço científico e tecnológico, da universalização do conhecimento, da abertura de novos mercados, das revoluções tecnológicas na indústria e agricultura, da globalização, das redes cibernéticas, sendo subproduto ou consequência delas, tem como um de seus efeitos colaterais inevitáveis o aumento dos conflitos sociais que, não raro, se converterão em processos que continuam a abarrotar as varas judiciais.

Dessa realidade, no sentido de haver uma crise do formalismo jurídico, capitaneada pela disrupção entre a dinâmica social e o positivismo clássico, anuncia-se, a título de "cura", uma volta aos ideais jusnaturalistas, imanentes à ética e à moral, mediante a prevalência da ponderação dos princípios sobre a subsunção das regras, conferindo uma dominância de poderes ao Judiciário, em relação ao Legislativo e ao Executivo, com uma aplicação da lei mais centrada na Constituição do que na legislação.

Sem o devido equilíbrio e razoabilidade, corre-se o risco de que essa metodologia acabe gerando a impressão falaciosa de que os juízes estejam apenas aplicando o direito existente, quando, na verdade, o que ela oculta aos seus propugnadores é uma ideologia de livre função criadora do direito. Nem sempre a "lei construída para o caso particular", adotada em prejuízo da lei de conteúdo genérico, prévio e abstrato, poderá ser, efetivamente, considerada "justiça", pois "justiça" e "injustiça" implicam um circular e amplificado juízo de valoração.

Posto isso, mister que se encontre, dentre as teses que buscam dar conceito e exequibilidade ao princípio da legalidade, sob o contexto, ora da ponderação, ora da subsunção, algo de equilíbrio entre dois extremos, sem que, para tanto, se vergaste a segurança jurídica, tão cara ao Estado Democrático de Direito, ou que se instaure o que se convencionou chamar – na célebre frase de Rui Barbosa – uma "ditadura do Judiciário", contra a qual não há a quem recorrer.

Não se trata de apequenar as funções do Poder Judiciário, mas sim de se reafirmar as atribuições do Poder Legislativo, restabelecendo-se o necessário equilíbrio entre os Poderes.

Sob o que se convencionou denominar "sociedade de riscos", mister que o positivismo clássico seja ponderado com outros princípios constitucionais, não antes de se privilegiar a atividade regulatória da Administração, no que tange aos conceitos indeterminados, sempre suscetível de controle jurisdicional, de forma que, por meio de uma atividade orquestrada entre os três Poderes, possa-se alcançar essa necessária reforma do Estado.

Diante desse cenário, parece mais apropriada, semanticamente, a expressão "juridicidade", no lugar de legalidade tributária. A juridicidade – uma extensão do princípio da legalidade – é o que efetivamente garante ao indivíduo que uma eventual arbitrariedade da Potestade Pública, uma vez iluminada pelo ordenamento jurídico como um todo – donde se incluem os princípios Constitucionais e os precedentes em sede de recurso repetitivo, oriundos do STJ e STF –, não venha a atingir o seu patrimônio.

É nesse contexto que se faz premente que as ações entre os Poderes sejam harmônicas entre si, na dicção do art. 2º da Carta Constitucional, de forma que as decisões já consolidadas em matéria tributária, emanadas do Poder Judiciário, possam alcançar a Administração tributária, estendendo-se àquelas atividades de controle e fiscalização mais exordiais do lançamento fiscal.

Não se justifica que ainda se imponha ao cidadão, ante a renitência da Administração Tributária em lhe conferir administrativamente determinado direito, o ônus de buscar as vias judiciais, quando o fato tributário em questão se subsumir a teses jurídicas nas quais os Tribunais Superiores já se pronunciaram em sede de recurso repetitivo. Além disso, não raro, as Administrações Tributárias dos entes Federados ainda conferem soluções heterogêneas em suas posições sobre questões tributárias já assentadas jurisprudencialmente, desigualando contribuintes que se encontram em situações equivalentes.

Sem embargo disso, é sabido que o Estado-juiz não tem sido eficaz em cumprir seu mister, no que tange a uma razoável duração do processo, seja o administrativo, seja o judicial. A demora na prestação jurisdicional termina por desaguar em franca injustiça, pois "justiça atrasada não é justiça, senão injustiça qualificada e manifesta", na célebre lição de Rui Barbosa. Tal dissonância entre Administração e Judiciário, aliada a lançamentos fiscais que não anteveem as teses jurídicas já consolidadas, não primadas no seu efetivo resultado prático, terminam por engrossar ainda mais tais estatísticas de eternização de processos fadados a nenhum êxito prático.

O Brasil demanda excessivamente no Poder Judiciário, o qual tem se mostrado incapaz de atender ao princípio constitucional da razoável duração dos processos (art. 5º, LXXVIII), sendo que o maior usuário dos préstimos do Judiciário segue sendo o Poder Público. Entretanto,

CONCLUSÕES

a partir do Código de Processo Civil de 2015, a demanda que o Estado vier a perder o fará arcar com o ônus da sucumbência, de forma que um lançamento em dissonância com as decisões dos Tribunais Superiores poderá vir a ser uma proposta de receita convertida em despesa ao Poder Público, um verdadeiro desserviço às suas finalidades públicas.

Os Tribunais e Conselhos Administrativos Tributários constituem um "caminho de passagem" para o Judiciário. A adoção, pela Administração tributária, de posições reiteradamente já expressas em precedentes judiciais consolidados poderia ter como resultado imediato a redução de demandas judiciais de resultado previsível em face dela interpostas. Tal conduta homenagearia, dentre outros princípios já mencionados, o da eficiência, descrito no art. 37 da Constituição Federal.

Não se pode falar no real exercício dos direitos de liberdade do indivíduo, no contexto do Estado Social-democrático de Direito, sem que se lhe garanta, sob todos os matizes possíveis de sua multifacetária relação com o Estado – econômicos, de fomento, assistência e previdência sociais, saúde, cultural, religioso – uma prestação Estatal que não fira a igualdade material, seja pela face dos privilégios, seja pela ordem dos obstáculos. Também ao cidadão importa saber, com razoável grau de previsibilidade, qual o posicionamento do Poder público quanto a determinada matéria tributária. Mais especificamente, entre um determinado pleito administrativo e a ação que é movida no Judiciário em virtude de sua negativa, reza a eficiência que se prevaleça a opinião consolidada dos Tribunais Superiores, em sede de demandas repetitivas, uma vez que a última palavra caberá, inexoravelmente, ao Poder Judiciário.

A juridicidade, tida como uma "expansão" do princípio da legalidade em sua expressão neoconstitucionalista, com vistas a abarcar a dicção dos Tribunais Superiores em jurisprudência em sede de recursos repetitivos, tem como um de seus objetivos trazer ao âmbito das Administrações Tributárias tal noção material de igualdade e segurança jurídica, por meio da adoção dos precedentes judiciais consolidados, fortalecendo-se, dessa forma, a noção de Estado social-democrático de direito assegurado na Constituição Federal.

A dicção dos Tribunais e Conselhos administrativos pode surgir como instrumento apto a conferir à administração tributária meios para a implementação da eficácia normativa a tais precedentes judiciais, em suas atividades de controle e fiscalização, sem que tal seja tido como afronta ao princípio da legalidade ou, ainda, à atividade administrativa e vinculada do lançamento fiscal. Homenageia-se, ainda, uma unicidade e padronização de entendimento quanto às ações da administração Tributária.

As zonas cinzentas de regulamentação e de interpretação da norma favorecem a proliferação de demandas judiciais. Na forma como abordado no capítulo I, a se permitir um melhor exercício da capacidade regulatória do Executivo, em especial quanto aos conceitos indeterminados, e uma vez harmonizado o sistema normativo com o sistema de precedentes, dar-se-ia uma melhor estabilização e previsibilidade acerca das relações jurídico-tributárias.

Conclui-se, sob tais fundamentos, que o desenvolvimento de um sistema amadurecido de precedentes tem potencial para inibir, desde o seu nascedouro, a lavratura de autos de infração por parte do Fisco, ou, da parte do contribuinte, de desestimula-lo à judicialização de causas, sempre que, em ambas as situações, houver baixas probabilidades de sucesso à luz da jurisprudência consolidada dos Tribunais Superiores.

Em segundo lugar, o caminho para a desjudicialização dos conflitos tributários no Brasil passa, necessariamente, por uma ressignificação da importância dos Tribunais e Conselhos Administrativos Tributários, na condição de órgãos da administração que se encontram "no meio do caminho" entre a lavratura do auto de infração e o processo judicial, um último acréscimo quanto à discussão tributária no que tange à aplicação concreta das questões contábeis e da legislação local de cada Ente tributante. Necessário que tais órgãos, na apreciação da conformidade dos lançamentos com a norma, assim o façam sem olvidar que o seu real significado, à luz do que se reputa ser hoje a dimensão da legalidade, é uma atuação "conforme a lei e o direito", aí se incluindo a dicção dos Tribunais Superiores, já consolidada em precedentes repetitivos. Para tanto é necessário se repensar suas estruturas, funcionamento e legislação aplicável.

Finalmente, os Tribunais e Conselhos administrativos somente se justificam se efetivamente cumprirem o seu mister de realização do controle de legalidade do lançamento, assim entendido como aquele que se estabeleça em bases de imparcialidade, transparência e justiça fiscal, valorizando em seus julgamentos, sobretudo, a legalidade, vista em sua dimensão moderna no Estado Constitucional de Direito, o qual, paulatinamente, faz acomodar, em seu bojo, a observância obrigatória dos precedentes já consolidados nos Tribunais Superiores do Poder Judiciário.

REFERÊNCIAS

ALENCAR, Mário Soares de. *Jurisprudência e racionalidade: o precedente judicial como elemento de coerência do sistema jurídico brasileiro.* 1ª edição. Curitiba: Juruá, 2018.

AUSTIN, John. *El Objeto de La Jurisprudencia.* Traducción e estudio preliminar de Juan Ramón de Páramo Argüelles. Centro de Estudios Políticos Y Constitucionales. Madrid. 2002.

ÁVILA, Humberto. *"Neoconstitucionalismo": Entre a "Ciência do Direito" e o "Direito da Ciência"* – Revista Eletrônica de Direito do Estado. Nº 17. Jan-mar/09. Salvador-BA. No sítio: www.direitodoestado.com.br

BALTHAZAR, Ubaldo Cesar. *História do Tributo no Brasil.* Florianópolis: Fundação Boiteux, 2005.

BANDEIRA DE MELLO, Celso Antônio. *O Conteúdo Jurídico do Princípio da Igualdade.* 3ª edição, atualizada. São Paulo: Malheiros, 2000.

–. *Curso de Direito Administrativo.* 27ª edição. São Paulo: Malheiros, 2010.

BARBOSA, Rui. *Oração aos moços.* Domínio público.

BARRETO, Tobias. *Estudos de Filosofia.* 2ª edição. Em Convênio com o Instituto Nacional do Livro/Ministério da Educação e Cultura. Editora Grijalbo. 1977.

BARROSO, Luis Roberto. *Curso de Direito Constitucional Contemporâneo: os conceitos fundamentais e a construção do novo modelo.* 5ª Edição. Saraiva. São Paulo. 2015.

BECHO, Renato Lopes. *A Aplicação dos Precedentes Judiciais Como Caminho Para a Redução dos Processos Tributários.* Revista Fac. Direito UFMG, Belo Horizonte, n. 71, pp. 499-530, jul/dez. 2017.

BECK, Ulrich. *Sociedade de Risco – Rumo a uma outra modernidade.* Tradução: Sebastião Nascimento. Editora 34. São Paulo. 2010.

BENTHAM, Jeremy. *The Works of Jeremy Bentham, published under the Superintendence of his Executor, John Bowring* (Edinburgh: William Tait, 1838--1843). 11 vols. Vol. 1. Section IV

BINENBOJM, Gustavo. *Uma Teoria do Direito Administrativo: direitos fundamentais, democracia e constitucionaliza-*

ção. 3ª edição revista e ampliada. Rio de Janeiro: Renovar, 2014.

BRANCO, Paulo Gonet. *Tributação e Direitos Fundamentais Conforme Jurisprudência do STF e do STJ.* Coordenação: BRANCO, Paulo Gonet. MEIRA, Liziane Angelotti. CORREIA NETO, Celso de Barros. *Direitos Fundamentais e Tributação – saúde, salário, aposentadoria e tributação – tensão dialética?* Saraiva. 2012.

BUFFON, Marciano. *Tributação e Dignidade Humana: entre os direitos e deveres fundamentais.* Porto Alegre: Livraria do Advogado Editora. 2009.

BULYGIN, Eugenio. *Algunas consideraciones sobre los sistemas jurídicos.* Doxa. Cuadernos de Filosofía del Derecho. Núm. 9, 1991. Alicante: Biblioteca Virtual Miguel de Cervantes, 2001. URL: http://www.cervantesvirtual.com/nd/ark:/59851/bmc7w6q3.

CANOTILHO, José Joaquim Gomes. *Direito Constitucional.* Edições Almedina. 7ª edição. Coimbra-Portugal.

CARVALHO, Fábio Junqueira de; MURGEL, Maria Inês. *Órgão Julgador Administrativo – necessidade de o mesmo ser paritário.* In: ROCHA, Valdir de Oliveira (coord.). *Processo Administrativo Fiscal.* Vol. 5. São Paulo: Dialética, 2000.

CARVALHO, Paulo de Barros. *Curso de Direito Tributário.* 18ª edição. São Paulo: Saraiva, 2007.

CARVALHO FILHO, José dos Santos. *Manual de Direito Administrativo.* 27ª edição. São Paulo: Atlas, 2014.

CASÁS, José Osvaldo. *Derechos y Garantías Constitucionales Del Contribuyente – A partir del principio de reserva de ley tributaria.* Ad Hoc. Buenos Aires.

CRAMER, Ronaldo. *Precedentes Judiciais: teoria e dinâmica.* 1ª edição. Rio de Janeiro: Forense, 2016.

DAVID, René. *Os Grandes Sistemas do Direito Contemporâneo.* Tradução Hermínio A. Carvalho. 4ª edição. São Paulo: Martins Fontes, 2002.

DIDIER JR., Fredie; BRAGA, Paula Sarno; OLIVEIRA, Rafael Alexandria. *Curso de Direito Processual Civil: teoria da prova, direito probatório, ações probatórias, decisão, precedente, coisa julgada e antecipação dos efeitos da tutela.* Vol. 2. 10ª edição. Salvador: Editora Jus Podium, 2015.

DI PIETRO, Maria Sylvia Zanella. *Direito Administrativo.* 24ª edição. São Paulo: Atlas, 2011.

–. *Direito Administrativo.* 27ª edição. São Paulo: Atlas, 2014.

ESTEVAN, Juan Manuel Barquero. *La Función del Tributo en el Estado Social Y Democrático de Derecho.* Centro De Estudos Políticos Y Constitucionales. Madrid. 2002.

FARIAS, Cristiano Chaves de. *Direito civil: teoria geral.* 9ª edição. Rio de Janeiro: Lumen Juris, 2011.

FERRAZ JR, Tercio Sampaio. *Unanimidade ou maioria nas deliberações do CONFAZ – Considerações sobre o tema a partir do princípio federativo.* Revista Fórum de Direito Tributário – RFDT. Belo Horizonte, ano 10, nº 59, set/out. 2012.

GONZÁLEZ, Clemente Checa. *Crisis de La Ley Y Degeneracion Del Derecho Tributário.* In: *Temas de Direito Público – Estudos em Homenagem ao Professor*

Flávio Bauer Novelli. Organizadores: BORJA, Célio/RIBEIRO, Ricardo Lodi. Vol. 1 – Constituição e Cidadania. 1ª edição. Rio de Janeiro: Multifoco, 2015.

GOODHART, A. L. *The Ratio Decidendi of a Case. The Modern Law Review,* vol. 22, nº 2, 1959. JSTOR, no sítio www. jstor.org/stable/1091308, acesso em 07/10/2019.

GRAU, Eros Roberto. *O Direito Posto e o Direito Pressuposto.* 7ª edição. São Paulo: Malheiros, 2008.

HÄBERLE, Peter. *Hermenêutica Constitucional – A Sociedade Aberta dos Intérpretes da Constituição: Contribuição para Interpretação Pluralista e "Procedimental" da Constituição.* Tradução: Gilmar Ferreira Mendes. Revista de Direito Público, v. 11, nº 60, 2014. P. 25-50. Disponível no sítio: https://www.portaldeperiodicos.idp.edu.br/direitopublico, acesso em 02 out. 2019.

HART, H.L.A. *O Conceito de Direito.* Tradução de A. Ribeiro Mendes. 5ª edição. Coimbra: Fundação Calouste Gulbenkian, 2007.

HOBBES, Thomas. *Leviatã: Matéria, forma e Poder de Um Estado Eclesiástico e Civil.* Domínio público.

JANCZESKI, Célio Armando. *Processo Tributário Administrativo e Judicial na Teoria e Na Prática.* 2ª edição. Florianópolis: OAB/SC editora, 2006.

KELSEN, Hans. *Teoria Pura do Direito.* 6ª edição. Tradução: João Baptista Machado. São Paulo: Martins Fontes, 1998.

KOCH, Deonísio. *Processo Administrativo Tributário e Lançamento.* 2ª edição. São Paulo: Malheiros, 2012.

KUHN, Thomas S. *A Estrutura das Revoluções Científicas.* Tradução: Beatriz Vianna Boeira e Nelson Boeira. 12ª edição. SP: Perspectiva, 2013.

LEGRAND, Pierre. *A Impossibilidade de "Transplantes Jurídicos".* Tradução: Gustavo Castagna Machado. Revista Cadernos do Programa de Pós-Graduação em Direito/UFRGS.V. 9, nº 1. Porto Alegre, 2014. p. 23. Publicação original: LEGRAND, Pierre. *The Impossibility of "Legal Transplants". Maastricht Journal of European & Comparative Law,* Maastricht, v. 4, p. 111-124, 1997.

LEITE, Harrison Ferreira. *Autoridade da Lei orçamentária.* Porto Alegre: Livraria do Advogado, 2011.

MACKAAY, Ejan/ROUSSEAU, Stéphane. *Análise Econômica do Direito.* Tradução: Rachel Sztajn. 2ª edição. São Paulo: Atlas, 2015.

MARINONI, Luiz Guilherme. *Uma nova realidade diante do Projeto de CPC: a ratio decidendi ou os fundamentos determinantes da decisão.* 2012. Disponível em: https://goo.gl/XJuRJX. Acesso em 18/09/19.

–. *Precedentes Obrigatórios.* 5ª edição. São Paulo: Editora RT, 2016.

MARINS, James. *Defesa e Vulnerabilidade do Contribuinte.* São Paulo. Dialética. 2009.

–. *Direito Processual Tributário Brasileiro: Administrativo e Judicial.* 12ª edição. São Paulo: Thomson Reuters Brasil, 2019.

MARQUES NETO, Floriano de Azevedo; ALMEIDA, Fernando Menezes de; NOHARA, Irene Patrícia; MARRARA, Thiago (organizadores). *Direito e Administração Pública* – MODESTO, Paulo: *Nepotismo em Cargos Político-administrativos.* São Paulo: Atlas, 2013.

MELO, José Eduardo Soares de. *Composição Paritária dos Órgãos Julgadores Administrativos.* In: Rocha, Valdir de Oliveira (coord.). *Processo Administrativo Fiscal.* Vol. 5. São Paulo: Dialética, 2000.

MARTINS, Ana Luísa. *Conselho Administrativo de Recursos Fiscais:* 85 anos de imparcialidade na solução dos litígios fiscais. Rio de Janeiro: Capivara, 2010.

MEIRELLES, Hely Lopes. *Direito Administrativo Brasileiro.* 42ª edição. São Paulo: Malheiros, 2016.

MENDES, Bruno Cavalcanti Angelin. *Precedentes Judiciais Vinculantes: a eficácia dos motivos determinantes na cultura jurídica.* 2ª edição. Curitiba: Juruá, 2016.

MOREIRA NETO, Diogo de Figueiredo. *Cidadania e Advocacia no Estado Democrático de Direito.* Revista de Direito da Procuradoria Geral do Estado do Rio de Janeiro. Volume 50. 1997. No site: www.pge.rj.gov.br

NABAIS, José Casalta. *O Dever Fundamental de Pagar Impostos.* 1998. Almedina – Coimbra.

NEUMANN, Franz. *O Império do Direito:* Teoria política e sistema jurídico na sociedade moderna. São Paulo: Quartier Latin, 2013.

NOGUEIRA, Ruy Barbosa. *Da Interpretação e Da Aplicação Das Leis Tributárias.* 2ª edição. São Paulo: Revista dos Tribunais. 1965.

NUNES, Cleucio Santos. *Curso Completo de Direito Processual Tributário.* 3ª edição. São Paulo: Saraiva, 2019

OLIVEIRA, Francisco Marconi de; GOMES, Lívio; VALADÃO, Marcos Aurélio Pereira (coordenadores). *Estudos Tributários do II Seminário CARF:* Aspectos Relevantes do Processo Administrativo Fiscal. Demora na Solução dos Litígios Administrativos – Reflexões Sobre a Estrutura Atual do Contencioso Administrativo Fiscal Federal. BARBOSA, Ricardo Antonio Carvalho. Brasília: CNI, 2017.

PLUCKNETT, Theodore F. T. *A Concise History of the Common Law.* 5ª edição. Boston: Little, Brown and Co. 1956.

RIBAS, Lidia Maria Lopes Rodrigues. *Processo Administrativo Tributário.* 3ª edição. São Paulo: Malheiros, 2008.

RIBEIRO, Ricardo Lodi. *Tributação, Segurança e Risco.* Revista do Programa de Pós-Graduação em Direito – UFC. Fortaleza-CE. Universidade Federal do Ceará. Vol. 35.1. Jan-jun/15.

–. *Os Conceitos Indeterminados no Direito Tributário.* Revista Dialética De Direito Tributário. N. 149. Imprenta: São Paulo, fev/08.

ROSITO, Francisco. *Teoria dos Precedentes Judiciais: racionalidade da tutela jurisdicional.* 1ª edição. Curitiba: Juruá, 2012.

ROCHA, Sérgio André. *Processo Administrativo Fiscal:* controle administrativo do lançamento tributário. São Paulo: Almedina, 2018.

REFERÊNCIAS

Ross, Alf. *Direito e Justiça*. Tradução: Edson Bini – revisão técnica Alysson Leandro Mascaro. Bauru-SP. Edipro, 1ª reimpressão. 2003.

Sainz de Bujanda, Fernando. *Sistema de Derecho Financeiro*. V. 2. Facultad de Derecho de La Universidad Complutense. Madrid. 1985.

Schoueri, Luís Eduardo. *Princípios Constitucionais Fundamentais – Contribuição à Investigação das Origens do Princípio da Legalidade em Matéria Tributária*. Coord. Carlos Mário da Silva Velloso/Roberto Rosas/Antonio Carlos Rodrigues do Amaral. Lex Editora. São Paulo. 2005.

Schauer, Frederick. *Precedent*. Stanford Law Review. Vol. 39, nº 3 February, 1987.

Seixas Filho, Aurélio Pitanga. *Métodos Para Revisão do Lançamento Tributário*. In: Rocha, Valdir de Oliveira (coord.). Grandes Questões Atuais do Direito Tributário. 13º volume. São Paulo: Dialética, 2009.

Sowell, Thomas. *Fatos e Falácias da Economia*. Tradução: Rodrigo Sardenberg. 2017. Editora Record. Rio de Janeiro.

Streck, Lenio Luiz. *Precedentes judiciais e hermenêutica – o sentido da vinculação no CPC/2015*. 2ª edição. Salvador: Editora JusPodivm, 2019.

Teodorovicz, Jeferson. *Revista Tributária e de Finanças Públicas – O Panorama Histórico da Legalidade Na Doutrina Tributária*. Ano 19. Vol. 100. Set/out/2011. ABDT. Editora RT. São Paulo.

–. *História Disciplinar do Direito Tributário Brasileiro*. Série Doutrina Tributária vol. XXI. São Paulo: Quartier Latin, 2017.

Torres, Ricardo Lobo. *Curso de Direito Financeiro e Tributário*. 17ª edição. Rio de Janeiro: Renovar, 2010.

–. *Legalidade Tributária e Riscos Sociais*. In: Revista de Direito Proc. Geral. (nº 53). Rio de Janeiro. 2000.

–. *Processo Administrativo Fiscal*: Caminhos Para o Seu Desenvolvimento. Revista Dialética de Direito Tributário nº 46. Julho, 1999. São Paulo.

–. *O Papel dos Conselhos de Contribuintes na Redução da Litigiosidade*. Revista Internacional de Direito Tributário. v. 8. Jul-dez de 2007.

Valdés Costa, Ramón. *El Principio de Legalidad – El sistema uruguayo ante el Derecho Comparado*. In: Instituto Peruano de Derecho Tributário. Revista 16. Mayo 1989. No sítio: www.ipdt.org.

Vieira, Oscar Vilhena. *Supremocracia*, In: Revista Direito GV, vol. 8. P. 441-464, São Paulo, jul a dez/08.

Xavier, Alberto. *Os Princípios da Legalidade e da Tipicidade da Tributação*. Editora RT. São Paulo. 1978.

–. *Princípios do Processo Administrativo e Judicial Tributário*. Rio de Janeiro: Forense, 2005.

Waluchow, Wilfrid J. *Positivismo Jurídico Incluyente*. Traducción de Marcela S. Gil y Romina Tesone. Madrid: Marcial Pons, 2007.

Wang, Daniel W. L. *Courts and health care rationing: the case of the Brazilian Federal Supreme Court*. Health Economics, Policy and Law. No site:

http://journals.cambridge.org/abstract_S1744133112000291

WEBER, Max. *Economia e Sociedade – Fundamentos da sociologia compreensiva*. Tradução: Regis Barbosa e Karen Elsabe Barbosa. Brasília, DF: UNB editora, 2004. Vol. 1

ZAGREBELSKY, Gustavo. *La Ley, El Derecho Y La Constituición*. Traducción del italiano de Carlos Ortega Santiago. Revista Española de Derecho Constitucional. Año 24. Núm. 72. Septiembre-Diciembre 2004.

ZANETI JÚNIOR, Hermes. *A Constitucionalização do Processo: A virada do Paradigma Racional e Político No Processo Civil Brasileiro do Estado Democrático Constitucional*. Tese de Doutorado. 2005. No sítio: www.lume.ufrgs.br

SÍTIOS PESQUISADOS:

Associação Brasileira de Jurimetria: https://abj.org.br

Biblioteca Digital FGV: https://sistema.bibliotecas-bdigital.fgv.br

Biblioteca Virtual Miguel de Cervantes: www.cervantesvirtual.com

Câmara dos Deputados: https://www.camara.leg.br

Conselho Administrativo de Recursos Fiscais (CARF): http://idg.carf.fazenda.gov.br/

Conselho Administrativo Tributário do Estado de Goiás (CAT-GO): www.sefaz.go.gov.br/cat

Conselho de Recursos Tributários do Estado do Ceará (CRT-CE): www.sefaz.ce.gov.br

Conselho Tributário Estadual do Estado de Alagoas (CTE-AL): www.al.gov.br

Conselho de Contribuintes do Estado de Minas Gerais (CC-MG): www.fazenda.mg.gov.br

Conselho Nacional de Justiça – CNJ: https://www.cnj.jus.br

Conselho Nacional de Política Fazendária – CONFAZ: https://www.confaz.fazenda.gov.br

Governo do Estado de São Paulo – Fazenda e Planejamento: https://portal.fazenda.sp.gov.br/

Governo do Brasil – Presidência da República: https://www.gov.br/planalto/pt-br

Instituto Brasileiro de Planejamento e Tributação: www.ibpt.com.br

Instituto Brasileiro de Geografia e Estatística – IBGE: www.ibge.gov.br

JOTA: https://www.jota.info/

Jornal "Folha de São Paulo": https://www.folha.uol.com.br/

Jornal "O Globo": https://oglobo.globo.com/

Ministério da Economia: http://www.economia.gov.br

OnLine Library Of Liberty: oll.libertyfund.org

Procuradoria-Geral do Estado do Rio de Janeiro: www.pge.rj.gov.br

Prefeitura Municipal de São Paulo: www.prefeitura.sp.gov.br

Procuradoria Geral do Estado de Santa Catarina: www.pge.sc.gov.br

Revista Direito do Estado: www.direitodoestado.com.br

Secretaria da Fazenda do Estado da Bahia: www.sefaz.ba.gov.br

Secretaria da Fazenda do Estado do Rio Grande do Sul: https://fazenda.rs.gov.br

Secretaria de Economia do Distrito Federal: www.fazenda.df.gov.br

Secretaria de Estado da Casa Civil – Governo do Estado de Goiás: http://www.casacivil.go.gov.br

Secretaria de Estado da Fazenda de Minas Gerais: www.fazenda.mg.gov.br

Secretaria da Fazenda do Estado de Pernambuco: www.sefaz.pe.gov.br

Secretaria de Estado da Fazenda do Rio de Janeiro: www.fazenda.rj.gov.br

Senado Federal: https://www12.senado.leg.br/hpsenado

Superior Tribunal de Justiça: www.stj.jus.br

Supremo Tribunal Federal: http://portal.stf.jus.br

Tribunal Administrativo Tributário do Estado de Santa Catarina: http://www.tat.sc.gov.br

Tribunal de Contas da União: https://portal.tcu.gov.br/inicio/

Tribunal de Justiça do Estado da Bahia: www.tjba.jus.br

Tribunal de Justiça do Distrito Federal: www.tjdf.jus.br

Tribunal de Justiça do Estado de Goiás: www.tjgo.jus.br

Tribunal de Justiça do Estado de Minas Gerais: www.tjmg.jus.br

Tribunal de Justiça do Estado do Paraná: www.tjpr.jus.br

Tribunal de Justiça do Estado do Rio Grande do Sul: www.tjrs.jus.br

Tribunal de Justiça do Estado de São Paulo: www.tjsp.jus.br

Tribunal de Justiça do Estado de Sergipe: www.tjse.jus.br

Tribunal de Justiça do Estado de São Paulo: www.tjsp.jus.br

Tribunal de Justiça do Estado de Sergipe: www.tjse.jus.br

NORMAS:

BRASIL. Ato Cotepe/ICMS nº 48 de 4 de setembro de 2019 – Dispõe sobre os Grupos e Subgrupos de Trabalho da Comissão Técnica Permanente do ICMS – COTEPE/ICMS.

–. Código Tributário Nacional – Lei nº 5.172/66.

–. Código de Processo Civil – Lei nº 13.105/15.

–. Código Penal – Decreto-Lei nº 2.848/40.

–. Constituição Federal do Brasil.

–. Lei Federal nº 8.666/93 – institui normas para licitações e contratos da Administração Pública e dá outras providências.

–. Lei Federal nº 9.649/98 – Dispõe sobre a organização da Presidência da República e dos Ministérios.

–. Lei Federal nº 8.429/92 – Dispõe sobre as sanções aplicáveis aos agentes públicos nos casos de enriquecimento ilícito no exercício de mandato, cargo, emprego ou função na administração pública direta, indireta ou fundacional e dá outras providências.

–. Lei Federal nº 12.813/13 – Dispõe sobre o conflito de interesses no exercício de cargo ou emprego do Poder Executivo federal.

–. Portaria MF nº 343/15 – Aprova o Regimento Interno do Conselho Administrativo de Recursos Fiscais (CARF).

ALAGOAS. Lei estadual nº 6771/06 – Processo administrativo tributário no Estado de Alagoas.

BAHIA. Decreto 7592, de 4 de junho de 1999 – aprova o Regimento Interno do Conselho de Fazenda Estadual – CONSEF. Decreto nº 7629, de 9 de julho de 1999 – aprova o Regulamento do Processo Administrativo Fiscal.

CEARÁ. Lei estadual nº 15.614/14 – Processo administrativo tributário no Estado do Ceará.

DISTRITO FEDERAL. Decreto nº 33268/ /11 – Regimento interno do Tribunal Administrativo de Recursos Fiscais (TARF/DF). Lei nº 4567, de 9 de maio de 2011 – Dispõe sobre o processo administrativo fiscal, contencioso e voluntário, no âmbito do Distrito Federal e dá outras providências.

GOIÁS. Lei nº 16469/09 – Regula o processo administrativo tributário e dispõe sobre os órgãos vinculados ao julgamento administrativo. Decreto nº 6930/09 – Regimento Interno. Lei Complementar Estadual nº 104, de 9 de outubro de 2013 – Código de Defesa do Contribuinte Goiano.

MINAS GERAIS. Lei estadual nº 6.763//75. Decreto nº 44747/08 – Regulamento do Processo e dos Procedimentos Tributários Administrativos.

PARANÁ. Lei nº 18.877/16 – dispõe sobre o processo administrativo fiscal, o Conselho de Contribuintes e Recursos Fiscais e adota outras providências. Resolução SEFA nº 610/17 – Regimento Interno.

PERNAMBUCO. Lei nº 10.654, de 27 de novembro de 1991 – Dispõe sobre o processo administrativo tributário. Lei nº 15.683/15 – dispõe sobre a organização e o funcionamento do Contencioso Administrativo-Tributário do Estado.

RIO DE JANEIRO. Decreto nº 2.473 de 6 de março de 1979 – dispõe sobre o processo administrativo-tributário. Resolução SEFCON nº 5927 de 21 de março de 2001 – aprova o Regimento Interno. Decreto-Lei nº 5 de 15 de março de 1975 – Institui o Código Tributário do Estado.

RIO GRANDE DO SUL. Lei nº 6537/73; Resolução TARF nº 1 de 19/12/16 – Regimento Interno.

SANTA CATARINA. Lei Complementar nº 465, de 3 de dezembro de 2009, que cria o Tribunal Administrativo Tributário do Estado de Santa Catarina. Decreto Estadual nº 3114/10 – Regimento interno. Lei Complementar Estadual nº 741, de 12 de junho de 2019 – Dispõe sobre a estrutura organizacional básica e o modelo de gestão da Administração Pública Estadual, no âmbito do Poder Executivo, e estabelece outras providências.

SÃO PAULO. Lei Estadual nº 13.457/09 – (TIT-SP). Dispõe sobre o processo administrativo tributário decorrente de lançamento de ofício, e dá outras providências. Decreto 54.486/09 – Regulamenta a Lei nº 13.457/09. Portaria CAT nº 47/19 – Disciplina o processo seletivo de candidatos ao exercício da função de Juiz Contribuinte para o biênio 2020/2021. Portaria CAT nº 48/19 – Disciplina o processo seletivo de candidatos ao exercício da função de Juiz Servidor Público para o biênio 2020/2021. Portaria CAT nº 141/09 – Regimento Interno do TIT/SP. Lei municipal nº 14.107/05 – Processo administrativo fiscal do município de São Paulo.